트리컨티넨탈리즘과 역사

트리컨티넨탈 총서를 발간하며

　서구의 근대 자본주의의 역사는 자기모순으로서의 식민주의의 역사를 갖는다. 따라서 (포스트)식민적인 트리컨티넨탈 세계는 서구에서 기원하는 근대성의 대상화된 타자임과 동시에 그것의 굴절된 거울이다.

　공식적인 식민주의가 사라진 오늘날, 그러나 자본 권력의 전 지구적 지배가 세계 도처에 있는 트리컨티넨탈 민중들의 삶을 강등시키고 있고 식민 지배의 여전한 사후적 효과로 이들의 정신적, 문화적 종속 상태가 끈질기게 지속되고 있는 오늘날, 저 근대적/식민적인 현실의 권력관계 혹은 인식체계의 은밀하거나 공공연한 작동을 트리컨티넨탈 세계의 시선으로 비판하고 거기에 대항하는 것은 우리 모두의 과제가 된다. 그러므로 하나의 이론적 개념으로서의 '트리컨티넨탈'은 단순히 특정한 지리적 공간을 가리키고 구획하려는 이름이 아니다. 그것은 우리 모두의 삶과 정신을 지배하는 조건들과 가치들을 아래로부터 그리고 왼쪽으로부터 변화시키려는, 그렇게 함으로써 정치적으로나 경제적으로나 문화적으로 세계의 질서를 전위시키려는, 세계를 구성하는 인종과 민족과 지역과 젠더와 계급 등의 요소들을 재배치하려는 대항적 인식들에 관한 일반적 이름이다.

　트리컨티넨탈 총서는 이 일반적 이름으로 명명될 수 있는 작업들을 드러내고자 하는 기획이다.

기획위원들을 대신하여
김택현

[TRIcontinental] 04

트리컨티넨탈리즘과 역사
Tricontinentalism and History

김택현 지음

울력

김택현, 울력 ⓒ 2012

트리컨티넨탈리즘과 역사 **트리컨티넨탈 총서 04**

지은이 | 김택현
펴낸이 | 강동호
총서 엮은곳 | 트리컨티넨탈 총서 기획위원회
펴낸곳 | 도서출판 울력
1판 1쇄 | 2012년 1월 2일
1판 2쇄 | 2017년 3월 10일
등록번호 | 제25100-2002-000004호(2002. 12. 03)
주소 | 08267 서울시 구로구 고척로12길 57-10, 301호(오류동)
전화 | (02) 2614-4054
FAX | (02) 2614-4055
E-mail | ulyuck@hanmail.net
값 | 17,000원

ISBN 978-89-89485-88-9 93900

- 저작권법에 의해 보호를 받는 책입니다. 무단 전재와 복제를 금합니다.
- 잘못된 책은 바꾸어 드립니다.

책을 내면서

몇 해 전 로버트 영Robert J. C. Young의 책을 번역한 적이 있다. 그 책의 원제는 『포스트식민주의: 역사 입문Postcolonialism: An Historical Introduction』이었으나, 주변의 몇 분과 상의하여 번역본 제목을 『포스트식민주의 또는 트리컨티넨탈리즘』으로 달았다. 로버트 영 본인이 직접 말했듯이, 트리컨티넨탈리즘은 근대 자본 권력의 지속적 지배와 식민화에 대항하는 이론과 실천인 포스트식민주의의 문제의식을 명료하게 표상해 주는, 포스트식민주의의 또 다른 이름이기 때문이었다.

원래는 이 책에 '역사학과 포스트식민'이라는 정도로 제목을 붙이려 했지만, 분명히 격이 맞지 않는데도 이 책의 제목 안에 로버트 영의 트리컨티넨탈리즘 개념을 빌려 오기로 한 것은, 한편으로는 그의 문제의식에 대해 이론적으로 공명한다는 것을 표현하고 싶은 허세 때문이기도 하고, 다른 한편으로는 앞으로 어떤 식으로든 그 문제의식을 진전시켜 보고 싶은 욕망 때문이기도 하다.

그 허세와 욕망에 추동되어 로버트 영의 두 저서(앞서 말한『포스트식민주의 또는 트리컨티넨탈리즘』과 또 다른 저서『백색신화』)를 요약하여 정리하고 있을 뿐인, 다시 말해 사실상 독후감이라고나 할 정도로 그의 트리컨티넨탈리즘을 소개하고 있을 뿐인 두 편의 글을 감히 이 책의 제1부로 내세웠다.

　제2부에는 제국주의적인 역사 사유가 드러내는 역사주의, 비교사에 내재하는 환상과 곤경, 서발턴 개념을 둘러싼 이론적 쟁점과 정치적 함의, 이른바 지역사를 '로컬' 역사로 다르게 사유하기 위한 조건 등, 그동안 자발적으로건 외부의 요청에 의해서건 두서없이 의제화시킨 몇 가지 문제들을 트리컨티넨탈 포스트식민주의의 이론적 지형 위에서 생각해 보는 글들을 실었다.

　마지막으로 제3부에서는 이제 우리에게도 어느 정도 알려진 서발턴 연구집단의 창설자이자 그 집단의 멘토인 라나지트 구하Ranajit Guha의 서발턴 연구 작업을 그의 저서 네 권을 중심으로 불충분하게나마 정리해 보았다.

　필자는 이 책이 속한 트리컨티넨탈 총서가 시작되었을 때 총서 기획위원의 한 사람으로서 총서 발간 취지를 밝히는 초고를 써 보았는데, 너무 길고 장황하여 초고의 상당 부분이 제외되고 그 일부가 현재 총서마다 실리는 "트리컨티넨탈 총서를 발간하며"라는 제목으로 실리고 있다. 이참에 트리컨티넨탈리즘의 이론적 문제의식이나 과제가 무엇인지를 선언(!) ─ 물론 선언 이후에도 선언에 충실하기란 아주 힘든 일임을 모르는 바 아니지만 ─ 하려면 예전에 제외된 부분도 어느 정도는 쓸모 있을 것 같아 면목을 접고 여기에 과감히 되살려 보겠다.

　우리의 인습적인 삶을 지배하고 억누르는 현실은 늘 이데올로기적으로 또한 일정한 정세로 존재한다. 그러나 정세는 변하는 것이며, 또 변해 왔다. 새로운 정세의 진전은, 징후적으로든 현실적으로든, 우리에게 내면화되어 있는 이데올로기적 사유의 틀에 영향을 미친다. 그 변화는 전략의 수정을 통한 지배의 강화일 수도, 지배에 대한 비판적 이론의 위기일 수도 있지만, 지배가 봉착한 위기의 발현일 수도, 지배 이데올로기의 작동의 어긋남일 수도 있다. 변화의 복합적인 양상에 대한 인식은 현실의 구체적이고 실증적인 대상화로 가능한 것이 아니다. 더 중요한 것은 변화에 대한 이론적 문제의식의 전환 또는 전환된 문제설정이다. 이 전환은 주어져 있는 사유의 틀 외부에서 만이 아니라 그 내부의 균열된 틈새에서도 시작된다. 그런 의미에서 정세로서의 현실의 지배/권력관계와 그것을 이데올로기적으로 작동시키고 있는 기성의 사유의 틀은 문제의식 전환의 불가피한 내적 조건, 그러나 부정되고 탈구됨으로써만 그 안에서 외부를 여는 모순적 조건이다.

  서구의 근대 자본주의의 역사는 자기모순으로서의 식민주의의 역사를 갖는다. 따라서 (포스트)식민적인 트리컨티넨탈 세계, 즉 아시아, 아프리카, 라틴아메리카 세 대륙은 서구에서 기원하는 근대성의 대상화된 타자임과 동시에 그것의 굴절된 거울이다. 서구는 그들에게 낯선 트리컨티넨탈 세계를 백색 신화로 물들이고 폐쇄적 합리성 위에 구축된 근대적 지식 체계 안에 통합함으로써 그 세계에 침묵을 강제했고 그 세계의 격리를 실행했다. 자본과 식민주의의 권력관계 안에서 트리컨티넨탈 세계는 서구를 보편화하는 대문자 이성/역사/주체에게 종속된 타자이며, 근대성/식민성이 착종하면서 뒤엉켜 들끓고 있는 그런 공간이다.

  서구는 이 타자의 영토를, 이 타자의 역사와 정치와 언어와 문화와 정신을 탈영토화시키려 하지만, 그 흔적들은 결코 지워지지 않는다. 트리컨티넨탈 세계는 식민 지배 과정을 거치면서 서구의 근대적 지식과 가치체계의 영향으로 스스로를 개조하기도 했으나, 그것들을 반식민적 맥락에서 비판적으로 전유하거나 변형하면서 그것들에 완전히 포섭되는 것에 저항해 왔다. 어떤 의미에서 이 저항은 식민주의 자체가 낳은 불가피한 모순적 효과이자 자본주의적 근대성의 보편주의적 작동이 수반할 수밖에 없는 곤경이다. 그 곤경을 생산함으로써 트리컨티넨탈 세계는 거꾸로 서구에게 자기비판의 경험적, 이론적 계기를 제공했다. 그러므로 서구와 서구 지식의 주권적 위치를 탈중심화하고 세계를 인식하는 다른 방법을 찾으려는, 저 백색 신화의 가면을 벗겨내려는 서구 내부에서의 지적, 이론적 시도들은 트리컨티넨탈 세계의 인식 지평과 맞닿아 있다.

다시 읽어 보아도 거창한 것은 틀림없지만, 이 책의 소소한 문제의식이 혹은 이 책 안에서 거칠게 제기된 과제들이 위의 글 중의 일부와 조금이라도 맞닿아 있다는 말을 들을 수 있게 되기를, 그래서 앞으로 트리컨티넨탈리즘의 문제의식을 공유하는 동료들과 함께 더 깊이 있게 공부할 수 있게 되기를 기대해 본다.

2011년 9월
김 택 현

책을 내면서 _ 5

제1부_ 트리컨티넨탈리즘

제1장_ 트리컨티넨탈리즘으로서의 포스트식민주의 _ 15
1. 포스트식민주의의 계보를 다시 생각함 _ 15
2. 포스트식민주의 비판 _ 16
3. 포스트식민주의 비판에 대한 비판 _ 21
   (1) '포스트'와 번역 _ 21
   (2) 발화 위치 _ 23
   (3) 민족(주의) _ 25
   (4) 마르크스주의와 사회주의 _ 26
   (5) 포스트구조주의 _ 31
4. 트리컨티넨탈, 포스트식민의 장소 _ 37

보론_ '역사'의 탈구축과 포스트식민 트리컨티넨탈리즘: 로버트 영의 『백색신화』 읽기 _ 41
1. 『백색신화』의 기획: 역사주의 비판 _ 41
2. 데리다와 포스트식민주의 _ 45
3. 알튀세르와 트리컨티넨탈리즘 _ 48

제2부_ 역사 I

제2장_제국주의, 역사주의, '차이의 역사(학)' _ 55
1. 역사학과 식민화 효과 _ 55
2. 제국주의의 역사 지배 전략: 문명 담론과 역사주의 _ 57
3. 역사주의에 대항/순응하는 역사주의: 인도의 반식민 역사학 _ 64
4. 포스트식민적인 '차이의 역사(학)' _ 70
5. 역사(학) 비판의 출발점 _ 78

제3장_비교사와 방법으로서의 비교 _ 81
1. 마술사의 지팡이 _ 81
2. 착오 I _ 83
3. 착오 II _ 89
4. 곤경 _ 95
5. 유령들 _ 103

제4장_다시, 서발턴은 누구/무엇인가? _ 107
1. 서발턴 집단: 종속과 자율 _ 108
2. "서발턴-으로서의-민중"과 엘리트 _ 111
3. '차이의 기호' 로서의 서발턴 _ 116
4. '재현(불)가능한' 주체로서의 서발턴 _ 121

제5장_서발턴 역사를 로컬 역사로 읽기 _ 131
1. 서발턴 역사와 서발터니티 _ 131
2. 로컬 역사로서의 서발턴 역사, 서발터니티와 로컬리티 _ 135
3. 트리컨티넨탈 세계에서 로컬 역사들을 사유하기 _ 141
4. 로컬 역사들의 대항적 세계성 _ 150

제3부_ 역사 II

라나지트 구하에 대하여 _ 155

제6장_ 영국의 식민정책과 인도에서의 농민 봉기 _ 159
   1. 식민주의적 지식과 인도의 현실 _ 160
     (1) 토지소유의 근대화 _ 160
     (2) 식민 정책의 역설 _ 164
   2. 농민의 봉기와 정치의식 _ 167
     (1) '아래로부터의 역사'의 탈식민화 _ 167
     (2) 농민 봉기의 기호학/언어학 _ 171

제7장_ 헤게모니와 서발턴 민중 _ 177
   1. 식민국가와 헤게모니 _ 178
     (1) 영국 식민주의의 역설 _ 178
     (2) 협력의 정치와 저항의 정치 _ 184
   2. 간디의 민족주의 운동과 규율 _ 188
     (1) 민족주의자 간디의 양가성 _ 188
     (2) 간디와 서발턴 민중의 간격 _ 192

제8장_ 헤겔의 역사 철학과 식민주의 _ 201
   1. 헤겔의 세계사: 국가주의와 역사의 산문 _ 202
   2. 역사와 이티하사: 경험과 경이로움 _ 208
   3. 일상의 담론과 역사성 _ 214
   4. 역사학의 한계지점 혹은 더 넓은 역사성의 평원 _ 219

주 _ 223
참고 문헌 _ 265
찾아보기 _ 277

이 책은 그동안 여러 지면에 발표한 글들을 모아 엮은 것이지만, 한 권의 책으로 엮으면서 원래의 글들 중 몇몇의 제목을 바꾸었고 또 내용도 일부 수정했다. 수정되기 이전의 판본들 중 제1부 제1장은 「포스트식민주의의 계보를 다시 생각함」이라는 제목으로 『영국연구』 제14호(2005)에 실린 것이고, 제1장 보론은 「'역사'를 해체하여 탈식민화하기」라는 제목으로 『코기토』 제66호(2009)에 실린 것이다. 제2부 제2장은 『서양사론』 제90호(2006)에 발표한 것이고, 제3장은 『사림』 제28호(2007)에, 제4장은 『역사학보』 제200집(2008)에 실렸다. 그리고 제5장은 「'서발턴(의) 역사'와 로컬 역사/로컬리티」라는 제목으로 『로컬리티 인문학』 제2호(2009)에 발표되었다. 제3부 제6장은 『영국연구』 제22호(2009)에 「라나지트 구하의 '서발턴 연구'와 역사학(I) — 식민 정책과 농민 봉기의 재구성」이라는 제목으로 발표된 것이고, 제7장은 같은 제목으로 『영국연구』 제25호(2011)에 실은 것이다. 마지막 제8장은 「라나지트 구하의 헤겔 역사철학 비판」이라는 제목으로 『사림』 제37호(2010)에 실려 있다.

트리컨티넨탈리즘과 역사
Tricontinentalism and History

제1부
트리컨티넨탈리즘

제1장
트리컨티넨탈리즘으로서의 포스트식민주의

1. 포스트식민주의의 계보를 다시 생각함

　포스트식민(혹은 탈식민) 연구가 서구의 학계에서, 특히 영어권 학계에서 하나의 특정한 학문 분야가 된 것은 에드워드 사이드Edward W. Said가 1978년에 출간한 『오리엔탈리즘Orientalism』에서 서구의 주요한 문학 정전正典들이 식민 담론으로서의 성격을 갖고 있는 것들로 재해석한 이후부터라고 할 수 있다. 그 이래 다양한 형식의 식민 담론들에 대한 비판적 분석들이 서구에서 활동하는 비평가들에 의해 활발하게 이루어져 왔다. 우리 학계에서도 1990년대를 전후하여 주로 영문학자들에 의해 이들의 포스트식민 연구가 소개되기 시작했고, 이제는 이 포스트식민 연구의 교의를 지칭하는 '포스트식민주의'라는 용어가 영문학 분야뿐만 아니라 역사학을 비롯한 다른 학문 분야에서도 낯설지 않게 되었다.
　그럼에도 불구하고 과연 포스트식민주의를 이론적, 역사적으로 어떻게 위치 지울 것인가 하는 문제는 서구 학계에서도, 또한 포스트식민주의를 '번역' 할 수밖에 없는 국내 학계에서도 여전히 논란거리가 되어 있다. 그렇다면 우리는 논란 속에 있는 포스트식민주의의 이론적, 역사적 계보를 어떻게 다시 생각해야 하는가?

2. 포스트식민주의 비판

포스트식민주의를 공격하는 일부 비판가들은 아예 포스트식민주의라는 용어 자체를 거부한다.

예컨대 매클린턱Anne McClintock은 포스트식민주의라는 용어가 세계의 역사를 식민지 이전, 식민지 시대, 식민지 이후 등으로 구분하는 직선적이고 단선적인 서구 중심적인 역사관을 내재하고 있고, 그렇기 때문에 포스트식민주의는 서구의 식민주의를 세계사의 중심에 두고 비서구 세계의 역사와 문화를 서구와의 조우라는 단일한 측면 안에 편입시키는 교의라고 비판한다. 나아가 그는 포스트식민주의가 (신)식민적 억압에 대한 저항이 요구되는 비서구 지역에서의 정치적 실천을 희석시키는 문화주의적 논리이자 서구의 학문 시장에서 포스트모더니즘의 성공을 등에 업고 유통되는 인기 있는 문화 상품에 불과하다고 공격하면서 그 용어를 거부한다.[1]

쇼핫Ella Shohat도, 전 지구적 자본주의 체제가 식민지 지배자와 피지배자의 구분을 어렵게 만들고 있고 서구의 포스트모더니즘이 문화다원주의의 논리로 서구의 문화적 제국주의의 헤게모니를 위장하고 있는 (신)식민적 현실에서, 더구나 세계 각처의 원주민들의 삶의 공간인 이른바 '제4세계'가 이른바 제1세계의 다국적 기업과 제3세계의 민족국가에 의해 이중의 침탈을 겪고 있는 작금의 현실에서, 포스트

식민주의는 이 시대의 물질적 상황을 설명하는 적절한 용어가 될 수 없다고 비판한다.²

포스트식민주의 자체를 거부하는 매클린턱과 쇼핫의 언급에서도 시사되고 있듯이, 포스트식민주의에 대한 비판들은 대표적인 포스트식민 이론가들인 사이드, 스피박Gayatry C. Spivak, 바바Homi K. Bhabha 등이 주로 푸코Michel Foucault, 라캉Jacques Lacan, 데리다Jacques Derrida 등 프랑스의 포스트구조주의자(혹은 포스트모더니스트)들의 '고급 이론'에 기대고 있다는 것을 집요하게 공격하면서, 그 난해한 고급 이론을 (신)식민적 상황에 대한 분석에 적용하는 것이 어떠한(혹은 과연) 정치적 함의를 갖고 있는가에 집중되어 있다.³

이러한 공격의 선봉에 서 있는 인물들이 인도 출신의 마르크스주의자 아마드Aijaz Ahmad와 터키 출신으로 미국에서 중국사를 연구하고 있는 더릭Arif Dirlik일 것이다.

아마드는 자신의 저서 『이론 안에서In Theory』의 여러 곳에서 사이드를 비롯한 포스트식민 이론가들과 포스트식민주의를 맹렬하게 비판한다.⁴ 그의 비판을 요약하면 대략 다음과 같다. ① 사이드와 같은 포스트식민 이론가들은 '제3세계의' 투쟁의 현실에서 유리된 채 중심부 국가의 제도권 학계 안에서 활동하면서, 전복성을 상실한 지적 상품에 불과한 그 이론을 주로 중심부의 엘리트 독자들에게 유통시키고 있다.⁵ ② 제3세계의 문화보다는 서구 문화에서 호명된 정전들을 우선시하면서 과거 제국주의 시대가 남긴 문학적 유산에만 주목함으로써 정치적으로 투쟁성을 잃은 채 무기력한 상태에 빠져 있다. ③ 그렇게 함으로써 식민지 시대의 모든 정치적, 문화적 담론의 토대가 된 중심부-주변부라는 전통적 관계를 오히려 공고히 하고 있다. ④ 무엇보다도 포스트식민주의의 방법론이 정치적으로 퇴행적인 유럽과 미국의 비평 이론, 특히 포스트구조주의의 후광을 업고서 명성을 얻고 있으며, 이로 인해 그 이론의 분석 모델은 제3세계의 민중해방 운동에서 유리되어 있다. ⑤ 포스트구조주의를 받아들이고 있는 포스트식민주의 이론의 복잡하고 난해한 언어는 다른 종류의 포스트식민 분석에 대해 우위를 차지하려는 권력 의지의 징후이다.[6] 이 같은 아마드의 비판에 따르면, 포스트식민 이론은 정치적으로 급진적이기는커녕 지극히 보수적일 뿐만 아니라, 과거의 식민지에 대한 서구의 권위를 새로운 제국주의적 세계 질서 안에 재구축하는 수단에 불과하게 된다.

더릭의 비판도 아마드의 그것과 다르지 않다. 더릭은 "포스트식민은 '포스트'가 붙은 다른 단어들과는 달리 일찍이 제3세계의 이름으로 통용되던 그런 영토에서 특별히 기원한다고 주장하지만… (포스트식민 담론의 언어는) 포스트식민 비평가들 스스로가 기꺼이 인정하듯이 제1세계의 포스트구조주의의 언어"이며 "포스트식민 비평가들의 접근방법은… 마르크스주의를 포스트구조주의 언어로 바꿔 말하는 것인데, 거기에서 마르크스주의는 탈구축되고 탈중심화되거나 한다. 달리 말하자면 마르크스주의 언어의 보편주의적 주장들을 거부하는 데에서 출발하는 비판이 그것을 현지어로 확산시키는 것이 아니라… 보편주의적 인식론적 주장들을 수반하고 있는 또 하나의 제1세계의 언어로 되돌아가는 것으로 끝나버리는 것"이라고 지적한다. "그러므로 정말로 놀라운 것은 포스트식민주의와 전 지구적 자본주의의 관계에 대한 성찰이 포스트식민 지식인들의 글쓰기에서 부재하다는 것"이라고 더릭은 꼬집는다. 그에 따르면, 결국 포스트식민주의는 포스트구조주의의 언어로 재구성된 새로운 형태의 오리엔탈리즘, 혹은 제3세계에 가해지는 제1세계의 자본주의적 억압과 착취의 '부재 증명서'인 것이다.[7]

아마드와 더릭의 포스트식민주의에 대한 비판의 중요한 근거가 되고 있는 것은 포스트식민 이론가들이 제1세계의 학문 시장에서 활동하고 있다는 점만이 아니라, 언어상으로나 방법론상으로 포스트식민주의가 제1세계에서 기원하고 유통되는 포스트구조주의와 결합되어 있다는 점이다. 따라서 그들에게는 포스트식민주의가 제3세계의 탈식민을 '위한' 정치적 저항 이론이 될 수 없다.

국내 학계에서 가해지는 포스트식민주의에 대한 비판도 대개 사이드와 바바와 스피박 등의 '포스트구조주의적' 포스트식민 이론을 겨냥하고 있고, 그 비판은 '포스트'라는 접두사의 번역/해석 문제에서부터 출발한다.

국내의 일부 영문학자들은, 어떤 의미에서 포스트식민주의에 관한 논란은 이중적 의미를 갖기 때문에 모호할 수밖에 없는 저 "'포스트'라는 접두사를 어떻게 해석할 것인가의 문제로 수렴된다고 해도 과언이 아니"[8]라고 말한다. 또한 "비교적 뚜렷하고 일관된 정치적 실천 강령을 견지해 온 마르크스주의나 페미니즘과는 달리 탈식민주의는 언어의 유희나 일삼는 정체불명의 '수입 이론'이라고 비판받는 이유 중의 하나도 탈식민주의 스스로 접두사 '포스트'에 대한 입장 정리를 분명하게 하지 못하고 있기 때문"[9]이라고 말한다. 이러한 이유로 이들은 '다음after'과 '넘어섬beyond'이란 뜻을 갖고 있는,[10] 혹은 '이후'와 '탈피'/'초극beyond'의 이중적 의미를 갖는[11] 접두사 '포스트'를 '탈脫'로 번역할 것을 제안하고 있다.

그래서 이들은 "인종과 제국에 관한 담론인 포스트콜로니얼리즘을… 별다른 대안이 없는 한 이미 보편화된 '탈식민주의'라는 명칭"으로 부르면, 그 번역어가 얼마간 문제점이 있긴 해도, 우리 시대의 "불가피한 물질적 조건에 대한 담론적 저항의 가능성과 필요성을 담"게 되고 "그러한 현실의 극복의지를 표명"할 수 있게 된다고 말한다. 즉, 탈식민주의(라는 번역어)는 "(신)식민적 현실 속에서 '정신의

탈식민화'를 실천하려는 저항 의지의 표현이라고 할 수 있다"는 것이다.[12]

이러한 이유로 포스트식민주의보다는 탈식민주의라는 번역어를 선호하는 쪽에서는 아무래도 포스트구조주의적 포스트식민 이론에 대해 회의적일 수밖에 없다.

예컨대 위와 같은 입장에 서 있는 한 영문학자는 포스트구조주의적인 포스트식민주의에서 자주 활용하는 '혼종성'(혹은 혼성성)이나 '흉내 내기'와 같은 개념(전략)도 "기본적으로는 피지배자가 지배자를 당황하게 만들고 약 올리는 방법, 즉 자신의 정체성을 혼란스럽게 만듦으로써 지배자를 혼란에 빠뜨리는 전략이라고 할 수" 있음에도 불구하고 "역시 여전히 이항 대립에 기초하고 있"는 것일 뿐 "이항 대립 자체를 문제 삼는 실재 차원에까지는 가지 않"은 것이므로, 그 같은 포스트구조주의적인 개념들에 기초하고 있는 포스트식민주의는 여전히 서구 중심주의의 이분법에서 벗어나지 못하고 있는 관념론이라고 말한다. 따라서 "제1세계가 제3세계가 제공하는 노동의 대가를 향유하면서 관념론적 나르시시즘에 빠져 있다면 제3세계는 전 지구적 체계에 대한 유물론적 인식을 가질 수 있는 위치에 있"기 때문에, 제3세계의 입장에 서야만 이항대립적 서구 중심주의에서 벗어나 유물론적으로 전 지구적 자본주의 체제를 올바르게 인식할 수 있을 것이라고 주장한다.[13]

또 다른 영문학자는 "서구 이론과 자본의 '개입'으로 빚어낸 『오리엔탈리즘』을 탈식민주의의 '시작'이라고 간주하는 것은 제3세계의 반식민주의적, 민족주의적 전통을 탈식민주의의 계보에서 의도적으로 — 그 의도가 무엇이든 간에 — 삭제해 버리는 것"이며 "탈식민주의의 이데올로기적 뿌리는 탈구조주의와 해체론이 아닌 제3세계 민족주의와 반식민주의"라고 주장한다. 또한 "탈식민주의가 서구의 문화적 헤게모니에 공모하느냐 대항하느냐의 문제는 탈식민주의를 실천하는 주체의 '위치'로 귀결된다고 해도 과언이 아니"므로 "제3세계의 주체구성이 탈식민주의의 지상과제라고 할 때, 그 기획의 주체는 제3세계여야 한다"고 강조한다. 그러므로 "제3세계 탈식민주의는 이데올로기적 친연성과 상호보완적 제휴의 가능성을 포스트모더니즘보다는 민족주의에서 찾는 것이 수월하면서도 안전하다"는 것이다.[14]

이렇듯 외국의 비판가들의 경우에는 (모두 그런 것은 아니지만) 주로 전통적인 마르크스주의 입장에서의 반식민주의를 여전히 고수하고 있는 반면, 국내의 비판가들의 경우에는 (역시 모두 그런 것은 아니지만) 민족(성) 개념이나 민족주의의 현실적 유효성을 인정하면서 반식민적 민족주의와 포스트식민주의의 제휴 가능성을 인정하고 있다는 점에서 차이가 있지만, 이들 모두 포스트구조주의적 포스트식민 이론에 반감을 드러내고 있다는 점에서는 공통적이다.

하지만, 이러한 포스트식민주의 비판들에는 몇 가지 검토해 보아야 할 문제들이 있다.

3. 포스트식민주의 비판에 대한 비판

(1) '포스트'와 번역

포스트식민이라든가 포스트식민주의라는 용어에서 포스트는, 제2차 세계대전 이후 서구 자본주의 열강에 의해 식민지 상태에 있던 국가들이 정치적으로 독립했을 때 역사학자들이 그 신생 독립국가들을

'포스트-식민 국가post-colonial state'로 처음 불렸던 데에서 알 수 있듯이, 애초엔 독립 이후를 지칭하는 것, 즉 명백히 연대기적 의미를 갖는 것이었다.[15]

그러나 포스트식민 연구 분야에서 포스트식민이란 용어가 식민화의 다양한 문화적 효과들을 분석하고자 하는 여러 문예 비평가들에 의해 사용되기 시작하면서, 포스트라는 접두사는 시간적으로 '이후에 오는 것after coming'만이 아니라 이데올로기적으로 혹은 문화적으로 '대체하는 것supplanting'이라는 의미에서의 '후속aftermath'을 뜻하게 되었다.[16]

물론 포스트의 의미는, 앞의 국내 영문학자들의 경우처럼, 비평가들의 입장과 위치에 따라 여러 방식으로 해석되거나 번역될 수 있다. 그러므로 '포스트'를 '탈'로 번역하는 것 자체가 문제될 것은 없다. 번역(과정)에는 불가피한 의미의 차이나 미끄러짐이 수반되는 것이 보통이고, 역사적·문화적 맥락의 차이에 따른 의미의 (재)전유가 발생할 수 있기 때문이다. 오히려 문제는 postcolonialism을 '포스트식민주의'로 번역하거나 '포스트콜로니얼리즘'으로 음차音借하는 것은 정체불명의 수입 이론의 혐의를 가질 수 있지만, '탈식민주의'로 번역하는 것은 정신의 식민화에 대한 실천적 저항 의지를 담고 있다는 그 주장이다.

탈식민주의라는 번역어를 통해 그 같은 저항 의지를 드러내고자 한다는 점에 관해선 충분히 이해할 수 있고 동의할 수 있다. 하지만 비단 포스트식민주의뿐만 아니라 우리가 사용하고 있는 각종의 학문적 용어들, 특히 대학에서 제도화된 근대 학문 분과들의 이론들이나 개념들 상당수가 사실상 수입되고 번역된 것들인데, 유독 '포스트'가 붙은 이론들만이 그런 수입 혐의를 받아야만 하는 것은 아닐 것이며, '포스트'를 '탈'로 번역한다고 수입 이론이라는 혐의에서 벗어나는 것도 아닐 것이다. 마찬가지로 '포스트식민주의'로 표기하거나 '포스트콜로니얼리즘'으로 표기하는 것만으로 정신의 식민화를 전복시키려는 실천적 저항 의지가 없다고 단정할 수는 없을 것이며, 그 같은 저항 의지가 외국어를 고스란히 한국어로 번역함으로써 표출되는 것도 아닐 것이다.

(2) 발화 위치

포스트의 번역 문제는 포스트식민 이론과 결합된 포스트구조주의의 기원 및 발화 위치의 문제와 연관된다.

포스트구조주의적 포스트식민 이론에 대한 비판가들은 그 같은 포스트식민 이론의 뿌리가 제1세계에 있기 때문에 제3세계로서는 받아들일 수 없다고 말한다. 이 같은 지적은 공식적인 식민지가 거의 사라진 오늘날까지 과거의 식민지였던 제3세계라는 타자에 관해 말하는 주체가 또다시 제1세계가 될 수는 없다는 의지에서 비롯되는 비판으로 이해된다. 하지만, 식민주의와 자본주의에 대한 제3세계의 정치적 저항 이론의 역할을 해 온 마르크스주의나 반식민 저항 이데올로기였던 민족주의도 따지고 보면 제1세계인 서구에서 기원하기는 마찬가지일 것이다. 그렇다면 포스트식민주의의 역사적 계보를 반드시 서구의 외부인 '제3세계'에서만 구성해야만 하는 것은 아닐 것이고, 또 그렇게 하는 것이 '주체적인' 포스트식민주의의 계보학도 아닐 것이다.

15세기 말부터 본격적으로 비서구 지역을 정복해 나갔던 서구의 내부에서는 일찍부터 식민주의에 대한 비판의 목소리가 들려왔다. 스페인이 라틴아메리카를 점령한 직후, 가톨릭 성직자이자 라틴아메리카에 있던 스페인 식민지의 농장 소유주였던 라스카사스Las Casas는 인도주의적, 온정주의적 입장에서 원주민 보호 신학을 내세우면서 본국의 식민 정책을 비판했다.[17] 그 이후 예컨대 프랑스와 영국의 인도주의자들, 계몽주의자들, 자유주의자들은 식민지 노예 무역의 비참함과 비효율성을 명분으로 내세우거나, 보편적 인권의 가치를 내세우거나, 식민지 보호 무역보다는 식민지와의 자유 무역이 경제적으로나 재정적으로 유리하다는 이유 등을 내세우면서 본국의 식민주의 실행에 대한 다양한 반대론들을 제기했다.[18] 물론 이 인도주의적, 계몽주의적, 자유주의적 반대론들이 식민지 자체의 포기와 철폐를 요구한 것은 아니었고, 식민주의 문제를 자본주의 비판과 연관시키는 것도 아니었다. 오히려 이들 반대론들은 19세기에 들어와 점차 본국의 제국주의적 식민 정책에 흡수되었거나 심지어 그 정책을 이데올로기적으로 뒷받침하는 것이 되었다.[19] 처음으로 식민주의 문제를 자본주의 비판과 연결시킨 마르크스조차 식민주의에 대해 양가적 태도를 갖고 있었고 서구 중심주의에서 벗어나 있지 않았다.

그렇다 하더라도, 혹은 그렇다면, 서구에서의 이러한 식민주의 반대론들이 오히려 어떻게 식민 담론이나 이데올로기로 작동했는지, 마르크스의 양가적 태도가 마르크스주의와 식민지 해방 운동의 관계를 어떻게 규정하고 이완시켰는지 등의 문제들을 다른 시선으로 분석하고 비판적으로 전유하는 것도 포스트식민 연구의 또 다른 과제들이 될 수 있을 것이다. 서구의 반식민주의 담론이 단지 서구에서 서구인들에 의해 발화되었다는 이유만으로 배제해버리는 것은 오히려 제1세계 대 제3세계라는 낡은 이분법 혹은 전도된 오리엔탈리즘으로서의 '제3세계주의'를 보여 주는 것이라고 할 수 있다.[20]

포스트식민주의의 계보를 구성할 때 중요한 것은 발화(자)의 지리적 위치가 아니라 이론적 위치이다.

(3) 민족(주의)

포스트구조주의가 제1세계에서 발화한 것이므로 포스트식민주의는 차라리 민족주의와 제휴하는 것이 전술적으로 더 타당하다는 주장은 민족 혹은 민족주의란 무엇인가라는 (낡은) 문제를 제기한다.

서구의 식민 점령 이후 아시아와 아프리카와 라틴아메리카의 세 대륙에서는 다양한 범주로 유형화할 수 있는 수많은 저항 운동들이 전개되었지만,[21] 20세기에 들어와 그것들은 주로 민족주의와 마르크스주의라는 이데올로기적 형식을 취하면서 전개되었고, 또 그 둘은 흔히 결합되기도 했다. 서구의 제국주의 국가들의 식민 지배가 흔히 민족적 억압의 형식을 띠었기 때문에 세 대륙에서 그 둘의 결합은 크게 문제되지 않은 채 관습적으로 동화되곤 했고, 거기에서 민족주의는 반식민적 헤게모니를 표현하는 전략(적 방법)일 수 있었다. 이러한 역사적 경험으로 인해 민족주의와 민족 개념이 오늘날까지 지속되고 있는 서구의 신식민주의적 지배에 저항하는 데 있어 유효하다고 생각할지 모른다.

그러나 민족을 하나의 실체로 간주하든, 상상적 구성물로 간주하든, 민족 개념에 기초한 민족주의는 이제 일정한 사회경제적 개조 프로그램을 갖는 정치적 기획이라기보다는 다양한 열망을 지닌 대중을 단일한 민족으로 호명하는 동원 이데올로기가 되어 있다. 이러한 민족주의적 동원이 흔히 국가주의, 인종주의, 가부장주의, 종교적 근본주의 등과 결합되면서 계급이나 젠더와 같은 사회 내의 여러 층위의 차이들을 억압하면서 동원되는 대중에게 동질적 정체성을 요구한다는 것은 이미 알려진 사실이다.

과거 식민 지배와 제국주의 정책의 여파로 제3세계의 수많은 민중들이 메트로폴리스 국가들을 비롯하여 세계 각지로 이산했던 역사적 경험이 아직도 후속되고 있는 상황에서, 또한 오늘날 자본 권력의 지배가 민족적 억압이라는 형식을 띤 과거와 달리 인종이나 젠더나 종교 등 보다 다양한 층위에서 복합적으로 행사되고 있는 상황에서, 그리고 제3세계의 민중들을 자본의 지배 회로에 강제로 편입시키면서 그들의 생활방식과 사고방식을 서구의 자본 운동과 서구 자본주의의 가치 체계에 적합하도록 동질화시키거나 통합시키고 있는 상황에서, 민족주의와 제휴한다는 것은 과연 전술적으로나 현실적으로 얼마나 유효할 수 있을 것인가? 남북의 분단 상황과 세계에서 유례를 찾을 수 없는 "단일 민족으로서의 장구한 역사를 가진 우리 사회에서"[22]는 오히려 그 같은 현실적, 역사적 조건 하에서 과잉 결정력을 발휘하고 있는 민족주의의 모순적 작동을 제어하고, 그것이 국가주의 혹은 가부장주의와 결합되는 것에 대항할 필요가 있다.

(4) 마르크스주의와 사회주의

앞에서 말했듯이, 식민주의 문제를 처음으로 자본주의 비판과 연관시킨 것은 마르크스였다.

마르크스는 "부르주아 문명의 지독한 위선과 그 고유의 야만성은, 이 문명이 점잖은 형태를 취하고 있는 본국에서 이 문명이 발가벗은 채로 있는 식민지로 시선을 돌릴 때 우리 눈앞에 여실히 드러난다"[23]고 하면서, 식민주의를 통해 드러나는 자본주의(부르주아 문명)의 야만성을 공격했다. 또한, "부르주아지는 모든 국민들에게 망하지 않으려면 부르주아지의 생산방식을 취하라고 강요하며, 이른바 문명을 자국에 도입하라고, 다시 말해 부르주아지가 되라고 강요한다. 한마디로 부르주아지는 자기 자신의 형상을 따라 하나의 세계를 창조하고 있다. … 부르주아지는 농촌을 도시에 의존하게 만든 것과 마찬가지로 야만적 나라들과 반야만적 나라들을 문명국들에, 농업민족들을 부르주아 민족들에, 동양을 서양에 의존하게 만들었다"[24]고 말하면서, 서구 자본주의 운동과 불가분하게 결합되어 있는 비서구의 강제적 식민화를 비난했다.

그러나 식민주의에 대한 마르크스의 입장은 양가적이었다. 그는 식민주의를 도덕적으로 비난하지만, 문명 민족/야만 민족(=서양/동양)을 구분하면서, 그것이 발휘하는 진보적 효과를 인정하고 있었다. 가령 마르크스는 인도에 대한 영국의 지배가 '이중의 사명'을 갖는 것, "파괴의 사명과 재생의 사명, 즉 낡은 아시아 사회를 파괴하는 것과 서구 사회의 물질적 기초를 아시아에 구축하는 것"[25]이라고 보면서, "영국이 저지른 죄가 아무리 크다 해도, 그러한 혁명을 일으킴으로써 영국은 역사의 무의식적 도구 노릇을 하였던 것"[26]이라고 주장했다.

식민주의를 파괴적이면서 동시에 변혁적인 것으로 인식하고, 식민화와 세계 무역을 세계의 경제가 봉건적 생산 양식에서 자본주의적 생산 양식으로 전환하는 필연적 과정의 일부로 본 마르크스의 양가적 입장과 달리, 레닌은 제국주의를 서구 자본주의 운동의 마지막 단계로, 식민주의를 독점 단계에 들어간 서구 자본주의의 착취 메커니즘으로 보면서 식민지 민족 해방 운동과 사회주의 혁명의 불가분한 관계를 주장함으로써 마르크스의 양가적 입장의 이중성을 제거해버렸다.[27]

레닌이 이끈 1917년의 러시아 혁명과 1921년 소비에트 연방공화국(소련)의 수립은 어떤 의미에서는 최초의 사회주의 혁명일 뿐만 아니라, 그 자체가 거대한 식민 제국이었던 러시아의 붕괴로 인해 제국주의 열강의 지배하에 있던 식민지들의 민족 해방 가능성이 고취되었다는 점에서 반식민 혁명이기도 했다. 그러므로 러시아 혁명 이후 전 세계 반식민 운동의 중심부는 소련이 되고, 소련의 주도하에 결성된 코민테른이 그 집행기구가 된 것은 당연한 일이었다. 1920년에 카스피해 연안의 항구 도시 바쿠Baku에서 서구의 식민 지배를 받는 지역의 대표들과 서구의 반제국주의자들이 함께 모여 '제1차 동방민중회의'를 개최함으로써 역사상 최초로 반제, 반식민 해방 운동의 국제적인 연대를 실현한 것도 러시아 혁명과 코민테른의 성립으로 인해 가능한 일이었다.[28]

식민지의 해방 운동을 정신적, 물질적으로 지원한 코민테른의 반자본주의 세계 혁명 전략은 혁명의 주도 세력이 프롤레타리아 계급이어야 하고, 공산당은 그 계급의 전위로서 혁명을 지도해야 한다는 것이었다. 이러한 기본 전략 위에서 코민테른은, 20세기 전반 유럽의 정세 변화에 맞춰 때로는 통일전선United Front 전술을(1922년 코민테른 제4차 총회), 때로는 계급 대 계급Class against Class 전술을(1928년 제6차 총회), 때로는 인민전선Popular Front 전술을(1935년 제7차 총회) 채택하였지만,[29] 유럽의 경험과 정세에 따라 수립된 그 같은 전술들의 강제는 — 유럽 안에서조차 이 전술들이 적절했는가의 문제는 차치하고서라도 — 서구와는 다른 역사적, 문화적 조건 속에 있었던 비서구의 식민지 해방 운동과 충돌을 일으킬 수밖에 없었다. 특히 레닌이 마지막으로 참석한 1924년 코민테른 제5차 총회 이후 스탈린이 정권을 잡고 이른바 '일국 사회주의'라는 일종의 '민족(국가)주의적' 사회주의 노선을 추진하면서부터, 비서구의 '국제주의적' 식민지 해방 운동은 사실상 소련의 국가를 수호하는 일에 종속되었고, 식민지의 공산당들 다수는 소련 공산당의 충실한 지부로 전락해버렸다.

따라서 비서구 식민지에서의 해방 운동은 코민테른이 강제하는 전통적인 마르크스주의의 사회주의 혁명 이론을 현지의 조건에 맞게 수정하면서 전개될 수밖에 없었다. 물론 그 같은 시도는 소련이나 코민테른과의 갈등과 대립을, 심지어 인적 희생을 수반하는 것이었다.

중앙아시아 지역 출신의 무슬림 마르크스주의자인 술탄-갈리예프Sultan-Galiev는 식민지 동방에서의 반제국주의 운동의 중요성을 강조하면서 중앙아시아의 이슬람 문화의 전통과 마르크스주의를 결합시켜 새로운 이슬람 사회주의 공동체를 건설하고자 했으나 결국 소련에 의해 처형되었다.[30]

마오쩌둥毛澤東이 중국 공산당에 대한 코민테른의 파탄적인 정책[31]에도 불구하고 결국 반식민 해방 운동을 비서구 지역 최초의 사회주의 혁명으로 진전시킬 수 있었던 것도 중국의 역사적 · 사회경제적 조건에 맞춰 농민을 가장 주요한 해방 운동의 동력으로 간주하면서 농민의 자발성과 농민 문화의 가치를 인정했고, 상부구조의 요소들이 경제적 토대의 변화를 가져올 수 있다고 생각했고, 중국 내에 존재하는 여러 모순들(제국주의와 중국 인민 간의 모순 또는 봉건 세력과 농민 대중 간의 모순 등)을 정세에 따라 전략적으로 사고하는 등 전통적인 마르크스주의 혁명 이론을 수정했기 때문이다.

영국의 아프리카 식민지 출신의 마르크스주의자 조지 패드모어George Padmore라든가 크와메 은크루마Kwame Nkrumah도 코민테른에서 추방당하거나 공산당을 탈당한 이후 백인의 인종주의와 흑인의 쇼비니즘 모두를 거부하면서 범아프리카주의Pan-Africanism 쪽으로 선회하여 아프리카의 조건에 맞는 아프리카 사회주의를 건설하고자 했으며, 토발루 우에누Tovalou Houenou와 라민 셍고르Lamine Senghor와 레오폴드 셍고르Leopold Senghor 그리고 가란 쿠야테Tiémoho Garan Kouyaté 등 아프리카의 프랑스 식민지 출신의 반식민 운동가들 역시 소련과 코민테른이 강제한 전통적인 마르크스주의적 사회주의 대신 아프리카의 문화적 전통과 현지의 실정에 적합한 아프리카 사회주의를 모색했다.[32]

라틴아메리카의 경우, 마르크스주의의 서구 중심주의를 정면으로 비판한 페루 출신의 호세 마리아테기José Mariátegui는 서구의 과학과 사상의 중요성을 인정하면서도 인디오들의 공동체 문화의 전통과 반식민 저항의 전통과 결합된 '페루 사회주의' 건설을 전망했고, 특히 식민 지배 문화가 강요하는 문화 종속에 맞서 라틴아메리카 문화의 자율성을 추구하고자 했다.[33]

이들 주요 반식민 해방 운동가들의 사례들이 보여 주듯이, 20세기 전반 아시아·아프리카·라틴아메리카 세 대륙의 반식민 해방 운동들은 코민테른의 통제를 덜 받을수록 혹은 그 지시를 더 어길수록 더 성공적이었다.[34] 이들 세 대륙이 그 지시를 어기면서 현지의 실정에 맞게 각색한 마르크스주의는 서구인들의 마르크스주의가 아니었다. 그것은, 압델-말렉Abdel-Malek이 "원주민들의 마르크스주의Marxism among aboriginals" 혹은 "서구의 사상가들, 행동가들, 활동가들에 의해 발전되고 제도화된 마르크스주의와는 아주 다른, 유럽인들에게는 급진적 민족주의의 한 형태로 보이는 세 대륙의 마르크스주의Marxism in the Three Continents"라고 부른 것,[35] 즉 아시아와 아프리카와 라틴아메리카에서 발전한 "트리컨티넨탈 마르크스주의Tricontinental Marxism"였다.[36]

제2차 세계대전 이후, 쿠바 혁명을 성공적으로 이끈 체 게바라Che Guevara는 1966년 1월 아바나에서 열린 '아프리카, 아시아, 라틴아메리카 민중의 트리컨티넨탈 연대회의'에 보내는 메시지에서, 마르크스가 1848년의 「공산당 선언」에서 '우리, 노동 계급,' 즉 유럽의 프롤레타리아 계급이라고 말한 것과 달리, "우리, 세계의 피억압 민중이 수행해야만 하는 역할은 무엇인가? … 세계의 억압받고 후진적인 우리들에게 부여된 임무는 제국주의를 지탱하고 있는 근본들을 제거하는 것"[37]이라고 선언했다. 그가 말했듯이, "세계의 억압받고 후진적인" 민중의 해방 운동은 서구의 근대 자본주의 세계에 뿌리 내리고 있는 전통적 마르크스주의, 즉 젠더 문제에 맹목이고 인종주의를 간과해 온 서구 중심적 마르크스주의에 대한 수정과 개조 위에서 전개되어 왔다.[38] 따라서 포스트식민주의의 계보 속에서 우리가 보존해야 할 전통은 단순히 제3세계의 반식민 민족주의 전통(만)이 아니라, 현지의 조건에 맞게 마르크스주의를 고쳐 써 온, 트리컨티넨탈 세계의 사회주의적 해방 운동의 전통이다.

(5) 포스트구조주의

포스트구조주의는 정말이지 식민주의와 무관한, 오로지 메트로폴리스의 학문 시장에서 유통되는 지식 상품에 불과한 것인가?

흔히 포스트구조주의는 1960년대와 1970년대 프랑스의 파리에서, 특히 1968년의 이른바 '5월 혁명'을 거치면서 등장했다고 알려져 있다. '68년 5월'이 보여준 양상은 다양하고 그에 관한 해석도 다기하지만, 푸코가 관찰했듯이 '68년 5월'은 러시아 혁명 이래 소련식 모델의 마르크스주의를 유일한 혁명적 모델로, 그리고 공산당만이 유일한 혁명 정당으로 간주해 온 서구 좌파들의 도그마를 깨뜨린 중요한 사건이었다.[39] 이 사건에서 서구의 좌파 정치가 그동안 간과하거나 무시했던 여성들과 인종적·성적 소수자들의 권리, 제도화된 인종차별주의, 이민 정책 등의 문제들이 전면에 제기되었다. 또한 시위 참가자들이 보여준 베트남전에 대한 반대와 베트남 민중들과 체 게바라와 마오에게 보내는 연대의 표현들에서 알 수 있듯이, 반식민 투쟁과 서구 민중의 연대 문제가 새로운 급진주의의 정치적 의제로 등장했고, 이 사건을 계기로 제3세계의 반식민 투쟁과 관련된 다양한 지적 작업들이 비판적이고 저항적인 서구의 담론들과 결합하게 되었다.

그러므로 '68년 5월'은 1917년 러시아 혁명 이래 최초로 서구의 민중의 정치와 제3세계의 반식민 운동이 조우하면서 제국주의에 대한 국제적 저항이라는 정치적 지형을 만들어 낸 사건이었다. 뿐만 아니라, 헤게모니적인 서구 중심적 지식/권력 체계에 대한 지적 저항이라는 이론적 지형을 만들어 낸 중요한 계기가 되었다.[40] 서구의 근대적 지식 체계와 전통적 좌파나 마르크스주의의 이론적·개념적 틀을 비판하는 포스트구조주의의 출현도 '68년 5월'의 이 같은 맥락에서 이루어진 것이라고 할 수 있다.

'68년 5월'에 포스트구조주의자들에게 가장 큰 영향을 미친 것은 '마오주의Maoism'였다. 포스트구조주의자들은 경제주의를 고수하면서 서구의 역사를 근대(성)으로의 이행 서사로 간주하는 결정론적 역사관에 몰두해 있었던, 그리고 혁명의 행위 주체를 오로지 계급의 층위에서 찾고 있던 서구 마르크스주의의 한계를 넘어서고자 했다. 이들은 서구 산업 사회의 조건들이 아닌 제3세계의 농업 경제의 조건들에 맞게 농민의 혁명적 역할과 게릴라 무장 투쟁을 강조한, 당과 지식인의 지도적 역할이 아니라 민중의 투쟁과 민중 문화의 가치를 인정한, 프롤레타리아 계급이 아니라 전 세계 피억압 민중을 반제국주의 혁명의 행위 주체로 설정함으로써 트리컨티넨탈 세계의 반식민 투쟁의 이론과 실천을 위해 마르크스주의의 혁신을 이루어 낸 마오주의에 이끌렸다.

크리스테바J. Kristeva, 바르트R. Barthes, 데리다 등의 '텔 켈Tel Quel' 그룹, 라캉과 알튀세르, 그리고 『르 몽드Le Monde』 같은 저널조차, 마오주의에 경도되거나 공공연히 마오주의를 표방했다.[41] 물론 지금 마오주의는 정치적으로 실패했고 또 그것에 대한 오늘의 평가도 당시 파리의 포스트구조주의자들의 그것과는 다를 것이다. 하지만, 포스트구조주의와 포스트구조주의자들이 마오주의로 대표되는 반제국주의적 트리컨티넨탈 마르크스주의로부터 이론적 충격을 받았다는 점, 마오주의가 제3세계의 반식민 투쟁과 파리에서 발달한 '고급 이론'인 포스트구조주의를 연결해 준 공통 요소였다는 점은 분명하다.

그러나 로버트 영Robert J. C. Young은 여기서 한 걸음 더 나아가 "이른바 '이른바 포스트구조주의'가 단 하나의 역사적 계기의 산물이라면, 그럴 경우 그 계기는 아마도 1968년 5월이 아니라 오히려 알제리 독립 전쟁 — 분명 그 자체가 하나의 징후임과 동시에 하나의 산물 — 일 것"이라고 말한다. 그는 '아프리카의 철학자'로 불리면서 파농의 『대지의 저주받은 자들』의 「서문」에서 알제리의 '폭력' 혁명을 옹호한 사르트르Jean Paul Sartre는 물론이거니와[42] 알튀세르, 데리다, 싯수Hélène Cixous, 리오타르Jean-François Lyotard 등과 같은 포스트구조주의자들이 모두 프랑스 식민지였던 알제리에서 태어났거나 1954년에 시작된 알제리 독립 전쟁에 연루되어 있음을 지적한다.[43]

로버트 영이 소개하고 있듯이, 알튀세르는 알제리에서 태어나 1930년까지 살았고, 1930년 알제리에 정착한 유대인 집안에서 태어난 데리다는 1942년에 유대인 지위에 관한 법조항에 의해 학교에서 쫓겨나 프랑스 식민지 알제리의 프랑스인들이 보여 준 험악한 반유대인 정서로 인해 "소속 혹은 자기 동일성에 대한 고통"[44]을 경험한다. 그리고 싯수는 알제리에 정착한 유대계 프랑스인 소녀로 살았던 시절을 돌이켜보면서, 그 시절에 프랑스인들이 식민지민들에게 가한 폭력의 생생한 경험을 잊지 않으면서 이렇게 말하고 있다.

> 나는 알제리에서 읽고, 쓰고, 비명을 지르고, 구토하는 것을 배웠다. 나는 사람들이 알제리계 프랑스 소녀가 어떠했는지 상상할 수 없다는 것을 경험을 통해 알고 있다. 그들은 그런 존재였던 적이 없고, 그런 것을 겪어 본 적도 없으니까. 제국주의적 맹목의 '정점'에 있었던 '프랑스인들'을, 인간들

이 살고 있는데도 마치 비존재들이나 타고난 노예들이 사는 것만 같은 그런 나라에서 행세하는 그런 '프랑스인들'을 본 적이 없으니까. 나는 최초의 이 광경에서 모든 것을 배웠다. 나는 백인의(프랑스인의) 우월하고 부유하고 문명화된 세계가 어떻게 자신의 권력을 프롤레타리아들과 이주 노동자들과 제대로 된 '피부색'을 갖지 않은 소수자들과 같이 갑자기 '보이지 않게' 된 주민들에 대한 억압 위에 구축했는지를 알았다. 여성들. 인간으로서는 보이지 않는 이들.[45]

물론 이들 프랑스-마그렙인French-Maghreb들 혹은 피에-느와르pied-noir[46]들의 개인사적 경험 자체만으로 포스트구조주의(자들)과 포스트식민주의의 연관성이 확인되는 것은 아니다. 그 연관성은 이러한 개인사적 경험들을 통해 형성된 이들의 이론적 작업이 서구의 식민주의와 제국주의를 이데올로기적으로 뒷받침하고 있는 서구 중심주의의 지식 체계에 대한, 서구 중심적인 대문자 이성Reason과 역사주의historicism와 대문자 역사History에 대한 비판이라는 점에서 확인된다.

"포스트식민 이론이 유럽의 방법론적 모델에 의존한다고 공격을 받을 때 주된 악귀惡鬼(the chief bogeyman) 노릇을 하는"[47] 데리다는 구조주의 인류학자 레비스트로스Claude Lévi-Strauss와의 논쟁을 통해 포스트구조주의를 출현시켰다고 알려져 있다. 그런데 데리다가 '포스트' 하고자 한 구조주의 역시 어떤 의미에서는 서구 중심주의에 대한 비판이었다. 레비스트로스는 서구인의 사고방식과 통념 속에 깊이 각인되어 있는 문명/야만, 남성적인 것/여성적인 것의 이분법적 구별 혹은 차별을 논박했다. 또한 그는 이른바 야만의 논리가 서구의 이성의 논리만큼이나 타당하다는 것을, 따라서 모든 인간들에게는 동일한 정신 구조가 있고 그 정신 구조는 보편적인 능력을 갖고 있는 것이지 불평등한 위계를 갖는 것이 아님을 열대 원주민들에 대한 현지 관찰과 조사를 통해 입증했다. 이를 통해 레비스트로스는 서구가 타자화해 온 서구 바깥의 '야만인'들에 대한 인종주의적 담론을 비판했고, 서로 차이를 보여 주는 문화들의 가치를 인정했다.[48]

이 레비스트로스의 구조주의를 비판한 데리다는 한 걸음 더 나아가 자신이 배운 철학이 철학 일반 혹은 보편 철학이 아니라 언제나 '서구 철학'임을 늘 의식하면서, 서구적 이성을 보편적 진리의 준거로 삼고 있는 "형이상학, 즉 서구의 문화를 재조립하여 반영하고 있는 백색 신화white mythology"를 비판했다. 그는 "백인은 자신의 신화를, 인도-유럽어족의 신화를, 자신의 로고스logos를, 자신의 고유어idiom로 구성된 신화 체계를 보편적 형식으로 간주하며, 그 보편적 형식을 여전히 대문자 이성Reason으로 부르고 싶어 하는 게 틀림없다"[49]고 말하면서, 백색이 아닌 타자를 억압하거나 침묵시키면서 지워버리는 그 백색 신화의 야만적 합리성과 폐쇄적 체계를 공격하고 탈구축(혹은 해체)하고자 했다.

탈구축이라는 외과 수술이 항상 겨냥했던 것은 서구의 형이상학적, 이데올로기적 체계들을 유지시켜 주고 있는 존재론적 폭력과 식민적, 제국적 정책들을 펼칠 수 있도록 서구의 민족들을 지탱해 준 강제적이고 현실적인 폭력의 동일성이라는 구조적 권력관계였다. 이 구조적 권력관계를 전복하려고 한다면 그 구조적 권력관계를 괴롭혀야 했다. 데리다는 초기의 저작 —『그라마톨로지에 대하여』(1967), 『글쓰기와 차이』(1967), 『철학의 경계』(1972) — 에서부터 줄곧 강제와 폭력과의 만남, 그리고 이것들이 역사와 정치와 윤리와 언어에 대해 미친 효과들, 더 나아가 역사와 정치와 윤리와 언어 안에서의 이것들의 효과들의 문제에 몰두했다. 이는 그의 작업에서 항상 근본적이었다.[50]

그러므로 데리다의 탈구축적 포스트구조주의는 서구의 지식 체계의 진리 가치를 비판하고 그 지식 체계를 괴롭힐 수 있는 이론적 사유 방법을 제공해 줄 수 있다. 그의 탈구축 이론은 서구 문화의 지배하에 있는 형이상학적/식민적 지식이 강제하는 폐쇄의 억압에도 불구하고 끝내 지워지지 않은 채 흔적으로 존재하는 저 타자들을 드러내게 하는 데에, 부재하는 타자들의 현존이 가하는 식민적 지식 구조에 대한 균열이 그 구조를 내파內破시킬 수 있게 하는 데에 기여할 수 있는 것이다.

사이드의 『오리엔탈리즘』에 이론적, 방법론적 기초를 제공한 푸코에게는 알제리 경험이 없고, 또 푸코 자신이 식민주의나 인종 문제에 관해 명시적으로 발언한 적은 거의 없다. 하지만 초기 저작인 『광기의 역사』, 1966년부터 1968년까지 튀니지에 머물렀을 때 쓴 『지식의 고고학』, 그리고 『말과 사물』이나 『성의 역사』 등의 저작들에서 푸코는 "열등하고 낯선 것이므로 (내부의 위험을 쫓기 위해) 배제되어야 하되, 동시에 (그 타자다움을 축소시키기 위해) 격리시키는 방식으로 배제되어야 하는 타자의 역사"[51]를, 그 타자의 동일자로의 통합에 관한 혁신적인 사유를 보여 주었다. 이러한 푸코의 저작들은 사이드를 비롯한 포스트식민 연구자들에게 식민지민들을 늘 타자로 생산하면서 그 타자들/타자성alterity들에 대한 지배와 착취와 통합과 배제의 행위들의 일부로서 고유한 지식 형태들을 발전시킨 식민주의와 제국주의의 정치를 하나의 역사적이고 물질적인 담론적 장場으로 분석할 수 있게 해주었고, 식민 담론의 발화 행위가 이루어지는 공간에서 형성되는 권력이 식민화된 주체들에게 가하는 물질적·심리적 효과들을 분석할 수 있는 이론적 실마리와 방법을 제공해 주었다.[52]

이렇듯 포스트구조주의는 포스트식민주의의 이론적 계보학을 구성하는 요소가 될 수 있고, 포스트식민 연구에 유효한 이론적 방법론이 되어 왔다. 물론 제1세계에서 기원하는 포스트구조주의가 정치적 실천보다는 담론 분석에 빠져 있고 모든 것을 텍스트로 환원시키고 있다는 비판은 경청해야겠지만, 그렇다고 해서 그 비판이 포스트구조주의자들과 포스트구조주의적 포스트식민 이론가들은 제3세계 해방 투쟁의 실천에 나서야만 한다는 식의 요구를 담고 있는 비판은 아닐 것이다. 만일 실천에 나서게 하지 않는다는 이유로 포스트구조주의적 포스트식민 이론을 '저항'이 아닌 이론적 '유희'에 빠져 있는 것으로 비판한다면, 그것은 포스트식민 연구를 행동주의로 환원시키는 것이 된다.

4. 트리컨티넨탈, 포스트식민의 장소

포스트식민주의는, 무슨 무슨 '주의-ism'가 붙은 다른 교의들과 마찬가지로, 단 하나의 동질적인 내용으로 정의될 수 있는 것은 아니다. 어떻게 보면 모든 '주의'들은 그것으로 포괄될 수 있는 다양한 정치적·이론적 실천과 행동들을 사후적으로 일반화시켜 이름 붙인 것이라고 할 수 있다.

포스트식민주의도 서구의 식민 지배가 시작된 이래 지속적으로 전개된 오랜 반식민주의의 실천들과 이론들에 관해 최근에 붙여진 이름이다. 그러므로 포스트식민주의라는 이름 아래에 포함되는 다양한 실천이나 이론들 중에는 서로 유사한 것도, 입장을 달리하는 것도 있을 수 있다. 그런 의미에서 포스트식민주의는 일종의 복합적 구성물이다.

역사적으로 식민주의는 서구의 자본주의적 근대의 형성과 불가분한 관계를 갖고 있고, 서구에 의해 실행된 아시아와 아프리카와 라틴 아메리카 세 대륙에 대한 지배의 실행을 가리킨다. 그 지배의 실행은 트리컨티넨탈 세계에 대한 물질적 수탈뿐만 아니라 자본주의적 근대성의 세례를 통한 정신의 식민화, 지식의 식민화이기도 했다. 이 과정에서 트리컨티넨탈 세계는 경제적으로나 정신적으로 서구의 서발턴subaltern이 되었다.

서발턴적인 트리컨티넨탈 세계에서의 반식민 투쟁들은 다양한 방식으로 수행되었다.[53] 그것들은 범대륙적 층위나 민족-국가적 층위에서만이 아니라 지방적 층위에서도, 정치적 층위에서만이 아니라 문화적 층위에서도, 민족주의나 전통적 마르크스주의의 층위에서만이 아니라 국제주의나 수정된 마르크스주의의 층위에서도, 남성들에 의해서만이 아니라 여성들에 의해서도, 엘리트만이 아니라 서발턴 민중에 의해서도 줄기차게 전개되어 왔다. 또 이들 다기한 층위들에서 전개된 식민 주체들의 여러 운동들은 서로 연관되고 변형되면서 변증법적으로 발전해 왔다. 포스트식민 연구는 널리 알려져 있는 민족주의적이거나 마르크스주의적인 반식민 해방 운동의 역사들만이 아니라, 그동안 배제되어 왔거나 주변화되어 온 다양한 층위의 반식민 저항 운동의 역사들을 포스트식민주의의 역사적 계보에 배치할 필요가 있다.

서구의 식민주의는 그 초기부터 서구 내부의 인도주의자들과 자유주의자들과 계몽주의자들로부터 비판을 받았고, 특히 마르크스주의자들은 최초로 식민주의의 자본주의적 기초를 공격했다. 그리고 서구에서 기원하는 이들의 비판 담론들은 주로 메트로폴리스에서 교육받은 식민지 출신의 이산離散 지식인들에 의해 식민적 맥락에서 변형되고 재구성되면서 반식민 해방 투쟁의 담론으로 전유되었다. 그것은 서구 식민주의가 낳은 불가피하고도 모순적인 효과였고, 식민주의의 작동이 동반할 수밖에 없는 곤경이었다.

또한 식민지민들은 식민 지배의 과정에서 서구 근대성의 지배와 영향 하에서 자신들의 사회와 문화의 모습을 근대적으로 개조하기도 했으나 거기에 완전히 동화되거나 포섭되는 것에 저항하기도 했다. 물론 그 저항은 토착주의나 복벽주의의 형태를 띠면서 식민 이전의 과거로 회귀하는 방식으로 이루어지기도 했다. 그러나 반식민 해방 운동의 이론과 실천들은 근대 서구의 지식으로부터 영향을 받지만 식민지의 과거의 가치로 돌아가지 않는 대항적인 지식들과 가치들을 발전시켜 오기도 했다. 그런 의미에서 비서구의 반식민 운동들과 해방 담론들 자체가 일종의 문화 횡단적인 '혼종물'이었고, 그것들이 혼종적인 것이었기에 식민지를 '동질화' 시키거나 '차별화' 시키려는 식민 지배의 전략은 늘 위협을 받았던 것이다.

이같이 오랫동안 서구 바깥에서 발달한 가치와 지식들, 그리고 트리컨티넨탈 세계에서 전개된 해방 투쟁과 담론들은 거꾸로 서구 사회에 침투하여, '68년 5월'에서 드러났듯이, 자본주의적 서구에게 자기비판의 무기를 제공했고, 서구와 트리컨티넨탈 세계의 연대의 표현으로 전화되었다. 이런 것들 역시 식민주의의 모순적 효과의 일부였거니와, 포스트구조주의도 그 같은 비판의 무기의 하나로 (비서구의 기원을 갖고서) 서구에서 출현했던 것이다. 그렇게 등장한 포스트구조주의는 서구의 제국주의와 식민주의의 이데올로기로 작동하고 있는 서구 중심적인 지식 체계를 비판하는 것, 서구 지식의 주권적 위치를 탈중심화하려는 것, 서구의 인종차별과 백인 남성 중심주의를 공격하는 것이었다. 다시 말해, 그것은 서구 자신이 여전히 지니고 있는 식민주의의 이데올로기적 유산을 파괴하는 것이었다. 따라서 서구에 의해 식민화되어 있는 정신을 탈식민화하고, 세계를 인식하는 다른 방식들을 발견하고, 새롭게 구성된 지식들을 통해 세계를 재배치하기 위해서 그 같은 포스트구조주의를 트리컨티넨탈 세계의 맥락과 지형 위에서 (재)전유하는 것이 필요하다.

그러므로 정치적이고 이론적인 측면에서 포스트식민주의의 계보는 트리컨티넨탈 세계에서만이 아니라 서구에서도 전개된 식민주의에 대한 오랜 비판들과 저항 형태들의 복잡하고 다양한, 때로는 갈등적인 과정들과 계기들로 구성된다.

자본주의 국가들의 오랜 식민 지배가 종식되어 공식적인 식민주의가 사라진 오늘날, 그러나 트리컨티넨탈 지역의 민중들이 오랜 식민주의가 남겨 놓은 상흔과 흔적에 덧붙여 헤게모니를 장악한 자본 권력의 세계 지배가 또다시 강요하는 경제적·문화적 식민성의 새로운 조건들 안에 놓여 있는 오늘날, 이 '포스트식민적' 상황 내부에서 그 상황을 지속시키고 있는 제국주의적인 세계 자본주의 체제와 근대적 지식 체계의 은밀하거나 공공연한 작동에 대항할 수 있는 비판적 분석과 저항적 실천에 관한 이론들을 트리컨티넨탈 세계의 위치에서 서발턴의 시선으로 생산함으로써 그것의 작동에 맞서고자 하는 것, 이것이 포스트식민주의의 전망이라고 할 수 있다. 따라서 우리는 그 포스트식민주의를, 로버트 영이 그렇게 부르고 있듯이, 트리컨티넨탈 마르크스주의/사회주의와 포스트구조주의가 변증법적으로 결합된 '트리컨티넨탈리즘'으로 부를 수 있을 것이다. "포스트식민주의 혹은 트리컨티넨탈리즘은 서발턴들이나 박탈당한 사람들에게서 유래하는, 우리 모두의 삶을 지배하는 조건들과 가치들을 변화시키려고 하는 그런 저항적 인식/지식들에 관한 일반적 이름인 것이다."[54]

보론

'역사'의 탈구축과 포스트식민 트리컨티넨탈리즘

로버트 영의 『백색신화』 읽기

1. 『백색신화』의 기획: 역사주의 비판

　유럽의 근대 식민주의 체제가 자본주의와 불가분한 관계에 있는 것이라면, 식민주의의 극복은 자본주의 이후를 전망하는 것일 수밖에 없다. 제국주의 시대에 비유럽 지역에서 전개된 수많은 반식민 해방 운동들이 마르크스주의를 수용하게 된 것은 그 때문이다. 그러나 마르크스주의는, 특히 마르크스주의 역사 이론은 식민주의로부터의 해방을 위한 이론적, 실천적 무기로서 얼마나 유효한 것인가?
　사실 식민 문제에 관한 마르크스 자신의 입장은 양가적이다. 그는 한편으로는 식민주의를 유럽 부르주아 문명의 위선과 야만성을 보여주는 것이라고 도덕적으로 비난했으면서도, 다른 한편으로는 식민주의로 인해 비유럽 식민지가 전근대 사회에서 근대 사회로 전환될 수 있다고 보았다. 요컨대 마르크스에게 식민주의는, 비록 비인간적인 것이긴 하지만, 무의식적인 역사 발전의 도구였고, 세계의 역사를 지역과 인종을 초월하여 보편적인 발전 단계로 나아갈 수 있도록 만든 하나의 동력이었다.[1] 이러한 마르크스의 역사 인식은 역사에 대한 역사주의적 사고를 보여 준다.

마르크스 이전 헤겔의 역사 철학에서 이미 드러난, 그리고 저 18세기 계몽사상에 소급되는 역사주의적 사고는 역사를 단일한 시간 위에서 전개되는 발전의 과정으로 간주하면서 유럽이 도달한 근대 문명을 기준으로 발전의 단계를 측정하는 사고방식이었다. 헤겔은 그러한 발전으로서의 역사 과정은 변증법에 의해 작동하는 것으로 보았고, 그 변증법적 발전 과정은 국가 이성이라는 목적을 실현하는 과정, 일정한 본질의 자기실현 과정이며, 그런 의미에서 역사는 자기 완결적인 총체성의 형식을 지닌다고 보았다. 이렇듯 역사적 시간의 단일성, 역사의 변증법적 발전과 목적론, 그리고 역사의 총체성을 자명한 것으로 전제하는 역사주의적 사고에 기초하여 유럽의 제국주의자들은 아직 발전 단계에 도달하지 못한 식민지의 지배를 정당화했고 식민지의 역사를 구성했다. 따라서 식민지의 역사적 주권은 식민지민들에게 있었던 것이 아니라 유럽에 있었다. 식민지는 항상 유럽 역사의 타자였고, 역사의 주체는 늘 유럽이었던 것이다.

로버트 영의 『백색신화 White Mythologies』는 "20세기 후반 다양한 역사 이론의 문제점들을 탐구"[2]하는 것, 즉 제2차 세계대전 이후의 이른바 '포스트식민 시기'에 저 역사주의적 사고와 헤겔식 역사 모델에 연루되어 있는 유럽 마르크스주의 역사 이론의 유럽 중심주의와 인종주의를 드러내고, 역사주의를 비판하는 포스트마르크스주의 이론 혹은 (영어권에서의 명명법에 따르면) 포스트구조주의 이론에 입각하여 포스트식민 역사의 가능성 또는 불가능성의 조건들을 검토하고자 하는 기획이다. 따라서 『백색신화』는, 넓게 말하자면, 역사주의(적 역사)에 대한 비판이라고 할 수 있다.

『백색신화』는, 제1장을 제외한다면, 크게 세 부분으로 나뉜다.

첫 번째 부분의 제2장에서 로버트 영은, 루카치Georg Lukács가 전형적으로 보여 주었듯이 역사와 계급 의식을 통해 상실된 총체성을 만회하려 한 유럽 마르크스주의의 역사 이론 및 그것의 문제점을 지적한 메를로퐁티Maurice Merleau-Ponty의 초기 '포스트마르크스주의'적인 주장을 소개한다. 제3장에서는 전후에 가장 강력했던 유럽의 반식민주의 철학자 사르트르Jean P. Sartre의 휴머니즘적, 실존주의적 마르크스주의의 역사 이론이 역사주의적인 헤겔적 마르크스주의의 전통을 계승하면서 서양의 역사 이외의 다른 역사를 배제하는 역사의 단일성을 주장함으로써 자민족중심주의ethnocentrism를 드러냈다는 것을 밝히고 있다.

두 번째 부분은 제4장부터 제6장까지이다. 제4장에서 로버트 영은 마르크스주의자로 머물러 있으면서도 헤겔적 전통 대신 프랑스의 과학사 전통 위에서 역사주의적인 마르크스주의 및 역사에 대한 본질주의적이고 목적론적인 사고와 단절하고, 청년 마르크스가 아니라 『자본』시기의 마르크스에 대한 치밀한 독해로부터 생산된 역사적 시간성과 차이(화), 모순의 과잉 결정, 구조적 인과성 등의 개념들을 통해 역사에 대한 사유를 혁신하여 마르크스주의 역사 이론을 과학화하고자 한 알튀세르Louis Althusser를 다룬다. 제5장은 알튀세르가 확립한 문제틀 내에서 역사 그 자체를 역사적 탐구 대상으로 삼아 통념적 역사가 전제하고 있는 것들에 문제를 제기하면서, 에피스테메episteme의 변환을 축으로 지식의 토대로서의 주체/타자의 출현 조건을 탐구하는 고고학을 통해, 그리고 지식과 담론과 대상 영역 등의 구성을 설명해 줄 수 있는 다른 형식의 역사로서의 계보학을 통해 권력으로서의 역사 지식/담론을 드러낸 푸코Michel Foucault에 관한 내용이다. 그리고 제6장에서 로버트 영은, 역사주의를 공격한 알튀세르와 푸코의 포스트모더니즘/포스트구조주의적 이론에 맞서, 역사는 곧 실재實在라는 등식을 고수하는 마르크스주의적 리얼리즘에 입각하여 이들의 이론을 공격한 프레드릭 제임슨Fredric Jameson의 논리를 비판적으로 분석한다.

마지막 부분에서 로버트 영은 널리 알려져 있는 대표적인 포스트식민 이론가들인 팔레스타인 출신의 사이드Edward W. Said와 인도 출신의 바바Homi K. Bhabha와 스피박Gayatri C. Spivak의 이론을 다룬다. 제7장에서는 푸코의 담론 분석으로부터 영향을 받은 사이드가 동양에 대한 서양의 재현으로부터 지식/학문과 권력 제도의 공모적 관계를 드러냈으면서도 이분법적으로 동양과 서양을 가르는 유럽 문화의 유산 내에 머물러 있었고, 그래서 사이드는 오리엔탈리즘이 서양 문화 내부의 내적 탈구를 나타낸다는 점을, 그리고 역사주의적 총체화가 취하는 오리엔탈리즘적 형태는 의미 있는 이중화 과정을 통해 그 총체화의 불가능성의 과정 자체를 실천한다는 점을 인식하지 못했다고 비판한다. 바바에 대해 다룬 제8장에서는 바바가 서양적 역사화의 구조에 대항했고, 오리엔탈리즘 담론과 같은 식민적 정형을 보여 주는 담론이 복합적이고 양가적이며 모순적인 재현 양식이라는 점, 그리고 단순히 타자를 재현하는 것이 아니라 타자의 차이를 투사하는 동시에 부인하는 재현 양식이라는 점을 간파했으며, 또 흉내 내기, 혼종성과 같은 개념들을 활용하거나 파농과 라캉의 정신분석학 등을 활용하여 역사주의적 서사/시간성/단일성이 지배하는 서양적 패러다임으로부터 그 지배력을 빼앗을 수 있을 가능성을 증명해 보였다고 지적하면서도 그의 이론이 갖는 문제점들도 언급한다. 끝으로 제9장에서 스피박을 다루고 있는 로버트 영은, 그녀의 작업이 역사주의의 형식적 한계를 넘어 확장되는 분열의 장소를 드러내 주는 것이라고 해석하면서, 그녀가 역사 문제를 글쓰기의 역사적 현재로 이동시키고 있고, 역사라는 것이 사실의 생산이 아니라 인식적 폭력의 과정, 특정한 이해관계에 따라 대상을 구성하고 재현하는 과정이라는 것을 보여 주는 형식임을 증명했다고 말한다. 또한 로버트 영은 스피박이 서구의 페미니즘이란 일종의 식민 담론이며 서구 이론이 제3세계 서발턴/여성을 무시하는 것은 역사에 대한 제국주의적 기획이라고 주장하면서 서발턴/여성의 주체 위치의 문제를 본격적으로 제기했고, 서양적 역사와 서양적 역사주의를 반박하는 방식이 대안적이거나 대항적인 역사를 생산하는 것이 아니라 그 역사와 역사주의를 둘러싼 체계의 더 광범위한 함의들을 반박하고 굴절시키는 것임을 인식케 했다고 평가한다.

2. 데리다와 포스트식민주의

바바는 『백색신화』 제2판의 「머리말」에서 "이 책은 포스트식민 사유의 역사적 계보학을 수립하는 데 의미심장한 기여"[3]를 했다고 상찬하고 있다. 그의 말대로 『백색신화』는, 앞에서 살펴보았듯이, 역사주의적 사고를 비판한 알튀세르와 푸코 등의 포스트마르크스주의/포스트구조주의 이론과의 접합을 통해 형성된 사이드와 바바와 스피박의 포스트식민 이론을 상세히 설명하고 있다.

사실 포스트식민 이론 혹은 포스트식민주의가 등장하기 전부터 포스트구조주의는 역사 문제와 관련하여 유럽 마르크스주의자들로부터 힐난을 받아 왔다. 가령 문학 비평가 테리 이글턴Terry Eaglton은 포스트구조주의가 "역사에서의 쾌락주의적인 도피"라고 비난했고,[4] 한때 알튀세르에 경도되기도 했던 마르크스주의 역사학자 페리 앤더슨Perry Anderson은 포스트구조주의는 "역사의 무질서화"를 조장하는 것이라고 공격했다.[5] 따라서 1978년에 사이드의 『오리엔탈리즘』이 출간되고 나서 구미 학계에서 식민주의와 식민 담론에 대한 분석과 비판을 고유한 연구 과제로 삼는 '포스트식민 연구'가 하나의 독자적인 학문 분야로 등장하고, 또 '포스트식민 이론'이라든가 '포스트식민 비평,' '포스트식민주의'와 같은 용어들도 널리 사용되기 시작한 이후, 주로 미국 학계에서 활동하고 있는 사이드와 바바와 스피박 같은 대표적인 포스트식민 이론가들이 프랑스 포스트구조주의자들의 이른바 '고급 이론'에 기대어 식민주의를 분석하고 있다는 점은 유럽의 마르크스주의자들에게는 물론 비유럽 지역의 마르크스주의자들에게도 비난의 소재가 될 수밖에 없었다.[6]

그들이 포스트식민주의를 비판하기 위해 공격 대상으로 삼고 있는 포스트구조주의는 넓게는 알튀세르와 푸코 등의 포스트마르크스주의적인 이론적 입장도 포함되지만, 좁게는 그리고 주로는 데리다 Jacques Derrida의 탈구축(혹은 해체) 이론을 지칭하는 것이라고 할 수 있다. 따라서 이 같은 비판들을 초래하고 있는 포스트식민주의의 정체성에 관한 논란에서의 핵심적인 문제는 결국 데리다의 포스트구조주의, 즉 '탈구축' 개념/이론이 서구 중심주의와 식민주의의 극복과 어떤 관계가 있는가 하는 점이다.

『백색신화』는 그 같은 논란에 본격적으로 불을 지핀, 혹은 어떤 의미에서는 그 같은 논란을 선취한 저작이라고 할 수 있는데, 왜냐하면 로버트 영은 그 책의 첫 장 「백색신화」에서부터 포스트구조주의는 프랑스 식민지였던 "알제리의 독립전쟁의 징후이자 산물"이며, 탈구축은 "'서양'이라는 개념과 그것의 권위와 우선성에 대한 탈구축"이며, "탈구축이 유럽적 사고의 형식들을 탈식민화하려는 광범위한 시도의 일부라고 한다면… 데리다의 작업은… 서양 지식의 유럽 중심주의적 전제들에 대한 적극적 비판과 관련"되어 있고, 포스트구조주

의는 "서양의 탈구축을 위해 서양 자체의 타자성과 이중성을 사용한다"고 정식화했기 때문이다.[7]

더 나아가 로버트 영은 『백색신화』가 출간된 지 10년 후에 발표한 글에서, 그동안 "유물론적" 이론가들의 비판은 데리다의 텍스트들에 대한 실제적인 독해를 통해서 이루어진 것이 아니라 그저 포스트구조주의에 반대하는 입장을 포스트식민 이론은 오직 제1세계의 산물이라고 주장하는 스테레오타입한 수사trope와 융합시킨 것일 뿐이라고 공격한다. 그는, "데리다의 작업은 다소 간접적인 것이더라도 항상 식민주의 이데올로기의 심장에 있는 윤리적, 정치적 긴장들에 도전한 것"이며, "지적, 문화적 탈식민화의 한 형식"인 탈구축 이론은 비서구에서 펼쳐지고 있는 다양한 민족주의 운동이 보여 준 "종속적 수동성 혹은 의심스러운 진정성에 대한 전략적 대안"을 제공해 주었고 세계 내의 수많은 소수자들, 이민자들, 이주자들에 의해 그들이 처한 정치적 상황을 분석하고 이해하는 데에 연관이 있는 것으로 수용되었다고 말함으로써, 포스트구조주의적 탈구축은 포스트식민적인 정치적 실천의 이론적 무기로서도 의미 있는 것이라고 언급한다.[8]

그동안 자신의 작업과 식민지 알제리의 관계에 대해 거의 언급하지 않고 있던 데리다도 마침내 "자신의 숨겨지거나 억압당한 뿌리를 고백하라는 요구에 굴복하여" 반半자전적 텍스트인 『타자의 단일언어주의Monolingualism of the Other』에서 자신의 작업이 알제리와 밀접한 연관을 가지고 있다고 인정하면서, 자신의 작업을 더 전투적인 반식민 운동가들이자 이론가들인 사르트르, 파농, 알베르 멤미Albert Memmi, 압델케비르 카티비Abdelkebir Khatibi 등의 작업 목록에 같이 기입시킴으로써 탈구축 이론의 반식민/포스트식민적 성격을 확인해 주기도 했다.[9]

이렇듯 탈식민화의 한 형식인 데리다의 탈구축 이론을 『백색신화』

의 첫 장 「백색신화」에 배치한 로버트 영의 구성 방식이 시사하듯이, 그리고 그 이론이 『백색신화』 곳곳에서 등장하고 있는 점이 증명하듯이, 로버트 영에게 탈구축 이론은 역사주의적인 마르크스주의 이론만이 아니라 포스트마르크스주의 이론에 비판적으로 개입하기 위한 전제 조건이자 포스트식민 이론을 구성하는 요소인 것이며, 또한 다양한 포스트식민 이론들에 개입하기 위한 논거인 것이다.

따라서 비판가들의 공격과 무관하게 로버트 영의 『백색신화』는, 마이클 시로틴스키Michael Syrotinski가 인정하고 있는 것처럼, 데리다의 탈구축 이론과 포스트식민 이론의 구성적 관계를 분명하게 입증한,[10] 포스트식민 이론을 제3세계의 현실과 동떨어진 제1세계만의 산물로 간주하면서 비난하는 편견에 맞서 그 두 세계의 지적인 접합의 소산임을 증명한 의미 있는 저작이다.

3. 알튀세르와 트리컨티넨탈리즘

『백색신화』 초판에서 로버트 영은 처음부터 분명하게 데리다와 포스트식민 이론의 불가분한 관계를 언급했고, 푸코의 경우에도 그의 담론 분석 이론이 포스트식민 이론에 미친 영향을 여러 곳에서 거론했지만, 알튀세르에 관해서는 이들의 경우와는 다소 다른 태도를 취하였다. 영은 알튀세르의 포스트마르크스주의적 작업을 대개 당대 프랑스 공산당의 정치라는 맥락과 바슐라르Gaston Bachelard와 캉길렘 Georges Canguilhem과 카바이유Jean Cavaillés의 과학사 이론이라는 맥락 안에서 이루어진 것으로 보고 있었던 것이다.

그러나 로버트 영은 초판에서의 알튀세르와 관련된 서술의 공백을 보충하려는 듯이, 『백색신화』 제2판에 게재한 독립적인 글 「다시 읽는 『백색신화』」에서는 아예 『백색신화』의 주된 이론적 토대 중의 하나가 알튀세르의 이론이라고 말하면서 비로소(?) 알튀세르의 작업과 포스트식민주의의 관계를 밝힌다.[11]

로버트 영은 포스트구조주의를 '68년 5월'의 정치만이 아니라 급진적인 반식민/반제국주의 투쟁과도 연결시켜 주었던 근본적 양상은, 그리고 포스트구조주의와 포스트식민 이론을 가로지르는 공통적 단서는 바로 마오주의Maoism라고 말한다.

마오는 혁명 주체를 산업 노동자에서 농민으로 옮김으로써 민초들의 민중 투쟁으로서의 혁명을 강조했고, 이를 토대로 상부구조에 잔존하는 부르주아 이데올로기의 요소들에 대한 항구적인 '문화 혁명'을 강조하면서, 민중의 문화와 민중의 지식 체계로부터의 학습을 반식민 사회주의 혁명이 성공하기 위한 중요한 조건으로 간주했다. 또한 마오는 개별 사회의 고유한 동학이 그 사회의 특정한 시간 속에서 작동한다고 주장함으로써 통념적인 역사주의적 시간성을 거부했다.

로버트 영은 제국주의/식민주의와 대결하는 가운데 형성된 이 같은 마오의 마르크스주의 사상, 특히 통일적인 프롤레타리아트 계급 주체가 아닌 민중을 내세운 것과 비역사주의적인 '차이'와 '불균등' 개념을 제시한 것은 마르크스주의를 갱신하고자 했던 알튀세르에게 중요한 단서를 제공했다고 말한다. 즉, 알튀세르는 역사 과정에 대한 경직된 변증법적 설명 대신 마오의 『모순론』에 의지하여 '불균등 발전'이라든가 '과잉 결정된 모순'과 같은 개념들을 발전시켰고, 상대적으로 자율적인 다양한 사회적 차원들은 자체의 특수한 또는 '차이화된' 역사적 시간성들을 갖고 있다고 주장했다는 것이다. 이러한 개념들을 바탕으로 알튀세르는 역사들이란 통시적으로 작동하지만 그 역사들이 개별 사회의 내적 동학과 반드시 일치하는 것은 아니라고 말함으로써, 그리고 유럽의 식민 정복이 이접적離接的(disjunctive) 시간들을 생산한 결과 식민 역사는 다양한 시간성들의 시간-지체들time-lags로부터 형성되었다고 말함으로써, 역사와 시간성의 복합적인 관계를 강조했다.

1956년 소련의 헝가리 침공과 스탈린주의의 경직성 그리고 유럽 프롤레타리아트의 혁명성의 상실 등에 의해 촉발된 유럽 '마르크스주의의 위기'라는 정세 속에서 알튀세르는, 역사주의적, 휴머니즘적 마르크스주의로 그 위기에 대응했던 사르트르 등과는 달리, 마오주의라는 우회로를 거쳐 마르크스주의의 레닌주의적 혁명 전통을 복원하고자 했다. 비록 스탈린주의의 경직성을 그대로 답습하고 있던 프랑스 공산당 내에서 자신의 그 같은 기획을 드러내놓고 발설하지는 못했지만 말이다.[12]

물론 마오주의로부터의 영향은 알튀세르에게만 미친 것은 아니다. 로버트 영이 「다시 읽는 『백색신화』」에서 언급하고 있듯이, 데리다는 물론이거니와 사르트르조차도, 그 영향의 정도와 수용 방식에서의 차이에도 불구하고, 일정하게 마오주의의 세례를 받았다. 그 데리다는, 그리고 푸코는 알튀세르의 지적 제자들이었다. 그러나 알튀세르의 영향은, 로버트 영이 「다시 읽는 『백색신화』」에서는 언급하고 있지 않지만, 파리에 있던 이들에게만 한정된 것은 아니었다.

1959년 쿠바 혁명이 성공한 후, 소련과 유럽 마르크스주의의 헤게모니에서 벗어나 쿠바의 역사적 경험과 조건에 입각하여 새로운 사회주의로의 이행을 모색하던 1960년대의 쿠바에서는 페르난도 마르티네스 에레디아Fernando Martinez Heredia의 주도로 『마르크스를 위하여Pour Marx』를 비롯한 알튀세르의 주요한 저작들이 번역되기 시작했다. 그리고 라틴아메리카 대륙에서는 칠레 출신의 마르타 아르네케르Marta Harnecker가 알튀세르의 이론을 확산시킨 덕분에 쿠바 혁명의 기치에서 자신들의 정치적 정체성을 발견한 '신좌파nueva izquierda'가 등 장할 수 있었고, 베네수엘라와 브라질에서도 알튀세르의 저작이 번 역되거나 알튀세르의 이론으로 무장한 청년 좌파 그룹들이 등장했 다. 특히 영이「다시 읽는『백색신화』」에서 소개하고 있는 게릴라 전 략인 멕시코에서의 '포키스모foquismo'는 1960년대 후반부터 멕시코 에서 출간된 알튀세르 저작들의 실천적 수용과 연관이 있었다.[13] 또 한 미국의 제도권 대학 내에서도 1990년대에 알튀세르의 이론적 입 장 위에서 라틴아메리카의 역사와 문화를 재사유하고자 한 '라틴아 메리카 서발턴 연구집단'이 결성되기도 했다.[14]

라틴아메리카만이 아니다. 피터 릭비Peter Rigby는 '아프리카 철학' 을 제창한 파울린 호운톤지Paulin Hountondji와 같은 철학자에게서 알튀 세르의 이론적 흔적을 찾을 수 있다고 말한다.[15]

이렇듯 중국에서 건너온 마오주의는 프랑스의 알튀세르에게 이론 적 자극을 주었고, 마오주의로부터 영감을 받은 알튀세르의 이론은 이제 대서양을 건너 라틴아메리카 대륙에, 지중해를 건너 아프리카 대륙에 확산되어, 유럽 마르크스주의 담론의 헤게모니에서 벗어나 각 지역의 조건에 맞게 마르크스주의를 번역하면서 그 대륙들에서 전개되고 있던 반식민/반제국주의의 정치적 투쟁들 및 유럽 중심주 의에 포획되지 않으려는 새로운 인식론적 이론들과 접합되었다.

따라서 데리다와 푸코만이 아니라 알튀세르 역시 포스트식민 이론 의 형성과 밀접한 관련이 있고, 또 이들의 이론 모두는 아시아와 아 프리카와 라틴아메리카, 즉 트리컨티넨탈 세계의 반식민 해방 운동 의 역사와 포스트식민적인 정치적, 이론적 실천과 연계된다. 그렇기 때문에 알튀세르를 포함한 이들의 작업은 로버트 영이 구상하고 있 는, 포스트식민주의의 또 다른 이름이자 더 넓은 전망인 '트리컨티넨 탈리즘'의 계보학에서 빠뜨릴 수 없는 요소들이다. 그래서 바바는

『백색신화』의 제2판에 붙인 「머리말」에서 로버트 영이 "이론적 담론으로서의 포스트식민주의가 상호 연결된 다양한 정치운동들을 위한 일종의 민중전선 (…) 즉 새로운 트리컨티넨탈리즘, 남부의 사회주의로 기능할 수" 있도록 해석과 개입의 연합 공동체를 창조하기를 기대하고 있다고 말한다.[16]

트리컨티넨탈리즘과 역사
Tricontinentalism and History

제2부
역사 I

제2장

제국주의, 역사주의, '차이의 역사(학)'

1. 역사학과 식민화 효과

제국주의에 관해서는 일찍부터 홉슨을 위시하여 로자 룩셈부르크와 부하린과 레닌 등 주로 서구(유럽)의 마르크스주의자들이 다양한 분석과 비판을 가해 왔다.[1] 그러나 이들의 분석은 서구의 제국주의가 정치경제적 측면만이 아니라 문화적·정신적 측면에서도 식민지에 미친 영향을, 더 나아가 서구 사회 자체에도 미친 효과를 폭넓게 이해하게 하는 데에는 일정한 한계가 있었다.

서구의 제국주의는 식민지의 영토만 수탈한 것이 아니라 서구 중심적 식민 이데올로기들로 식민지민의 문화와 정신까지 수탈했다. 서구의 근대적인 연구 기관들과 학문 분과들에서 생산된 그 이데올로기들은 제국주의와 식민 지배를 합리화하는 '과학적인' 지식/진리 형태를 취하면서 서구인들과 비서구인들에게 오랫동안 소비되어 왔다. 비서구의 국가들이 정치적으로 독립함으로써 공식적인 식민주의가 종식된 오늘날에도 그 이데올로기의 유산들은 여전히 그 지배 효과를 빌휘하고 있다.

　역사학 분야도 예외는 아니다. 제국주의 시기에 서구의 근대 역사학은 서구의 이른바 선진 문명과 역사적 진보의 경험을 토대로 생산된 역사 담론/지식들을 식민지의 근대적 교육기관 등을 통해 식민지민들에게 유포시켰고, 그것들로 식민지민의 역사를 구성했다. 제국주의는 역사에 대한 식민지민의 사유 방식까지 지배함으로써 식민지의 역사적 주권을 박탈했다.

　서구의 제국주의가 남긴 문화적 흔적들과 정신적 상흔들을 분석하고 비판하는 시도들은 일찍부터 있어 왔다. 그 결과, 이제 지리적으로 서구는 세계의 중심이 아니라 하나의 지방임이 분명해졌다. 또한 비서구 지역의 문명도 서구 문명과 동등한 가치를 지닌다는 점, 서구 문명의 여러 요소들이 비서구 지역에서 기원한다는 점, 심지어 서구 문명의 어떤 것은 날조되었다는 점 등은 더 이상 새로운 이야기가 아닌 것이 되었다.

　그러나 문명들의 등가성을 강조하거나 서구 문명의 비서구적 기원을 주장하는 것만으로 비서구에 깊이 각인되어 있는 서구 중심주의 이데올로기가 극복될 수 있는 것은 아니다. 오늘날 그 같은 주장은 오히려 서구 스스로가 내세우고 있다. 그러면서도 서구는 여전히 세계와 현재를 지배하고 있다.

　이러한 현실은 문명 담론과 그 담론에 수반되어 있는 역사적 사유 방식에 대한 근원적인 재성찰을 요구한다. 왜냐하면 서구에서 발원한 문명 담론은 제국주의 하에서 식민 이데올로기로서의 기능을 발휘했고, 근대 역사학은 서구 중심적 사유 방식을 비서구 식민지들에 전파해 왔기 때문이다. 따라서 역사학에서의 서구 중심주의의 극복은 근대 역사학 자체를 비판적으로 재검토해야 하는 과제를 갖고 있다. 이를 위해선 무엇보다도 제국주의와 근대 역사학의 이데올로기적 관계에 주목할 필요가 있다.

그렇다면 널리 알려져 있는 제국주의 이데올로기인 이른바 '문명화 사명'에는 어떠한 역사 지배 전략이 작동하고 있었고, 그 전략이 강제한 역사적 사유 방식은 무엇이었는가? 제국주의의 역사 지배 전략에 맞서 비서구 식민지의 민족주의 역사학과 전통적 마르크스주의 역사학은 어떻게 대항했는가? 만일 민족주의와 전통적 마르크스주의의 역사학의 대항 방식이 제국주의가 각인시킨 역사적 사유에서의 식민성을 극복하는 데에 한계가 있다면, 그 한계를 극복할 수 있는 포스트식민적인 역사(학)은 어디에서 출발해야 하는가?

2. 제국주의의 역사 지배 전략: 문명 담론과 역사주의

16세기 이래 오랫동안 지속되어 온 서구의 식민주의는 19세기에 들어와 제국주의 형태로 전환되었다. 이전의 식민주의가 주로 사기업이나 무역회사에 의한 식민지 경영이라는 형태로 전개되어 왔다면, 자본주의 경제가 세계적 규모로 확장되는 가운데 근대 민족-국가들과 시민 사회가 형성되어 간 19세기에 서구의 식민지 경영은 점차 메트로폴리스 정부의 정책을 통해 이루어지기 시작했다. 이에 따라 영어권에서 '전제정despotism'의 동의어로 처음 사용된, 그리고 프랑스 나폴레옹 3세 치하의 제2제정의 정치 체제를 경멸적으로 부르기 위해 사용된 '제국주의'라는 용어도 차츰 정복과 해외 팽창을 통해 국가의 위신을 추구하는 정책을 의미하는 것으로 변했다.[2]

제국주의 정책에는 그 정책의 정당성을 뒷받침하기 위한 이데올로기가 수반되었다. 비서구 지역을 연구하기 위해 19세기에 설립된 서구의 근대적 학문 분과들과 지식 생산 양식들의 기능 중의 일부는, 이미 사이드E. Said가 밝혀 놓았듯이, 비서구 식민지를 통제하고 지배하기 위한 '오리엔탈리즘'적인 지식/담론들의 생산 기제였다.[3] 그 같은 기제들을 통해 생산된 대표적 식민 담론이 이른바 '문명화 사명 mission civilisatrice' 담론이었다. 서구는 식민 사회를 지배하기 위해 생산된 이 이데올로기적 담론을 통해 자신의 외부에 존재하는 타자의 정체성을 규정했고, 동시에 이 같은 규정을 통해 근대 민족-국가와 시민 사회로서의 자신의 정체성을 만들어 갔던 것이다.

이 문명화 사명을 발명한 것은 프랑스였다. 프랑스의 지배 세력은 1763년에 시작된 7년 전쟁이 끝난 후 인도와 북아메리카에 있던 식민지들을 상실했지만, 나폴레옹이 집권하던 19세기 초 유럽 대륙에 거대한 제국을 건설했다. 그들은 나폴레옹 3세의 집권기인 19세기 후반에 들어와 아프리카의 마그렙Maghreb(오늘날의 모로코, 알제리, 튀니지 등을 포괄하는 북서부 아프리카 지역)과 사하라 사막 이남 지역 또는 인도차이나와 같은 지역들을 침략함으로써 과거의 역사적 경험들을 재연하고자 하는 제국의 야망을 다시 한 번 드러냈다. 이 제국주의적 팽창 정책을 도덕적으로 정당화하기 위해, 그리고 식민지 경영은 경제적으로나 재정적으로 아무런 이득이 되지 않는다고 주장한 반反식민주의자들을 설득하기 위해 고안된 것이 문명화 사명, 즉 프랑스의 발전된 문화와 종교와 언어를 식민지민들에게도 전파해 주어야 한다는 주장이었다.[4]

문명화 사명은 20세기까지 일관되게 유지된 프랑스의 '동화주의 assimilation'적 식민 지배 원칙의 핵심 이데올로기였다. 지리적으로 멀리 떨어져 있는 식민지와 식민지민들을 행정적으로, 또한 개념적으로 프랑스 본토와 프랑스 시민의 일부로 취급한 '동화주의'는 보편적 인권을 강조한 계몽사상에서, 그리고 모든 인류의 자유와 평등과 우애라는 프랑스 혁명의 이념에서 연유하는 것이었다. 하지만, 문명화 사명에 입각한 프랑스의 동화주의적 제국주의 정책은 식민지민들의 문화와 언어와 종교의 '차이'를 인정하지 않았다는 점에서 계몽사상과 프랑스 혁명 이념을 프랑스 민족 중심으로 왜곡하고 굴절시킨 것이었다.

프랑스가 발명한 문명화 사명은 프랑스 제국주의를 일종의 문화적 제국주의의 형태로 작동하게 만들었고, 유럽의 다른 제국주의 국가들에 의해서 자국의 식민 정책을 정당화하기 위한 변명거리로 채택되었다. 19세기 영국의 제국주의가 내세운 이른바 '백인의 의무' 혹은 '이중의 위임'은 이 문명화 사명의 영국식 버전version이었다.

18세기 영국에서는 인도주의적 견지에서 식민지의 가혹한 노예 노동을 반대하고 원주민들을 보호해야 한다는 운동이 활발하게 전개되었다. 에드먼드 버크Edmund Burke 같은 보수주의자들은 인도인들에 대한 동인도회사의 범법 행위를 비판하면서 식민지 경영의 도덕적 기준을 환기시켰고, 다른 문화에 대한 불간섭과 관용을 강조했다. 애덤 스미스Adam Smith나 제레미 벤담Jeremy Bentham 같은 자유주의자들은 식민지로부터 얻는 경제적 이익보다는 식민지의 보호와 관리에 들어가는 비용이 더 크므로 몇몇 사기업에 의한 독점적 식민 무역 대신 식민지와의 자유 무역이 필요하다고 주장했다.[5] 이렇듯 영국에서는 19세기 전반기까지도 식민지 경영에 대한 비판이 거셌고, 특히 자유주의자들에게 제국주의라는 말은 일종의 경멸적인 용어로 사용되곤 했다.

그러나 19세기 후반에 들어와 이 같은 분위기는 반전되었다. 1857년, 흔히 세포이Sepoy 반란으로 알려진 인도의 뮤티니Mutiny와 같은 식민지민의 무장 봉기와 유럽 국가들 간의 식민지 경쟁, 그리고 나폴레옹 3세의 프랑스와 빌헬름 1세의 프로이센이 야기한 '제국 정서' 등은 글래드스턴W. E. Gladstone과 같이 식민주의에 반대했던 영국의 지배 엘리트들을 점차 제국주의 쪽으로 기울게 만들었다. 그 결과, 영국의 제국주의는 상업적 이익을 도모할 뿐만 아니라 제국으로서의 정치적 위엄도 내세우면서 중앙 정부가 직접 식민지를 통제하고 식민 체제를 관리하는 방향으로 바뀌었고, 1880년대에 들어오면 제국주의라는 용어 자체도 긍정적으로 사용되기 시작했다.[6]

이러한 반전에는 그것을 정당화하는 이데올로기가 필요했다. 딜크 Charles W. Dilke는 영국의 식민지들을 인종과 문화를 기준으로 '앵글로-색슨 정착민 식민지'와 '비백인 열대 식민지'로 구분하면서 인종적으로 열등한 열대 식민지민들에 대한 온정주의적 통치를 강조했다.[7] 이 인종주의적 온정주의를 문명화 사명과 결합시켜 식민지 통치는 미개한 비백인에게 문명을 전해 주는 백인의 의무라는 논리로 개발한 인물이 실리 John Robert Seeley 였다.

실리는 자신의 저서 『잉글랜드의 팽창 The Expansion of England』에서 그동안 영국사에서 주변적인 것으로 취급되어 온 본국의 식민 활동을 영국사의 근간이 되는 것으로 간주하면서, 영국의 식민지인 인도의 문제를 장황하게 논의했다. 그는 영국이 인도를 획득한 것은 의도하지 않은 채 우연히 이루어진 맹목적인 일이며, 따라서 영국인은 진짜 인도의 정복자가 아니므로 정복자로서 인도를 통치할 수 없다고 주장했다. 그럼에도 불구하고 인종적으로나 종교적으로 영국과 공통점이 없는 인도를 통치하는 것은 영국의 의무이자 "백인의 짐 the white man's burden"이라고 실리는 강변했다.[8]

이 논리를 이어 받은 루가드 경 Lord Lugard은 열대 지방의 풍부한 부 富가 전 인류의 이익을 위해 개발되고 이용되어야만 하는데, 이를 위해 식민 권력은 원주민들의 물질적 권리를 보호해 주어야 할 뿐만 아니라 그들의 도덕적·교육적 진보를 촉진시켜야 한다고 주장했다. 그가 말한 이른바 '이중의 위임 Dual Mandate' 논리,[9] 즉 영국의 제국주의 권력에게는 식민지의 자원들이 사용되질 않고 그대로 남겨지지 않도록 '착취'해야 할 의무와 식민지 사회에 문명을 '강제'해야 할 의무가 위임되어 있다는 논리는 프랑스가 먼저 발명한 문명화 사명을 영국적 정신으로 편곡한 후속편이었다.

이같이 19세기의 대표적 제국주의 국가인 프랑스와 영국이 자국의 식민 지배를 이데올로기적으로 정당화하기 위해 동원했던 핵심적 개념 중의 하나가 '문명'이었다. 문명이라는 개념은, 페브르Lucien Febvre가 말했듯이, 1760년대 유럽의 이성 중심적 사유의 산물이다. 그 개념에는 세계에 대한 위계적 사고방식 ─ 문명과 비문명의 구분, 또는 문명화의 정도에 따라 세계를 위계적으로 이해하는 ─ 이 수반되어 있었다.[10] 그리고 이런 문명 개념을 동원하여 비서구에 대한 서구의 지배를 강제적인 '사명'이나 온정주의적 '의무'로 포장했던 프랑스와 영국의 제국주의 이데올로기에는 바로 '역사주의historicism'의 사유 방식이 작동하고 있었다.

역사주의는 여러 가지 방식으로 정의될 수 있다.[11] 하지만 역사주의 사유 방식의 중요한 핵심은 어떤 대상의 성질을 파악하려면 그것을 하나의 개별적인 통일체나 총체로, 그리고 그것이 역사적으로 '발전development'하는 것으로 인식해야 한다는 점이다. 물론 역사주의는 대상들의 개별성이나 특수성으로부터 일반성을 발견하고자 하고, 역사적 발전 과정의 복잡성과 모호성도 인정한다. 그러나 역사주의에서 무엇보다 중요한 것은 바로 '발전'이라는 개념과 발전의 과정에서 일정한 '시간'이 흘러간다는 점 ─ 즉, 역사는 시간이 지나면서 발전해 나간다는 통념 ─ 이다.[12] 이 역사의 시간을 관통하는 발전은, 벤야민Walter Benjamin이 말하고 있듯이, "인류의 역사적 진보historical progress of mankind"라는 개념과 분리되지 않으며, 그 시간은 늘 역사적 진보로 채워지게 되기를 기다리고 있는 "동질적인, 비어있는 시간

homogeneous, empty time"이다. 그리고 그 시간은 역사주의적인 "보편사 universal history"의 구상과 관련되어 있다.

> 사회민주주의자들이 머릿속에서 그렸던 진보는 무엇보다도 (인간의 능력과 지식에서의 진전만이 아니라) 인류 자체의 진보였다. 둘째, 그것은 인류의 무한한 완벽성에 상응하는, 끝이 없는 어떤 것이었다. 셋째, 진보는 거역할 수 없는 것, 직선이나 나선을 그리면서 저절로 나아가는 어떤 것으로 간주되었다. … 인류의 역사적 진보라는 개념은 동질적인, 비어있는 시간을 관통하는 인류의 진보라는 개념과 분리될 수 없다. 그 같은 진보주의의 개념에 대한 비판은 진보 개념 자체에 대한 모든 비판의 기초가 되어야만 한다. … 역사주의는 당연하게도 보편사에서 절정에 달한다. … 보편사는 어떠한 이론적 틀도 갖고 있질 않다. 그것의 방법론은 첨가적이다. 즉, 그것은 동질적인, 비어있는 시간을 채우기 위한 자료들을 무더기로 모은다.[13]

'이미' 문명화된 서구가 '아직 문명화되지 못한' 비서구 사회를 문명 상태로 전환시키겠다는 서구 제국주의의 논리, 혹은 "유럽(서구)에서 먼저, 그 다음에 다른 지역 first in Europe, then elsewhere"이라는 세계사적 시간 구조는 서구와 비서구 모두 동일한 역사적 시간 위에서 동일한 역사적 발전 과정을 밟아야 하는 것으로 가정하고 있다는 점에서 역사주의적 사유 방식을 보여 주는 것이었다.[14]

서구의 제국주의는 비서구 사회의 역사에 서구의 역사의 시간과 동질적인 시간성을 부여하면서, 물리적 시간상으로는 동시에 현존하지만 역사적 시간상으로는 전근대에 머물러 있는 비서구(=후진적/정신적/비이성적인 비서구)와 근대에 들어와 있는 서구(=선진적/세속적/이성적인 서구)의 '차이'를 강조했고, 비서구의 역사적 시간을 서구에 의해 문명(=근대성)으로 채워지기를 기다리고 있는 비어 있는 시간으로 간주했다. 따라서, 밀J. S. Mill이 인도나 아프리카는 아직 자치를 할 수 있을 만큼 문명화되어 있지 않으며, 식민 통치와 교육을 통한 발전과 문명화의 역사적 시간이 어느 정도 지난 다음에야 자치가 가능하다고 주장한 바 있듯이,[15] 문명화 사명 논리에서 비서구의 역사는 일종의 "대기실waiting room,"[16] 다시 말해 서구에서 발진하여 발전의 궤도를 달리는 진보(=문명)라는 이름의 역사의 기차가 와서 태워 주기를 '상상하면서' 기다리는 대기실이었다. 이런 식으로 서구의 제국주의는 서구와 비서구 사이에 존재하는 역사적인 '사회와 문화의 차이'를 동질적인 역사적 시간성으로 지워버리는 한편, 그 동질적인 역사적 시간의 차이를 근거로 비서구에 대한 지배를 정당화했다. 그리고 식민지에 '그 다음에 다른 지역'이라는 시간적 장소를 할당함으로써 식민지민들을 전근대/전문명의 역사적 시간 속에서 살아가는 '지금 이전의pre-' 존재, '아직 ~못한not yet' 존재로 재현했다.

역사적 시간의 보편적 단일성과 동질성을 비서구 식민지에 강제했던 문명화 사명의 이 같은 역사주의적 역사 지배 전략은 비서구의 역사적/문화적 공간의 차이들을 단순히 '시간적 차이'로 환원시키고 공간적 관계를 시간의 양식으로 해석하는 전략이었다. 세바스티안 콘라트Sebastian Conrad가 말했듯이, 역사 연구 자체를 일종의 "측시술測時術(chronometry)"로 만드는 이 "공간의 시간화temporalization of space" 전략은[17] '이전'의 시간(전근대)과 '지금'의 시간(근대)을 '발전'이나 '진보'라는 개념으로 연속시키면서 각각의 시간에 서구의 역사와 비서구의 역사를 배치했다. 이 배치도에서 서구의 역사적 현재의 자리는 비서구 사회의 역사적 미래의 자리였다. 문명화 사명으로 비서구의 역사(사회/문화)를 지배하려 한 서구 제국주의의 전략에는 이 같은 역사주의(적 사유 방식)가 작동하고 있었다.

3. 역사주의에 대항/순응하는 역사주의: 인도의 반식민 역사학

서구의 근대 식민주의가 시작된 이래, 아시아와 아프리카와 라틴 아메리카 등 비서구 식민지들에서는 여러 형태의 반식민 해방 운동이 전개되어 왔다. 이들 비서구의 반식민 해방 운동 과정에는 국가 주권의 회복이라는 정치적 목표와 함께 식민지의 사회와 문화와 정신의 개조를 위한 개혁 운동들이 수반되었다. 제국의 언어가 아니라 식민지의 언어로 역사를 만들어 내는 것, 혹은 식민지민들을 역사 주체로 내세우는 역사를 서술하는 것 역시 그 같은 개혁 운동의 일환이었고 해방 운동의 긴급한 과제였다.

오랫동안 영국의 식민 지배를 받아 온 인도의 경우, 19세기부터 서구에서와 같은 근대적인 개인/시민에 관한 이야기 형식들인 소설, 전기, 자서전 등과 함께 역사라는 장르가 만개하기 시작했다.[18] 1880년대에 반킴찬드라 차토파댜이Bankimchandra Chattopadhyay는 타자에 의해 전유되거나 강탈당한 과거를 거부하고 인도인 자신들에 의한 자신들의 과거의 재현을 강조함으로써 인도 민족주의 역사학의 디딤돌을 놓았다.[19] 그는 인도인(벵골인)들에게는 사실상 역사가 없다고 하면서, 토착어(벵골어)로 쓰여진 인도인들의 "진정한 역사true history"를 강조했다. 그가 말한 "진정한 역사"란 "조상들의 행적에 대한 영광스런 기억"이었다.[20] 그는 인도 조상들의 과거를 과학적으로 연구해야 할 필요성을 제기하면서, 인도가 그토록 오랫동안 영국의 식민지가 되어 온 이유는 서구에서와 같은 '합리성'이 결여된 인도의 후진적 문화 때문이라고 보았다. 하지만 이와 동시에 그는 그 후진적 문화를 변형하여 인도 사회를 진보의 길로 나가게 할 수 있는 "힘power"이 인도에는 있다고 주장하면서, 서구가 보여 주고 있는 물질적 힘과 인도인들이 발휘할 수 있는 정신적 힘의 결합을 통해 개혁적이고 갱생되고 정화된 민족 문화(=힌두이즘)를 재형성할 것을 인도인들에게 요구했다.[21]

반킴찬드라의 민족주의 역사학은 인도에서 민족주의 운동이 본격화되기 시작한 1920년대에 들어와 후세대 민족주의 역사학자들의 전문적인 연구 방법을 통해 계승되었다.[22] 정치적 민족주의 운동을 학문적/이데올로기적으로 뒷받침했던 이들 민족주의 역사학자들은 영국인들이 서술해 온 인도의 역사는 인도의 '현실'을 올바르게 재현하지 못한 것이라고 비판하면서, 인도(인)을 단일한 자아와 의지를 갖고 있고 자율성과 독립성을 지닌 하나의 통일적인 역사 주체 또는 하나의 불가분한 총체로서의 '민족'으로 표상했다. 또한, 인도의 역사 과정에서 발생한 사건들의 의미를 이미 객관적이고 개별적인 실체로서 역사적으로 존속해 온 하나의 민족으로서의 인도라는 틀에 맞춰 설명했다.

인도 민족주의 역사학에서 인도사의 주체로 내세운 하나의 총체이자 개체성으로서 민족이라는 개념은 인도 사회 내의 구성원의 공통의 이익을 표현해 주는 보편적 형식이었지만, 구성원들 사이에 존재하는 다양한 층위의 '차이들'을 초월하는 관념적/이상적 형식이었다. 식민 지배 하에서 양육된 인도의 부르주아 민족주의자들에게 그 같은 민족(혹은 민족주의)이라는 보편적/관념적 재현 형식이 필요했던 이유는 식민 권력에 맞서 정치적 헤게모니를 장악하기 위해서는 자신들만의 정치적 공간이 필요했고, 이 공간에서 인도인들을 총동원하기 위해서였다.[23]

이런 이유로 인도 민족을 능동적인 역사 주체로 내세운 인도의 민족주의 역사학은 인도의 역사가 저 고대부터 지금까지 민족-국가의 수립, 경제 발전, 민주주의의 형성에 이르게 될 보편적 발전 과정을 나름내로 밟아 왔지만, 영국의 식민 지배가 이 과정의 완성을 가로막고 있다고 보았다. 따라서 인도 민족이 정치적 주권을 회복하여 식민 상태에서 벗어나면 얼마든지 자율적으로 근대화할 수 있다고 주장했다.[24] 인도의 민족주의 역사학은 근대화에 관한 제국주의의 논리, 즉 '아직은 아니다'의 논리에 대항하여 '지금'의 논리를 내세운 것이다.

그러나 인도 민족주의의 주장은, 비록 정치적으로는 식민 정부에 맞서는 것이었지만, 역사적 사유의 측면에서는 모든 지역의 역사가 동일한 역사의 시간 위에서 발전해 나가는 것임을 승인함으로써 오히려 제국주의의 역사 지배 전략의 효과를 확인하고 있었다. 인도 민족을 세계사의 보편적인 발전 과정으로서의 근대로의 이행 과정에 동참시키고자 한 인도 부르주아 민족주의자들과 역사학자들의 근대화 사명은 어떤 의미에서는 제국주의 이데올로기인 문명화 사명의 식민지 버전이었다. 그렇기 때문에 이들은 문명화 사명 담론의 역사 사유 방식인 역사주의를 극복하지 못하고 오히려 그것을 되풀이하면서 거기에 순응하거나 통합되어버렸다. 따라서 인도 민족주의 역사학에서 민족의 '이행 서사transition narrative'는, 민족주의 담론 자체가 그러하듯이, 기본적으로 제국주의가 선사한 서구적 근대성의 기획을 수용한 일종의 "파생 담론derivative discourse"이었다.[25]

인도의 전통적인 마르크스주의 역사학은 제국주의의 자본주의적 기초를 분석하고 비판하는 한편, 민족주의 역사학이 역사 주체로 내세운 민족이라는 총체를 해체하여 적대적 계급 관계를 드러냈다. 그러나 그렇다고 해서 역사주의적 사유 방식에서 벗어났던 것은 아니다.

일찍이 마르크스는 '자본'이라는 보편적 범주를 통해 세계의 역사를 이해하면서, 어떤 사회든 자본주의가 발전해야 그 사회 및 그 사회의 '전사pre-history'도 '이론적으로' 인식되거나 분석될 수 있다고 말한 바 있다.[26] 그가 사용한 '전사'라는 용어에서 '전'은 어떤 사회나 사물들이 그 본질을 드러낼 수 있을 만큼 완전히 발전한 상태의 이전, 혹은 아직 발전하지 못한 상태라는 이론적·연대기적 의미를 지닌다. 다시 말해, '전'이 연대기적으로 지시하고 있는 시간은 발전을 향한 역사의 시간이며, 자본이라는 범주와의 '차이'에 의해 인식되는 시간이다.

그런데 이 자본 범주는 곧 '서구'로 대체될 수 있기에 자본주의가 발달하지 못한 비서구 지역의 역사는 서구의 역사의 '전사'이거나 혹은 아예 역사가 없는 상태였다.[27] 따라서 식민지 사회의 과거와 현재가 이론적 인식 대상이 되기 위해선 전사에서 역사로, 전근대 사회에서 근대 자본주의 사회로의 '이행'이 필수적이다. 이 같은 관점에서 마르크스는, 한편으로는 식민주의에 대한 부르주아(자본주의) 문명의 폭력성을 비판했지만,[28] 다른 한편으로는 자본주의적 식민주의가 비서구 식민지를 '역사'의 시기로, 비서구 식민지 사회를 이론적으로 분석 가능한 서구적 근대 사회로 이행할 수 있게 하는 뜻하지 않은 효과를 발휘했다고 생각했다. 그러므로 마르크스에게도 인도에 대한 영국의 지배는 '이중의 사명'을 수행해야 하는 과제를 갖고 있었다.

> 문제는 아시아 사회 상태의 근본적 혁명 없이 인류가 그 사명을 다할 수 있겠는가 하는 점이다. 그렇다면 영국이 저지른 죄가 아무리 크다 하더라도, 그러한 혁명을 일으킴으로써 영국은 역사의 무의식적인 도구 노릇을 했던 것이다.[29]

영국은 인도에서 이중의 사명을 수행해야 했다. 파괴의 사명과 재생의 사명, 즉 낡은 아시아 사회를 파괴하는 것과 서구적 사회의 물질적 기초를 아

시아에 구축하는 것.[30]

　인도에서 가장 먼저 서구 근대 교육의 세례를 받은 벵골의 바드라록Bhadralok[31] — "그 규모가 어떻든 서구와의 상호 작용을 통해 정신세계mental world가 바뀐 최초의 아시아 사회 집단"[32] — 출신의 마르크스주의자들은(뿐만 아니라 자유주의자들은) 서구 제국주의의 문명화 사명이 굴절시킨 계몽주의의 보편적 휴머니즘의 가치들을 열렬히 수용했고, 합리주의, 평등, 인권, 과학 등의 개념들을 인도 사회의 카스트 지배와 여성 억압과 종교적 사고방식 등을 비판하는 무기로 삼았다. 근대 인도의 아버지라 불린 최초의 근대화론자 라자 라모훈 로이Raja Rammohun Roy(1772-1833), 레닌과 논쟁을 벌인 것으로 유명한 마르크스주의자 M. N. 로이Roy 역시 이 집단 출신이었다. 이 M. N. 로이를 비롯한 인도의 마르크스주의(자들)은 인도 민족주의에 일관되게 반대했고, 인도의 물질적 조건보다는 정신의 측면을 강조한 간디적인 사회주의에도 반대했다. 이들은 항상 엄격하게 정통파의 입장을, 즉 인도라는 역사적·문화적 공간의 맥락에서 마르크스주의를 각색하지 않고 서구 공산당의 마르크스주의 교리를 충실하게 집행하는 입장을 견지했다.[33]

　이러한 전통 위에서 인도의 마르크스주의 역사학 역시 발전, 근대화, 자본주의, 사회주의 혁명 등의 개념과 테마들을 중심으로 이행의 문제를 다루어 왔다.[34] 그러나 그 이행 서사에서 식민지 근대 인도의 역사는, 수미트 사르카르Sumit Sarkar가 보여 주고 있듯이, 늘 자본주의와 근대성의 발전의 '미완'이거나 '미성취'를, 부르주아 민주주의 혁명과 사회주의 혁명을 위한 근대적 주체 역량의 '미성숙'과 '불충분함'을 다시 한 번 확인하는 것으로 구성될 수밖에 없었다.

1885년 인도 국민회의의 창설과 1947년 8월 독립의 성취 사이의 약 60년은 아마도 우리나라의 오랜 역사에서 가장 위대한 이행을 목격했던 시기였을 것이다. 그러나 그것은 여러 면에서 통탄스럽게도 여전히 미완인 그런 이행이었으므로, 우리의 연구는 이렇게 기본적으로 불분명한 상태에서 시작하는 것이 가장 적절할 것 같다. … 아마도 훨씬 더 근본적인 것은 민족 투쟁 과정에서 솟구친 열망들 중 아주 많은 것들이 여전히 미성취되었다는 사실일 것이다 — 농민에게 람-자즈야Ram-rajya[35]를 실현시켜 주려 한 간디의 꿈은 물론 좌파의 사회 혁명의 이상 같은 것 말이다. 게다가 독립 인도와 파키스탄(그리고 방글라데시)의 역사가 거듭 드러냈듯이, 완전한 부르주아 변혁과 성공적인 자본주의 발전의 문제들조차 1947년 권력의 이양으로 완전히 해결된 것은 아니었다.[36]

식민지 인도의 근대사를 이같이 근대로의 이행의 미완으로 구성하게 되면, 가령 식민지 시기에 봉기를 일으킨 인도 농민들은 아직 근대적 계급 의식을 갖지 못하고 자신들의 언어를 갖지 못한 '전pre-정치적인' 집단으로, 그리고 이들의 봉기는 봉건적 경제 관계에 조응하는 의식을 표현하는 전근대적 행동으로 취급될 수밖에 없다. 이러한 해석은 바로 이 시기의 농민 봉기를 아무런 목적도 의식도 갖지 않고 그저 나무와 돌에만 의지하였던 전통적 반란으로 규정한 식민주의 역사학자들의 해석일 뿐만 아니라,[37] '전근대적' 농민 봉기를 "원초적primitive"이고 "고풍스런archaic" 형식의 반란으로 본 홉스봄과 같은 서구 마르크스주의 역사학자들의 해석이기도 하다.[38] 그러한 해석은 식민지 농민들의 의식과 실천을 근대의 시간에 조응하는 근대적 정치와 (계급)의식을 기준으로 비교하면서, 아직 그 기준이 되는 역사적 시간에 도달하지 못했기 때문에 여전히 역사의 발전을 기다려야만 하는 상태에 있는 것으로 간주하는 서구 중심적이고 역사주의적

인 견해이다.[39]

이렇듯 인도의 민족주의 역사학과 전통적인 마르크스주의 역사학은 서로 다른 방식으로, 서로 다른 정치적 목적을 갖고 제국주의의 역사 지배 전략에 대항했지만, 그 둘이 공유한 근대로의 이행 서사에는 제국주의의 이데올로기인 문명화 사명 담론과 그것이 드러내는 역사주의적 사유 방식이 반복되고 있었다.

4. 포스트식민적인 '차이의 역사(학)'

제국주의의 문명화 사명은 정말이지 '사명'이라는 이름답게 후진적 시간에 위치한 비서구 사회에 문명을, 서구와 동일한 선진적 시간으로서의 근대의 시간을 가져다주려 한 것은 아니었다. 그것은 한편으로는 비서구 사회와 서구 사회의 역사적/공간적 '차이'를 동일한 시간대 위에서의 차이로 환원/소거하면서, 다른 한편으로는 그 '시간적 차이'를 일정하게 유지/재생산함으로써 비서구에 대한 위계적 지배를 항구화하려는 지배 전략이었다.

역사적 시간의 이 위계적 구조는 비단 서구와 비서구 사이에서만이 아니라 서구와 비서구의 국가와 사회들 내부에서 물리적으로는 동일한 '지금'의 시간을 살아가는 사회 집단들 간의 '차이'의 구조와 '발전의 불균등'을 재생산하는 것이었다. 다시 말해, 한 사회 내부에서도 근대적인 제도와 교육과 기술과 의식의 발전에 뒤쳐져 있다고 규정된 집단들은 여전히 전근대적 시간을 살아가는 후진적이고 시대착오적인 '낯선' 존재들로 간주되면서, 한편으로는 사회적/정치적으로 주변화되고 배제되지만, 다른 한편으로는 끊임없이 근대적인 발전의 시간 안으로 편입될 것을 폭력적으로 강제당해 왔던 것이다.

이렇게 제국주의의 문명화 사명이 강제한 근대의 시간은 서구의 밖에서 낯선 타자들을 생산해 왔을 뿐만 아니라, 서구와 비서구의 안에서도 낯선 타자들을 생산하면서 '내부 식민지'를 만들어 왔다.

근대는 그 자체로 근대가 되는 것이 아니다. 그것은 전근대와의 '차이'의 관계 속에서만 근대로 성립한다. 요컨대, 전근대 없이는 근대도 없는 것이므로, 근대의 시간은 늘 자신의 시간 구조 안에 전근대의 시간을, 따라서 근대/전근대의 대립을 지속적으로 생산함으로써 자신을 재생산하게 된다.

이 '근대 안에서의' 전근대적 시간의 지속적 생산과 후진적인 사회 집단의 지속적인 유지야말로 근대적 시간(=발전의 시간)의 재생산과 그 시간을 지배하는 집단의 존속에 필수적이다. 그런 의미에서 역사주의는 역사의 시간의 '차이'를 매개로 한, 또는 '발전'의 이데올로기를 매개로 한 정치적/사회적 권력관계를 보여 주는 사유 방식이기도 하다. 그리고 바로 이 점에서 역사주의적 이행 서사는 서구 제국주의와 근대의 폭력을 옹호하고 있는 것이다.[40] 벤야민이 "모든 문명의 기록은 동시에 야만의 기록"[41]이라고 말한 것을 빌리자면, '모든 근대(로의 이행)의 기록은 동시에 전근대에 대한 폭력의 기록'이라고 할 수 있다.

이 근대의 경험 위에서 서구가 만들어 낸, 역사주의적 사유 방식의 핵심적 개념인 발전은 (후기)계몽주의적 이성의 발전을 의미하며, 근대적 민족-국가와 시민 사회의 발전을 의미한다. 그리고 이러한 발전의 물질적 기초에는 바로 자본주의가 있다. 하지만 이 자본주의는 단순하게 근대 시민 사회의 물질적 토대 혹은 근대 민족-국가의 경제 체제만을 의미하지 않는다.

마르크스가 말했듯이, 자본주의 생산 양식에서 자본의 원기적原基的

형태인 상품은 사용가치만이 아니라 교환가치를 갖기 때문에 선면적으로 교환된다. 상품의 사용가치를 생산하는 노동이 현실적/구체적 노동이라면, 이 교환가치를 생산하는 노동은 추상적 노동이다. 사용가치를 생산하는 현실적 노동이 이루어지는 사회적·역사적 조건의 차이에도 불구하고 상품의 교환을 가능케 하는 이 추상적 노동이란 그러한 차이들이 배제된, 오직 노동력의 지출 시간으로만 계산되는 노동이다.[42] 그러므로 모든 것이 상품으로 생산되고 유통되고 소비되는 자본주의적 생산 양식은 현실적 노동이 이루어지는 사회들의 차이, 그 사회들의 역사와 문화의 차이, 노동하는 인간들의 의식과 관념의 차이를 배제함으로써 성립한다.[43] 그런 의미에서 모든 것을 동질적이고 단일한 가치체인 상품이라는 보편적 범주로 환원시키는 자본주의적 생산 양식 자체가 '차이'를 억압하는 정치적 기제이며 권력의 양식인 것이다.

서구에서 자본주의적 근대의 역사적 시간은 이 억압 기제 위에서 근대적 민족-국가와 시민 사회가 형성되고 합리적 이성이 자기를 실현하는 과정, 혹은 역으로 그 억압 기제가 근대적 민족-국가와 시민 사회와 합리적 이성을 통해 작동하는 과정이었다. 그러므로 비서구의 역사가 서구적 발전과 문명으로서의 자본주의적 근대/근대성으로 이행해야 한다고 주장하거나, 근대/근대성을 비서구 사회가 자명하게 밟아 나가야 할 역사적 시간(성)으로 간주하는 것은 서구 제국주의의 역사주의적 서사를 되풀이하면서 자본주의의 억압적 권력관계와 공모하는 것이거나 거기에 스스로 통합되는 것이라고 할 수 있다.

그럼에도 불구하고 제국주의에 대항했던 비서구의 민족주의 역사학이나 전통적인 마르크스주의 역사학은 — 인도의 사례가 보여 주어 왔듯이 — 자본주의적 근대를 비서구의 역사가 전진해야 할 필연적이고 자연적인 역사적 시간으로 간주해 왔고, 근대로의 이행 서사로 비서구의 식민지 근대사를 구성해 왔다.

물론 이러한 시도는 서구와 비서구의 '역사적 시간의 차이'를 부정함으로써 서구의 제국주의 지배의 정당성을 훼손하거나 거부하려는 것이었다. 그러나 그렇게 함으로써 비서구의 반식민 역사학들은 오히려 서구와 비서구의 '역사적 공간의 차이'를 단순한 '시간적 차이'로 환원/소거하면서 서구 자본주의의 역사에 비서구의 역사를 종속시켰던 것이다. 비서구의 민족주의와 전통적 마르크스주의에서 강조한 '차이'는 서구의 역사주의적 사유 방식에 '길들여진' 차이였다. 그리고 비서구 반식민 역사학의 역사주의적 서사에서 배제된 집단은 근대성의 세례를 받지 못한 존재, 근대적인 교육과 제도와 조직을 통해 근대성에 '길들여진' 식민지 엘리트들에 의해 '길들여져야만' 하는 존재로 대상화되었다. 이들이 곧 식민지 민중, 서발턴들이었다.

그렇다면 제국주의의 역사주의적 역사 지배 전략과 서구 중심주의에서 벗어나기 위해 이 차이의 문제를 '발전'으로서의 근대(성)의 문제와 관련하여 어떻게 사유해야 할 것인가? 제국주의의 역사 지배 전략인 '공간적 차이의 시간적 차이화' 전략을 극복하기 위해 단순히 비서구 공간이 서구와 다른 문화적 독자성을 갖고 있음을 강조하거나, 사회경제적인 측면에서 서구와 동일한 역사적 시간을 밟아 나갈 수 있음을 강조하는 것은 한계가 있다. 중요한 것은, 차크라바르티Dipesh Chakrabarty가 말하고 있듯이, 역사적 시간을 역사주의적으로 사유하지 않는 것, 역사주의로부터 "배우지 않는unlearn" 것이다.

역사주의의 모든 변종들을 비판한다는 것은 역사라는 것을 현재 가능한 것이 단 하나의 미래를 향하면서 현실적인 것이 되는 그런 발전 과정으로 사유하는 법을 배우지 않는다는 것을 의미한다. 혹은 달리 말하자면, 현재 — 우리가 말하면서 살고 있는 "지금now" — 를 환원불가능하게 하나가 아닌 것 irreducibly not-one으로 사유하는 법을 배운다는 것을 의미한다.[44]

역사주의로부터 배우지 않기 위해서는 역사적 시간(성)이 단일하거나 동질적이지 않다는 것, 다른 역사적 시간(성)들이 복수로 존재한다는 것, 따라서 서구의 역사와 비서구의 역사를 동일하게 포괄하는 보편적인 세계(사)라는 개념은 불가능하며, 세계에는 상이하고 이질적이고 "환원 불가능한" 역사적 시간들이 '지금, 같이' 존재한다는 것을 인식할 필요가 있다. 그렇다고 해서 이 같은 인식이 모든 지역의 역사/문화/문명들은 동등한 관계로 규정되며 동등한 가치와 주권을 갖고 공존할 수 있다는 식의 다원주의나 상대주의를 승인하는 것은 아니다. 그 같은 절충적 다원주의나 상대주의는 역사주의의 사유 방식 자체를 문제 삼는 것이 아닐 뿐만 아니라, 역사적·문화적 공간들 사이에서 역사적·현실적으로 작동하고 있는 정치경제적 권력관계와 그 공간들의 현실적 위계 관계를 가치중립적 객관주의로 은폐하는 것이다.

'지금, 같이' 존재하는 역사들이란, 발전은 불균등하지만 물리적으로는 같은 시간 안에 공존하는 역사들을 가리키는 것도 아니고, 비동시적인 역사성에도 불구하고 동시적으로 존재하는 역사들을 표시하는 것도 아니다.[45] 그 역사들은 역사주의적 시간성과는 다른 시간성을 가진 역사들, 자본주의적 근대(성)의 서사와 권력에 포획되지 않는 '차이'들을 만들어 온 역사들을 의미한다.

오랫동안 그런 역사들은 전근대적 시간성을 갖는 것들로 간주되어 왔고, 언젠가는 근대로 발전해야 할 것으로 취급되면서 근대성의 서사에서 배제되거나 근대로의 이행사에 편입되어 왔다. 그리고 그런 역사들 속의 주체들은, 앞에서 언급한 식민지 시기 인도 농민의 경우가 그렇듯이, 전정치적인 존재로 간주되면서 근대성의 서사에서 항상 국외자로 취급되어 왔다. 그러므로 다른 종류의 역사적 시간을 봉쇄해버리는 역사주의적인 근대성의 서사를 비판하고 다른 역사적 시간성을 승인하기 위해선, 달리 말하면 근대적 주체가 아닌 대항 근대적 주체를 사유하기 위해선, 아무래도 문명과 발전으로서의 근대(성) 자체를 근원적으로 문제화하는 데에서 출발할 수밖에 없다.

이 점과 관련하여 난디Ashis Nandy는, 식민/포스트식민 세계의 사람들이 마치 자신들에게 자유를 가져다주는 필수적인 수단인 것처럼 내면화해 온 근대성은 "제2형태의 식민화second form of colonization"이데올로기인데도, 반식민주의자들조차 흔히 근대성을 끌어안고 승인하는 "죄를 저지르면서guiltily" 식민주의와 투쟁했다고 비판하고 나서 다음과 같이 말한다.

> 제3세계의 최소한 여섯 세대가 자신들의 해방의 전제조건으로 생각하도록 배워온 것 한 가지. 이 식민주의는 육체와 더불어 정신을 식민화했으며, 식민화된 사회가 문화적으로 우선시하던 것들을 단숨에 바꿔 놓기 위해 그 사회 안에서 강제력을 발휘했다. 그 과정에서 식민주의는 근대 서구라는 개념이 지리적, 시간적 실체에서 일종의 심리적 범주로 일반화되는 것을 도왔다. 이제 서구는 서구의 안과 밖 모든 곳에서 존재한다 ; 구조와 정신 모두에서.[46]

근대/근대성은 단순하게 역사 발전 과정의 한 시기를 지시하거나, 역사적으로 진보적인 시기의 조건들이나 구성 원리를 가리키는 것만으로 볼 수 없다. 그것은 서구의 자본주의와 부르주아 문명이 만들어낸 역사적 현재를 시간화한 것으로, 역사적 시간성의 형태를 취하는 자본 권력의 이데올로기적 구축물이다. 자본 권력이 지배하는 부르주아적 서구는 이 역사적 현재를 과거에 투사하여 역사의 발전에 관한 이데올로기적 담론을 생산해 왔다.

이 역사 발전 과정은 모든 구성원들을 동등한 법적 주체로 만든 민족-국가와 시민 사회로의 이행의 역사로 서술되고 합리주의와 이성의 증진 과정으로 이해된다. 그리고 이 역사 과정은 서구의 제국주의에 의해 하나의 총체로서의 세계사의 보편적 발전 과정, 즉 흔히 말하는 '대문자 역사History'로 간주되었고, 대문자 역사는 비서구의 '소문자 역사들histories'을 해석하고 판단하는 기준, 삭제하고 배제하는 권력, 통합하고 길들이는 주인master이 되었다.[47] 그러므로 비서구의 역사가 세계사의 보편적 발전 과정을 밟아 나가야 한다는 사고 자체, 보편적인 세계사라는 것이 가능하고 실재하는 것처럼 생각하는 것 자체가 서구 중심주의와 자본 권력의 이데올로기적 효과가 낳은 것이다.

제국주의가 이식한 서구 중심적 역사와 역사주의적 사유 방식에 대한 비판은 비서구의 역사가 어떻게 근대로의 이행의 맹아들을 자생적으로 발전시켜 왔는지, 아니면 비서구의 식민적 조건 하에서 어떻게 근대화의 기반들이 마련되었는지, 나아가 식민지 상황에서 식민지 민족이 어떻게 수탈을 당했는지, 혹은 식민지 민중이 어떻게 일상 생활에서 근대를 경험했는지 등등에 한정되는 문제 설정으로는 불가능하다. 다시 말해, 어떠한 방식으로든 근대(화)와 근대성을 비서구의 역사적 시간이 진입하거나 밟아 가야 할 자연사적·필연적 과정으로 간주하는 입장으로는 불가능하다.[48]

그 비판은 오히려 근대라는 역사적 시간성에로의 통합이 어떻게 지연되었고 무엇이 지연시켰는지를, 근대성을 구성하는 요소들의 작동 원리의 모순과 자가당착과 한계들이 어떻게 드러났고 무엇이 드러나

게 했는지를, 근대성의 공간과는 다른 공간이 어떻게 근대성에 대항하면서 생존해 왔는지를 밝혀내는 것에서 출발해야 한다. 다시 말해, 근대(성)의 역사적 실현의 가능성을 '불가능성'으로 전환시키는 문제 설정에서 출발해야 한다.

이 문제 설정은 자본의 역사가 전개되는 근대(성)의 시간이 강제하는 보편성이나 동질성에 길들여지거나 통합되는 것이 아니라 그것으로는 제어하기 어려운 '이질성heterogeneity'과 그것을 균열시킬 수 있는 "저항적 차이recalcitrant difference"[49]의 역사적 현존을 추구하는 작업을 요구한다. 이 차이들은 근대로의 이행 서사나 근대성의 담론에서는 전근대적인 것, 시대착오적인 것, 비이성적인 것, 근대의 시간에 '아직 도달하지 못한' 것으로 취급되면서 배제되어 왔겠지만, 그러나 그 저항적 차이의 공간들은 근대의 시간과는 다른 역사적 시간 안에 '지금' 존재하는 공간들, 자본주의적 근대성의 이전/외부에 존재하는 것이 아니라 그 '안'에서 그것의 지배에 저항하는 '대항-근대성 counter-modernity'의 현존을 보여 주는 공간들, 곧 '내부의 외부'이다.

그 공간들에서는 역사적 시간이 반드시 '근대'로 발전해 나가야 한다는 관념이 작동하지 않으며, 역사를 '발전'이 아닌 다른 과정으로 사유하게 될 것이다. 그렇게 함으로써 그 공간들은 자본 권력의 자기실현 과정의 총체로서의 세계사를 균열시킬 것이고, 서구 중심적 세계사의 구조를 그 내부에서 교란시킬 것이고, 그것의 헤게모니에 맞서는 "대항-헤게모니의 가능성counter-hegemonic possibility"을 제기할 것이다.[50] 역사주의적 사유 방식과 서구 중심적인 식민주의 역사학을 비판하고자 하는 포스트식민 역사(학)은 바로 이러한 의미에서의 저항적 '차이의 역사(학)'이 되어야 한다.

5. 역사(학) 비판의 출발점

'서구(유럽)'는 지리적 개념일 뿐만 아니라 이론적 개념이기도 하다. 그것은 세계의 지역들을 일정한 위계적 질서 안에 배치해 온, 비서구 주민들의 종속성을 끊임없이 재생산해 온 지배의 코드 혹은 권력의 기호이다. 따라서 이 서구에서 기원하는 '근대 역사학' 역시 단순히 근대로 구획되는 역사적 시기에 등장한 역사학(들)을 가리키는 것이 아니다. 그것은 권력의 기호로서의 서구를 역사적 사유의 중심에 두고 서구의 역사적 경험을 보편적인 것으로 서술하고 배치해 온 역사학을 가리킨다. 그런 의미에서 근대 역사학은 이데올로기적 구성물이며, 우리의 역사 사유를 지배하고 있는 지식/권력이다.

서구는 제국주의를 통해 비서구의 역사학과 역사적 사유 방식에 역사주의를 깊이 침투시켜 왔다. 그러므로 역사주의는, 프라카쉬Gyan Prakash가 말했듯이, "저 서구 지배의 또 하나의 스토리another story in that Western domination"[51]인 것이다. 이 역사주의적 사유가 비서구에 이식되는 과정에서 보편사의 지위를 획득한 서구의 역사(학)은 비서구에서의 역사 지식 생산의 이론적 조건으로, 비서구 역사학의 사고 틀과 서술 방식과 평가 기준을 가리키는 "말없는 지시체"로 작동해 왔다. 그 결과, 비서구의 역사학이 서구의 역사학을 알아야 하는 것은 당연한 일이지만, 서구의 역사학이 비서구의 역사학에 무지한 것도 당연한 일이 되어 왔다. 이 "무지의 불평등" 하에서 비서구 역사학은 서구의 역사적 경험 자료를 통해 생산된 역사학 모델들을 '모든' 인간들의 과거를 포괄하는 것처럼 간주하면서, 그 모델이 비서구의 역사를 인식하고 서술하는 데에 적용될 수 있다고 믿고 있다. 그러나 이 믿음 속에서는 서구의 역사만이 이론적으로 인식 가능한 것이 되고, 비서구의 역사는 근본적으로 서구의 역사 이론의 뼈대에 살을 붙이는 경험적 연구의 재료들이 되어버린다.[52]

비서구 역사학의 식민성과 서구 중심주의를 극복하기 위해서는 저 역사주의의 서사를, 또는 "자유주의자에게는 인류 사회의 야만적 전사로부터 시민 사회의 점진적 출현과 국가의 시민-주체를 수반하는, 마르크스주의에게는 자본과 노동의 모순들로부터 프롤레타리아 계급 의식의 발전을 수반하는 역사주의적 시간성historicist temporality"[53]을 비판적으로 재검토할 필요가 있다. 이 역사주의적 시간성에 대한 비판은 자본주의적 근대성의 이데올로기에 대한 비판, 곧 '발전'의 시간으로서의 근대(성)이라는 이데올로기를 통해 전방위적으로 작동하고 있는 자본 권력에 대한 비판을 의미한다. 그러므로 우리의 역사적 사유를 지배하고 있는 서구 중심주의에 대한 포스트식민적인 비판적 성찰은 역사주의적 시간성/자본주의적 근대성에 대한 근원적 비판이라는 지평에서 출발할 수밖에 없다.

제3장

비교사와 방법으로서의 비교

착오, 곤경 그리고 유령들

1. 마술사의 지팡이

역사학 분야에서 '비교사comparative history'의 이력은, 비록 사회학 분야의 비교 사회학보다는 짧지만, 그래도 상당히 일찍부터 시작되었다. 서구(유럽과 미국)에서는 막스 베버Max Weber와 에밀 뒤르켐Emile Durkeim과 같은 사회학자들의 비교 사회학 연구로부터 영향을 받은 오토 힌체Otto Hinze와 마르크 블로크Marc Bloch가 1930년을 전후하여 각각 서유럽의 대의제도들과 봉건사회들을 비교한 저작들을 출간한 이래 비교사 저작들이 활발하게 출간되어 왔다.[1]

특히 제2차 세계대전 이후 비교사에 대한 관심이 고조되어 1950년에는 독일에서 『사에쿨룸Saeculum: Jahrbuch für Universalgeshichte』이, 그리고 1953년에는 유네스코의 후원 하에 프랑스에서 『세계사학지Cahiers d'Histoire mondiale』가 창간되어 비교사 관련 논문들을 본격적으로 게재하기 시작했고, 1952년에 영국에서 창간된 사회경제사학지인 『과거와 현재Past and Present』에도 각 지역의 역사를 비교하는 글들이 꾸준히 게재되었다.

또한 1950년대에 미국에서는 소련과의 체제 경쟁과 세계 지배라는 정략적 필요에서 이른바 '인도학'이라든가 '일본학' 또는 '중동학'과 같은 '지역 연구들area studies'이 본격화되었다. 미국의 거대 독점 기업들의 재정적 후원 하에, 그리고 그것들과 연관된 각종 연구단체와 대학의 지원 하에 수행된[2] 이 지역 연구는, 비록 개별 지역/국가 단위로 이루어진 것이긴 해도, 어떤 의미에서는 국제적 규모의 비교사 연구 프로젝트이기도 했다. 1958년에 미국에서 창간된 『사회와 역사의 비교 연구Comparative Studies in Society and History』는 그 같은 국제적 규모의 지역 간 비교를 전문적으로 다루는 저널이었다.

이 밖에도 『역사와 이론History and Theory』 등 각종 역사학 저널들에는 여러 지역의 역사들을 직간접적으로 비교하는 글들만이 아니라 역사들의 비교와 관련된 논쟁들, 이른바 비교사의 이론과 방법에 관한 글들이 지금까지 꾸준히 게재되고 있다. 특히 『역사와 이론』은 1996년에는 '비교 관점에서의 중국의 역사학Chinese Historiography in Comparative Perspective'을 주제로, 1999년에는 '비교 사학 포럼Forum on Comparative Historiography'이라는 타이틀로 비교사에 관한 이론적·경험적 문제들을 집중적으로 검토한 바 있다.[3]

비교사에 대한 관심의 증대에 병행하여 비교사의 소재도 다양하게 확장되어 왔다. 레이먼드 그루Raymond Grew는 1980년에 『사회와 역사의 비교 연구』에 실린 5백여 편의 비교사 관련 논문들의 소재를 조사한 적이 있고,[4] G. F. 프레드릭슨Frederickson은 1995년에 "더 이상 엉성하지는 않지만 파편적인" 미국 내에서의 비교사 관련 저작들의 연구 소재들을 살펴본 적이 있다.[5] 이들의 검토에 따르면, 비교사의 소재들은 각 지역/국가들에서의 시민 혁명, 사회주의 혁명, 민주주의, 민족주의, 파시즘, 인종주의, 자본주의 이행, 근대화의 역사적 경로, 노예제, 노동 운동, 범죄율, 여성, 출생률, 교육 제도, 문화적 교류 등, 그야말로 온갖 분야에 걸쳐 있었다. 또한 비교의 단위도 한 지역이나 한 민족-국가를 넘어서 여러 민족-국가들을 포함하는 넓은 지역들이나 이른바 문명과 같은 것들로 확장되어 왔다.[6]

이렇듯 비교사의 소재가 거의 모든 역사적 현상들을 다루게 될 만큼 꾸준하게 확장되어 온 것 자체가, 한 지역의 역사나 하나의 역사적 현상을 탐구하는 것보다는 그 지역의 역사를 다른 지역의 역사(들)과 비교해 보거나 여러 지역들에서 찾아볼 수 있는 유사한 역사적 현상들을 서로 비교해 보는 것이 역사 인식이나 역사 이해에 더 유용하고 필요하다는 데에 역사학자들이 동의해 왔음을 반증한다. 일찍이 블로크가 말한 대로, 역사학자들에게 비교 방법은 "모든 마술사의 지팡이들 중에 가장 효과적인 것the most effective of all magician's wands" 인지도 모른다.[7]

그런데 이 같은 일반적인 추세나 상식적인 통념에는 생각해 볼 여지가 없는 것일까? 비교사는 정말이지 한 지역이나 어느 하나의 역사적 현상에 국한된 역사 이해보다 더 넓은 역사적 시야를 가질 수 있게 해주는 것인가? 그렇다면 우리는, 더 많은 지역들과 역사적 현상들을 더 넓게 비교하면 할수록 그 지역의 역사와 그 역사적 현상에 대해서, 뿐만 아니라 종국에 가서는 세계의 역사 전체에 대해서 더 완전한 인식과 이해에 도달할 수 있게 되는 것일까?

2. 착오 I

역사학 분야에서 최초로 비교사의 중요성을 강조하고 또 직접 그것을 실행한 이는, 앞서 말했듯이, 마르크 블로크였다. 그는 비교를 하나의 역사 연구 '방법'으로 규정하면서, "비교 방법comparative method은 굉장한 가능성들great possibilities을 갖고 있다. 역사 연구에서 이 방법을 개선시켜 더 일반적으로 사용하는 것이 오늘날 가장 시급한 과제들 중의 하나"라고 말한다. 그가 말하는 방법으로서의 비교란 "한 개 혹은 몇 개의 사회적 상황들로부터 언뜻 보기에 어떤 유사점을 제공하는 것으로 보이는 두 개 혹은 그 이상의 현상들을 선택하고 나서, 그것들의 진화 과정을 추적하여 유사성들the likenesses과 차이들the differences을 지적하고, 가능한 한 그것들을 설명하는 것"이다.[8]

이 블로크의 고전적인 정의대로라면, 비교사란 하나의 사회 혹은 민족-국가 내에서건 두 개 이상의 사회 혹은 민족-국가 사이에서건 복수의 역사적 현상들이나 사실들을 대상으로 그것들 간의 유사성과 차이를 확인하고, 일반화할 수 있는 유사성과 일반화할 수 없는 차이의 역사적 발생 조건을 해명하거나 유사성과 차이를 낳은 역사적 원인과 그것들이 낳은 유사하거나 다른 역사적 결과를 해명하는 것을 기본적인 혹은 고유한 과제로 삼는 역사 연구가 된다. "비교의 방법은 역사 과정과 구조들 사이의 동일성과 차이를 함께 설명하려는 전략"[9]이라고 정의하고 있는 덴 브라임부셰A. A. van Den Braem-bussche나, 역사 연구에서 비교를 시도하는 것은 "역사 현상의 동일성과 차이를 설명하거나 그것들을 더 폭넓은 결론을 위해 이용하려는 것"[10]이라고 말한 바 있는 위르겐 코카Jürgen Kocka, 혹은 역사의 비교란 "민족적 맥락에서 특수한 것으로부터 보편적인 것을 이끌어 낼 수 있는 유일한 절차"이자 "민족적 역사 서술 전통 간의 차이와 유사성을 확인하고 설명해 주는 유일한 방법이므로 비교사적 접근은 역사학에서 추구해야 할 논리적인 길"[11]이라고 말하면서 비교사를 아예 역사학의 한 '장르'로까지 위치시킨 크리스 로렌츠Chris Lorenz 모두 비교(사)에 관한 블로크의 고전적인 정의에서 벗어나 있지 않다.

그러나 이렇듯 비교(사)의 중요성과 의의를 강조하는 이들의 수사에도 불구하고 비교사와 방법으로서의 비교에는 검토되어야 할 많은 문제들이 있다.

우선 비교사는 역사학 내에서 하나의 하위 영역이거나 독립적인 장르일 수는 없다. 그것은 '정치사'나 '경제사'나 '사회사'처럼 고유한 연구 대상을 갖는 역사 연구 분야가 아니다. 또 사회학이 선구적으로 보여 주었듯이, 역사학 이외의 다른 분과 학문에서도 비교는 가능하다. 그러므로 비교사는 역사학 영역에서 고유한 자기 위치를 갖고 있지 않은, 어느 분과 학문이나 어느 역사 연구 분야에서도 이용 가능한 수단일 뿐이다. 게다가 비교는 블로크의 언급과는 달리 이론적 의미에서 '방법'이라고도 할 수 없다.

비교가 상식적인 의미에서가 아닌 이론적인 의미에서의 방법이 되려면, 비교사에는 비교에 고유한 '이론적' 개념들이 있어야 한다. 그런 개념들이 과연 있는가? 비교사 옹호자들이 빠짐없이 말하고 있는 '동일성'이라든가 '차이,' 혹은 '일반적/보편적인 것'과 '특수한 것' 등은 이른바 경험적 사실들을 묘사하는 '서술적descriptive' 용어들인 것이지, 그 사실들과 관련된 사유의 진전을 매개하는 혹은 그 자체로 사유 대상이 되는 이론적 개념들이 아니다.

이 점과 관련하여 비교와 비교사의 여러 장점을 인정하고 있는 레이먼드 그루조차 "비교 연구는 고유한 방법론이나 독자적 이론 없이 비교 연구의 개념들, 관심사들, 어휘들을 비교 자체의 외부에서 빌려온 경향이 있었다"고 지적하면서, "비교는 상상적으로imaginatively 이용되면 새로운 이해들과 중요한 일반화들에, 심지어는 중요한 이론들에 이를 수 있"지만, "단지 유행에 따라 이용된다면, 비교는 통상 이미 알려진 자료들을 유행에 더 민감한 어휘들로 재진술restatement하는 것에 불과하게 될 수 있다"고 우려하면서,[12] 그럴 경우 "비교는 방법이 아닐 뿐만 아니라 '비교사'라는 용어도 피하는 것이 더 낫다"[13]고 인정하고 있다.

레이먼드 그루가 말한 바와 같이 유행에 따라 통용되는 어휘로서의 비교는, 혹은 블로크 이래의 전통에 따라 통념상으로 이해되고 있는 비교는 — 이론적 절차로서의 고유한 개념들을 갖고 있는 방법이라기보다는 — 복수의 대상들을 앞에 두고 그것들 간의 차이와 유사성을 확인하는 일, 또는 그것들 중에서 일반적인 것과 특수한 것을 구별하는 일이 된다. 그 같은 확인과 구별은 복수의 대상들이 '현존'하기만 하면 가능하다. 혹은 복수의 대상들의 현존 자체가 곧 그들 간의 '비교적 현존'이다. 따라서 비교는 복수의 대상들이 관찰자나 연구자 앞에 놓임과 동시에 불가피하게 혹은 필연적으로 이루어지는 일종의 경험적인 '관찰 행위'에 불과하다. 혹은 최대한으로 그 의의를 평가하더라도 비교는, 콩트A. Comte가 말했듯이, "최고의 관찰 형식the highest form of observation"[14]일 뿐이다. 그럼에도 불구하고 비교가 '방법'이라면, 그런 일반적이고 상식적인 수준에서는 모든 것이 방법이 된다.

설령 비교를 하나의 이론적 방법이라고 인정해 주더라도, 그것이 방법이 되기에는 '방법상으로' 수많은 난점들을 갖고 있다. 실제로 비교사를 옹호하는 많은 역사학자들도 역사 비교가 장점 못지않게 상당한 난점들을 동시에 갖고 있음을 인정하고 있다.

예컨대 윌리엄 스월William H. Sewell은 마르크 블로크가 말하는 역사 연구에서의 비교 방법에는 단지 "가설 검증hypothesis testing의 논리"만이 있을 뿐이며, 따라서 그에게 비교 방법이란 "설명의 타당성을 검증하기 위해 체계적으로 증거를 모으는 하나의 수단"에 불과하다고 비판하면서, 비교 방법은 단지 역사적 설명 과정의 한 단계, 즉 가장

쉽고 평범한 단계에서만 도움을 줄 뿐이라는 점에서 한계가 있음을 지적한 바 있다.[15]

그리고 비교적 최근에는 미카엘 베르너Michael Werner와 베네딕트 침머만Bénédicte Zimmermann이 "간단히 말해 이러한 [비교 방법의] 난점들은, 비교가 한편으로는 그 본성에 있어 차이와 동일성의 이원적 대립 원리에 따라 기능하는 인식 작용이라는 사실에서, 다른 한편으로는 역사적으로 위치지어지고 상호 침투적인 다양한 심급들의 경험적 주체들에게 적용된다는 사실에서 비롯되는 것"이라고 지적하면서, ① 관찰자의 위치position of the observer, ② 비교의 척도scale, ③ 비교의 대상object, ④ 공시적 논리와 통시적 논리 간의 충돌conflicts between synchronic and diachronic logics, ⑤ 비교 대상들 간의 상호작용interaction among the objects of the comparison 등과 관련된 비교 방법의 난점들을 설명하고 있다. 그들은 "이 다섯 가지의 난점들 모두가 본질적으로 공시적인 분석 논리와 역사적으로 구성된 대상들 간의 접합articulation이라는 문제에 연결되어 있다"고 보면서, 비교사 대신 "얽힌 역사histoire croisée"를 제안하고 있다. 결국 그들에게 이론적 방법으로서의 비교는 기각되고 있는 것이다.[16]

브라질의 역사학자 팔라레스-버크Maria Lúcia G. Pallares-Burke는 영국의 좌파 역사학자 중에서 누구보다도 비교사의 중요성을 강조하고 있는 잭 구디Jack Goody와 대담하면서, 유럽과 비유럽 사회를 대상으로 하는 비교 연구의 문제점 중 하나는 서로 상이한 문화 속의 관념·대상·관습들을 그것들에 의미를 부여하는 컨텍스트context를 무시하고 상호 비교, 대조한다는 점이라고 말하고는, 이에 관한 구디의 의견을 물은 적이 있다. 이 질문에 대해 구디가 그저 비교되는 지역의 "현장 조사fieldwork"라든가 개별 사회들에 관해 모아 놓은 "더 나은 자료better data"들을 가지고 계속 작업하는 수밖에 없다고 답변한 것은[17] 비교사에는 비교 방법을 사용하기에 앞서 해결하기 어려운 문제들이 선행하고 있음을 시사하는 것이었다. 다니엘 로쉬Daniel Roche 역시 "비교사가 필수적임은 분명하지만, 동시에 지혜롭게 해결하기 어려운 절차상의 난점들을 노정하고 있다"[18]고 말한 바 있다.

그렇다면 비교사학자들은 비교되는 대상들의 컨텍스트와 그 컨텍스트 내에서의 의미 체계를 이해하는 이 문제를 현장 조사와 더 나은 자료들을 갖고 어떻게 해결하면서 비교 방법을 적용할 수 있을 것인가? 이 난제들을 선결先決할 수 없다면 비교는 블로크가 기대하는 바와 같은 "굉장한 가능성들"을 역사 연구에서 실현해 주게 될 '방법'의 지위를 쉽게 얻을 수 없다. 물론 어떤 방법이든 문제는 있는 법이고, 비교사를 시도하는 역사학자들은 이른바 '비교 방법'의 여러 난점들을 해결하기 위한 '방법'을 강구할지 모른다.

그러나 문제는 비교(사)를 옹호하는 역사학자들 스스로 비교 방법의 실효성을 의심하거나 비교가 생산적인 방법이 되기란 매우 어렵다는 것을 고백하고 있으면서도 고집스레 비교사는 필요하다고 독백하고 있다는 데에, 그러면서도 그 난제들을 해결하기 위한 '방법'에는 침묵하고 있다는 데에 있다. 잭 구디의 답변도 사실상 그 같은 고백/독백의 토로이자 침묵의 표현이다.

잭 구디 못지않게 비교 연구의 필요성을 강조하는 나탈리 지몬 데이비스Natalie Zemon Davis의 경우도 마찬가지다. 그녀는 비교에는 세 종류(혹은 유형)가 있다고 하면서, 첫 번째 유형은 동일한 사회 내에서 기존 역사학에서 무시되어 온 여러 사회 집단들을 비교하는 것이고, 두 번째 유형은 시공간적으로 서로 격리된 사회들을 비교하는 것, 세 번째 유형은 서로 전혀 다른 것들을 비교하는 것이라고 말한다. 그녀가 분류하고 있는 비교의 세 유형 자체도 어찌 보면 상식적이거나 상투적인 것들이지만, 더 답답한 것은 비교의 유형까지 알려주고 있는 그녀가 "간단히 말해 비교가 제대로 된 성과를 낳기는 매우 어려운 일이지만, 그래도 그것은 노력할 만한 가치가 있다"고 말하면서(도) 제대로 된 성과를 낳기 위해선 어떻게 해야 하는지를 알려주지 않고 있다는 점이다.[19]

그럼에도 비교를 계속 '방법'이라고 주장하는 것은, 복수의 대상들에 대한 상식적·경험적 관찰 행위를 통해 그 대상들의 유사성과 차이가 '비로소 새롭게 발견'되는 것처럼 보이게 하려는 일종의 '착오 전략'이다. 프랑스의 고대사가인 폴 벤느Paul Veyne가 비교사는 역사학의 특수한 변종도 아니고 하나의 방법도 아닌 일종의 "발견술heuristique"이라고 할 수 있지만, 그럼에도 불구하고 발견술로서의 비교사는 통상적인 역사 연구가 발견할 수 있는 것보다 더 많은 것을 발견해 주거나 다른 무언가를 발견하도록 만들어 주는 것은 아니라고 덧붙인 것은, 그래서 결국 비교사를 "허깨비"라고 부른 것은 그런 의미에서일 것이다.[20]

그렇다면 비교사가들은 도대체 저 "마술사의 지팡이"인 비교 방법을 통해 무엇을 하고자 하는가?

3. 착오 II

다시 한 번 마르크 블로크의 말을 들어 보자. 그는 비교에는 시공간적으로 멀리 떨어져 있는 사회들의 비교와 동시대의 인접해 있는 사회들에 대한 비교가 있는데, 이들 사회들을 비교하기 위해선 관찰된 사실들 간의 일정한 동일성similarity과 그 사실들이 발생하게 된 상황들 사이의 비동일성unsimilarity이 필수적 조건이라고 말한다. 그러므로 비교 방법을 사용할 때 역사가들이 제일 먼저 해야 할 일은 사회들을 대비하는 것이 아니라 사실들을 발견하는 것이라고 말한다. 왜냐하면 "비교는 상세하고 비판적이고 믿을 만한 사료 연구에서 얻어진 사실들에 관한 연구에 기초하지 않고서는 가치가 없을 것"이기 때문이다. 그는 이렇게 사실들에 기초하여 이루어지는 비교사는 기존의 국가 단위의 역사 연구가 지탱해 온 "낡은 지형학적 구분들"을 분쇄할 수 있을 것이라고 주장하면서, 이 "순수하게 과학적인 분과"인 비교사가 지향하는 것은 "지식"이지 "실제적 결과들"이 아니라고 말한다.[21]

이러한 블로크의 발언들은, 한편으로는 다분히 전통적이고 아카데믹한 역사 연구(역사학)의 통념을 보여 주고 있고, 다른 한편으로는 앞에서 마이클 베르너와 베네딕트 침머만이 말했듯이 결국 비교가 동일성과 비동일성이라는 이분법적 범주 아래에서 사회들을 구분하고 유형화하는 것이 될 가능성을 보여 주고 있다. 말하자면 그는 사실이나 사료 연구 자체를, 과학이나 지식 또는 동일성이나 비동일성이라는 개념들 자체를 문제화하는 것이 아니라, 그것들을 역사 연구에 '주어져 있는' 것들로, 그런 의미에서 '자연적인' 것들로 간주하고 있는 것이다. 하지만, 이러한 통념적 사고에 기초하여 이루어지는 역사학에서의 비교 — 이론적 방법이 아닌 경험적 관찰 행위나 발견술로서의 비교 — 연구가 역사적 사실들/상황들/현상들/사회들에 관한 이른바 '과학적' 지식에 도달하는 것을 목적으로 한다면, 그러한 비교사는, 그의 장담과는 달리 (낡은 지형학을 분쇄할 수 있을지는 몰라도) 새로운 '유형학typology'으로 나아가기 쉽다는 것이다.

1960-70년대에 찰스 틸리Charles Tilly, 테다 스카치폴Teda Skocpol, 배링턴 무어Barrington Moore 등과 같은 미국의 역사 사회학자들historical sociologists의 비교 연구가 산출한 이른바 '사회과학적' 지식들과 '역

사 사회학적 유형학'은, 어떤 의미에서는, 저 막스 베버에게서 영향을 받은 블로크의 발언의 "실제적 결과들"이라고 할 수 있다.[22] 그리고 이들 역사 사회학자들의 비교사 연구에 관한 이론화 방식이나 이들의 비교사 저작들을 소재로 한 덴 브라임부셰의 이론적 분석 역시 '비교사의 유형학'을 보여 줄 뿐이다.

가령, 테다 스카치폴과 마가렛 서머스Magaret Somers는 비교사 서술을 ① 하나의 이론의 병행 논증parallel demonstration of a theory, ② 대조 타입contrasting type ③ 거시인과적 분석macrocausal analysis 등 세 가지 유형으로 구분했고,[23] 찰스 틸리도 비교의 4가지 유형으로 ① 개별화the individualizing ② 일반화the generalizing ③ 포괄the inclusive ④ 보편화the universalizing를 제시하고 있다.[24] 그리고 이들의 이론적 분석을 참고로 하여 이들의 비교사 저작들 및 제프리 페이지Jeffrey Paige, 배링턴 무어, 로버트 브레너Robert Brenner, 이마누엘 월러스틴Immanuel Wallerstein, W. W. 로스토우Rostow, 크레인 브린튼Crane Brinton의 저작들에서의 비교 연구를 분석한[25] 덴 브라임부셰는 밀J. S. Mill이 말한 이른바 '차이의 방법'과 '일치의 방법' 및 '일반화의 수준'을 구분 축으로 삼아 비교사 연구의 다양한 타입들을 다섯 가지로 분류한 적이 있다.

브라임부셰가 말하고 있는 비교사의 다섯 타입은 ① 차이의 방법을 이용하여 개별 사례들에서의 독특한 특징들을 구별하는 대조contrasting 타입, ② 차이의 방법도 사용하지만 주로 일치의 방법을 이용하여 역사적 현상의 성격이나 응집력에서의 일반성을 찾아내는 일반화generalizing 타입, ③ 차이의 방법과 일치의 방법을 모두 사용하여 인과적 요소들을 찾아내거나 인과적 가설들의 오류를 찾아내는 거시인과적macrocausal 타입, ④ 검토되는 사례들을 하나의 체계 내의 여러 지점에 위치하는 것으로 보고 그 사례들의 특징들을 다양한 관계들의 한 기능으로서 혹은 하나의 전체로서 설명하는 포괄적 비교 방법inclusive comparative method를 이용하는 타입, ⑤ 전적으로 일치의 방법에 따라 최고의 일반화 수준에서 어떤 법칙을 찾아내는 보편화universalizing 타입 등이다. 그는 이러한 여러 비교사 타입들 각각의 장단점을 지적한 후, "베버적 접근법이 모든 비교사 타입에 본보기가 된다"고 결론짓고 있다.[26]

하지만, 블로크식의 비교를 통해 도달한 이 베버적 비교의 유형학들이 도달하게 되는 곳은 어디인가? 결국 이들 유형학이 도달하게 되는 결론은, 폴 벤느의 언급을 빌려 말하자면, "두 장원, 두 국가, 두 혁명의 역사는 우리가 더 이상 비교사를 논할 수 없을 정도로 많은 공통점을 지니고 있든가 아니면 너무도 다른 역사를 지니고 있든가 둘 중 하나일 것"[27]이다.

물론 비교사 연구자들은 어떤 역사적 현상이나 과정들의 유사성과 차이를 확인하여 그것을 기준으로 일정한 타입으로 포괄하거나 몇 가지 유형으로 분류하는 데에 그치지 않고, 그 역사적 현상과 과정들의 (결과로서의) 유사성이나 차이를 낳은 '역사적' 원인들을 적극적으로 설명한다. 블로크도 그 같은 설명이 필수적임을 강조했고, 그가 말한 이른바 과학적 지식에는 그 같은 설명도 포함된다.

그러나 비교(사)의 '유형학'을 역사적 인과 관계까지 설명하는 '과학적 역사학'으로 전환시킨다 해도 달라질 것은 없다. 유사성을 낳은 원인들은 유사할 것이고, 차이를 낳은 원인들은 다를 것이다. 혹시 유사성을 낳은 역사적 원인들이 서로 다르다는 것이 발견되면, 비교사 연구자들은 그러한 원인들의 차이에도 불구하고 왜 유사한 역사적 결과가 출현하게 되었는지 그 원인을 설명해야 할 것이다. 또 상이한 결과를 낳은 원인들이 유사하다면, 왜 유사한 원인들이 다른 결과를 낳았는지 그 원인을 설명해야 할 것이고, 그 원인의 기원을 찾아야 할 것이다. 그 기원은 어디까지인가? 저 인과성의 끝 모를 연쇄와 복잡한 조합은 어떻게 해결할 것이며, 어디에서 마칠 것인가? 설령 그 문제를 해결할 수 있어 인과성의 연쇄를 마칠 수 있다 하더라도, 그러한 해결과 종결을 통해 비교사가 말하고자 하는 것은 무엇이며, 도달하고자 하는 지점은 어디인가?

레이먼드 그루는 비교의 분명한 이점은 비교가 역사가로 하여금 다른 문화에 대한 오해를 방지하는 데 기여한다는 점이라고 말한다.[28] 비교사를 적극 옹호하는 구디 역시 동일한 맥락에서 비교사는 "자민족중심주의ethnocentrism"와 "오도된 관념들misleading notions"을 피할 수 있기 때문에 중요하다고 주장한다.[29] 또한 피터 버크Peter Burke는, 언젠가는 역사 비교가 피상적이 될 위험성이 있음에도 그것에서 더 큰 보상을 얻을 수 있는 이유는 비교사가 "전체사total history"라는 목표에 접근하는 하나의 길이기 때문이라고 말한다.[30] 국내의 경우에도 일단의 서양사 연구자들은 서구 중심적인 세계사를 극복하고 보편적인 세계사를 성취하기 위한 수단으로 비교(사)의 방법을 공통적으로 선호하고 있다.[31]

이러한 발언들과 태도에 비추어 볼 때, 결국 어떤 식으로든 비교사를 옹호하거나 그것의 이점과 유용성을 인정하는 역사학자들은 역사의 비교가 민족-국가 중심주의나 서구 중심주의와 같은 역사 인식과 역사 연구의 왜곡, 편협함, 주관성 등을 교정하거나 극복해 줄 수 있으리라 믿고 있는 듯하다. 아마 비교사를 통해 역사학자들이 궁극적으로 도달하고자 하는 ― 정확히 말하면 도달하게 된다고 믿는 ― 곳도 바로 거기일 것이다.

그런데 정말이지 비교사는 우리를 그곳에 데려다 줄 수 있을까? 배러클로우G. Barraclough가 일찍부터 말했듯이,[32] 비유럽 세계의 역사에 대한 관심의 증대로 인해 모든 지역/국가의 역사들이 비교 가능하게 되면 "진정으로 보편적인 비교사"가 가능하게 되어 역사 연구자들은 세계사적, 보편사적인 관점을 가질 수 있게 되는 것일까? 왜곡되거나 편협한 역사 인식을 교정하고, 역사 인식의 지평을 확대하고, 주관적이 아닌 객관적이고 보편적인 역사 인식을 획득하는 일들은 꼭 역사의 비교를 통해서만 가능한가? 그렇다면 비교사를 하지 않는 경우의 역사 인식이나 역사에 관한 사고방식은 왜곡되어 있거나 편협하거나 주관적인가? 나아가 역사 인식의 왜곡이 아닌 정확함, 편협함이 아닌 폭넓음, 주관성이 아닌 객관성이란 어떤 것이며, 그 양자의 차이를 규정하거나 구획하는 '정확하고 폭넓고 객관적인' 기준은 무엇인가? 또한 모든 지역의 역사들을 객관적으로 비교해서 모으면 전체사가 성취되는 것인가?

  G. 프레드릭슨이 말했듯이 민족-국가를 비교의 분석 단위로 삼는 것 자체가 역사 연구자들을 자민족중심주의나 민족 예외주의에 빠뜨리는 것은 아니다.[33] 역사라는 진통제는 문명 세계의 상처를 마비시킨다고 한 R. J. B. 보스워스Bosworth의 말을 차용하자면,[34] 자칫 비교사는 오히려 역사에 대한 사유의 진전을 마비시킬 수도 있다. 비교사를 실행하면 자민족중심주의를 벗어나 역사 인식의 교정과 확대를 성취할 수 있고 객관적인 역사 인식에 바탕을 둔 전체사 혹은 보편적인 세계사에 이를 것이라는 믿음은, 비교를 "마술사의 지팡이"로 간주하는 것과 마찬가지로, 또 비교를 무언가 새로운 것을 발견케 해주고 새로운 인식을 가능케 해줄 수 있는 하나의 방법이라고 생각하는 것과 마찬가지로, 일종의 착오이다. 그리고 이러한 착오는 비교사의 대상에 대한 또 하나의 착오와 연관된 곤경에 직면하게 된다.

4. 곤경

비교사에서 비교되는 대상들은 무엇인가? 그것은 두말할 나위 없이 어떤 지역이나 사회의 과거, 혁명이라든가 자본주의 이행이라든가 근대화와 같은 이름으로 명명되는 과거의 어떤 현상이나 과정, 즉 통칭하여 '역사'일 것이다. 그런데 그러한 이름을 갖는 '역사'는 곧 역사학자의 인식 외부에 그리고 인식 이전에 객관적으로 실재하는 과거인가?

이미 헤겔이 말했듯이, 하나의 '개념'으로서의 역사는 이중적 의미 — '과거 그 자체'라는 의미와 '과거에 관한 서술'이라는 의미 — 를 갖는다. 어찌 보면 역사와 관련된 여러 복잡한 문제들은 역사의 그 두 가지 의미가 생각만큼 쉽게 일치하지 않는 데서 비롯된다고 할 수 있다.[35] 그렇다면 비교사에서 비교되는 대상으로서의 역사는 과거 그 자체로서의 역사인가, 아니면 서술된 과거(역사 담론)로서의 역사인가?

이 질문과 관련해서는 다시 한 번 비교사의 옹호자 구디의 말이 필요할 것 같다. 구디는 여러 사회들을 역사적으로 비교하고자 할 때 자신이 잘 모르고 있는 사회의 역사에 관해서는 "어쩔 수 없이 다른 사람들의 저술에 의지"해야 하고, "작업하는 방식은… 이것저것 인용하는 식일 뿐"이라고 말한다.[36] 여기에서 구디는 비교 대상으로서의 역사가 과거 그 자체가 아니라 과거에 관한 서술임을 솔직하게 고백하고 있다. 다시 말해, 잘 아는 사회든 잘 모르는 사회든 모든 사회의 역사는 서술됨으로써만 비로소 비교되는 것이지, 서술되지 않고서는 비교되지 않는다는 것을 구디는 간접적으로 말해 주고 있는 것이다.

비교사의 주요한 한계는 2차 문헌에 의지한다는 것이고, 따라서 비교사는 일종의 "해석의 해석"이라고 말한 덴 브라임부셰 역시 구디처럼 비교사의 대상이 서술된 과거임을 인정하고 있는 셈이다.[37] 하지만, 1차 문헌에 의지한다고 해서 달라질 것은 없다. 흔히 사료로 일컬어지는 1차 문헌도 2차 문헌과 마찬가지로 ― 비록 양자 간의 시간상의 거리 차이는 있겠지만 ― 똑같이 언어적 구성물로서의 담론이기 때문이다. 따라서 그가 말하는 비교사의 한계는 비교사에만 해당되는 것이 아닐 뿐더러 한계도 아니다. 그것은 역사(학)의 불가피한 속성이다.

이들의 언급이 아니더라도, 사실상 비교사에서 비교되는 것은 흔히 오해하고 있듯이 과거(의 사실들) 자체가 아니라 서술된 과거, 즉 역사 담론이다.[38] 그러므로 비교사의 근원적 문제는 이른바 방법으로서의 '비교'에 있는 것이 아니라, 비교 이전에 비교의 대상이 되는 (서술된, 담론으로서의) '역사'에 있다. 그런 점에서 앞에서 언급한 비교(사)의 난점들도 사실은 비교(사)의 난점이라기보다는 역사 서술/역사학 자체의 난점들이다. 비교사만이 아니라 정치사든 사회경제사든 혁명 운동사든 사상사든, 각종 유형의 역사 서술을 둘러싼 문제점들과 논쟁들은 그 역사 서술의 범위를 제한하거나 지시하는 '소재들'에서 유래하는 것이 아니라 소재 이전의 '역사'라는 담론/재현 형식에서 유래한다.

그렇다면 담론으로서의 역사는 과거 그 자체로서의 역사의 정확하고 객관적인 재현물인가? 혹은 역사학자들은 과거를 정확하게/공정하게/객관적으로/구체적으로/완전하게 재현할 수 있는가? 사실 이 질문 자체가 낡은 것이다. 사회적 존재인 역사학자들에 의해 생산되는 역사 담론은 이미 일정한 이데올로기적 구성물이다. 만일 담론으로서의 역사가 이데올로기적 구성물이 아니라면, 동일한 과거에 대한 역사 서술이 달라질 수 없을 것이고, 자민족중심주의라든가 오도된 역사 인식에서 벗어나기 위해 꼭 비교를 할 필요는 없을 것이다. 비교사를 옹호하는 역사학자들이 역사 비교가 역사 인식의 교정과 확대와 객관성을 가져다줄 것이라고 믿는다는 것 자체가, 어떤 의미에서는, 비교되는 역사들이 일정한 이데올로기적 구성물이라는 것을 '무심코' 혹은 '역설적으로' 드러내는 것이라 할 수 있다.

과거에 대한 사유와 서술을 통해 드러나거나 은폐되어 있는 그 이데올로기들은 비교되는 과거(역사)를 구성하는 방식과 서술 체계, 사실들의 선택과 배제, 역사적 사실들의 배치와 해석과 평가 등의 과정에서 작동한다. 그러므로 비교사가 지향하는 전체사라는 것도 객관적으로 인식/서술된 각 지역의 역사들을 한데 통합함으로써 가능한 거대한 역사가 아니라, 각종의 이데올로기들이 들끓고 있는, 혹은 단일한 이데올로기로 제압된 바벨탑과 같은 것이 되기 십상이다.

비교사의 대상이 과거에 관한 담론이고 그 역사 담론이 이데올로기적 구성물이라면, 역사 지식/담론을 생산하는 분과 학문인 역사학 자체의 정체성에 관한 통념도 달라질 수밖에 없다. 전문적인 역사학자들이 아니더라도, 많은 이들이 역사(학)이란 객관적으로 존재하는 과거(역사)의 '사실들'을 정확히, 객관적으로 재현하는 것을 고유한 연구 영역으로 삼고 있는 분과 학문이라고 생각한다. 오랫동안 상식적으로 통용되어 온 역사학의 학문적 정체성은 바로 그런 것이었다. 그리고 그 같은 사고방식에는 과거 혹은 과거의 사실들을 정확하고 구체적으로 재현하는 것은 "매우 어려운 일이지만, 그래도 그것은 노력할 만한 가치가 있다"는 역사학자들의 신념이 가로놓여 있다.

이러한 믿음에 따르면, 역사학에서 중요한 것은 그러한 재현을 위한 '방법'일 뿐이다. 재현이라는 개념, 재현 주체와 재현 대상의 관계, 재현의 언어, 재현이 갖는 이중적 의미 — 미학적으로 '표상' 한다는 의미와 정치적으로 '대변'한다는 의미 — 등은 '이론적으로' 문제화될 만한 것이 아니다. 그런 것들을 이론적으로 문제화하는 것은 역사학에서 불필요한 것일 뿐만 아니라, 심지어 역사학의 정체성을 훼손하는 불경스런 일이기도 하다.

비교사를 선호하는 연구자들이 비교를 '방법'으로 — 그들이 비교를 상식적 의미에서 생각하든 기술적(技術的 혹은 記述的) 의미에서 생각하든 — 간주하는 이유는 그들이 비교의 대상으로서의 역사를 과거 그 자체로 착각하면서, 역사학에서는 역사학자의 외부에 독립적으로 실재하는 과거 그 자체에 대한 정확하고도 객관적인 재현의 '방법'만이 필요하고 중요하다는 통념을 버리고 있지 못하기 때문이다.

과거를 재현케 해주는 요소들, 즉 과거에 대한 역사적 사유 방식과 서사 양식 그리고 재현에 동원되는 언어들과 개념들은, 외른 뤼젠Jörn Rüsen이 지적하고 있듯이, 일정한 역사적·문화적·이데올로기적 맥락 안에서 생산되어 제도화되어 있는 것들이다. 따라서 비교사에서 중요한 것은 '이미 주어져 있는' 역사적 의식과 사유 안에서 '이미 주어져 있는' 묘사적 용어와 서술 양식을 이용하여 재현된 과거들을 대조하는 일이 아니다. 더 중요한 것은 비교의 대상(서술된 과거)에 기입되어 있는 그 주어져 있는 것들의 역사적·문화적·이데올로기적 생산 과정과 정체성들을 다시 심문하는, 그리고 역사 비교를 정치적이고 이데올로기적인 하나의 재현 전략으로 분석하는 '이론적' 성찰이다.[39] 이것은 과거에 관한 지식 체계로서의 근대 역사학의 출처와 근대적 역사의식에 대한 재성찰을 요구한다.

19세기 유럽이 전 세계에 수출한 두 가지 근대적 제도는 '자본주의적 생산 양식'과 '민족-국가'였다. 유럽은 그 제도에 일치하는 두 가지 근대적 지식 체계/담론 형식을 창출했는데, 그 두 가지란 바로 '경제학'과 '역사학'이었다. 유럽의 시민들은 경제학을 통해서는 시장의 합리성이 순수한 형식으로 체현되는 것처럼 상상하는 것을 배웠고, 역사학을 통해서는 스스로를 민족과, 그리고 그 최고의 표현인 국가와 동일시하는 것을 배웠다.[40] 그런 의미에서 근대 역사학이란 민족-국가/시민에 관한, 혹은 민족-국가/시민을 위한 이데올로기적 담론 형식이었다. 피터 버크는 이러한 근대 역사학에서의 과거에 대한 의식, 곧 역사의식을 ① "시대착오anachronism," ② "증거의 지배rules of the evidence," ③ "주요한 설명 수단으로서의 인과성causality as a major means of explanation" 등 세 가지 토대foundation로 설명한다.[41]

근대 역사학이 민족-국가/시민을 위한 이데올로기적 담론 형식으로 시작되어 아카데미아에서 제도화되었다면, 그리고 그것이 경제적 측면에서는 자본의 역사에 관한 이데올로기적 담론 형식이라면, 피터 버크가 말하고 있는 과거에 대한 의식의 세 가지 토대들 역시 역사 담론을 구성하고 생산하는 데에서의 이데올로기적 요소들이 될 수밖에 없다. 그리고 그 요소들 각각은 역사(들의 비교)와 관련하여 해결하기 어려운 모순과 곤경을 내재하고 있다.

(1) 어떤 것들이 시대에 뒤떨어진 것임을 인식하는 행위를 가리키는 "시대착오"는, 예컨대 농시대에 손재하는 사회들일지라도 민족-국가와 시민 사회가 형성되어 있지 않은 사회들을 시대에 뒤떨어진 전근대/전자본주의 사회로 간주하게 하거나 근대 민족-국가/자본주의 역사의 전사前史에 머물고 있는 사회로 이해하게 한다. 이러한 역사적 시간 (구분)의식에 가로놓여 있는 것은 역사는 시간이 지나면서, 비록 우회와 퇴보도 있지만, 민족-국가/자본주의로의 발전이라는 단선적인 경로를 밟아 나간다는 '역사주의historicism'적 사고방식이다.

이 역사주의적 사유는 유럽과 비유럽 간의 사회를 비교할 때는 물론, 유럽 내의 사회들을 비교할 때에도 권력관계로 혹은 권력관계 안에서 작동한다. 독일의 역사는 서유럽의 역사와는 다른 길을 걸었다고 주장하는 이른바 독일의 '특수한 길Sonderweg' 테제 역시 서유럽의 역사적 시간성을 기준으로 하여 독일의 역사적 후진성을 논증하는 역사주의적 사고방식을 보여 준다. 위르겐 코카Jürgen Kocka가 그 테제는 서유럽의 관점과 개념들을 갖고 독일을 비교한, 서유럽이 자기 인식을 위해 타자를 도구화한 "비대칭적 비교asymmetric comparison"라고 한 이유도 거기에 있을 것이다.[42]

시대착오인 것과 아닌 것의 구분 자체가 대개 시대를 앞서 간다고 여기는, 따라서 역사적 시간을 지배하고 있는 것처럼 보이는 집단들에 의해 이루어지는 이데올로기적 구분이다. 또한 과거에 관한 의식이나 기억도 모든 사회와 지역에서 동일하지 않다. 역사의식이 "시간의 질서the order of time"에 관한 의식이라면, 그 의식의 작동은 각 사회의 특수한 문화적 행위 안에서 수행되는 것이고, 따라서 역사의 (재)구성을 지배하는 의식의 원리들은 통약 불가능할 만큼 다르다. 이 점에서 역사학자들이 여러 사회들을 비교하더라도 그 비교의 결과는 그들이 자신들의 문화 속에서 지니고 있는 일정한 역사적 사유에 의해 미리 규정되어 있는 것이다.[43] 다시 말해, 각 지역의 역사들은 비교되기 전에 이미 이데올로기적으로, 문화적으로 비교되어 있는 것이다.

(2) 과거는 과거를 기억하고 재현해 줄 수 있는 증거들을 통해서만 의식된다는 "증거의 지배"는 근대 역사학이 과거에 관한 진리를 생산하고 입증하는 주요한 원리이다. 그리고 대개 과거에 관한 올바른 지식은 과거에 대한 정확한 재현과 동일시된다. 그러므로 역사학자들은 사료에 대한 정밀한 분석을 거쳐 과거에 관한 지식을 진리 형식으로 생산한다. 이른바 근대 역사학의 방법론과 전문화가 운위되는 곳이 바로 이러한 증거의 지배와 사료 취급의 측면이다.[44] 법정에서의 판결도 증거에 의해 지배를 받는다는 점에서 이 증거의 지배는 역

사 담론과 사법 담론이 공유하는 것인데, 물론 이 같은 실증주의적 역사 담론을 생산하는 증거의 지배를 조롱해서는 법정에서 이길 수는 없을 것이다.[45]

그러나 법정에서의 판결이 증거 자료에 따라 내려진다는 것은 곧 증거 자료가 판결을 지배한다는 것을 의미한다. 마찬가지로, 역사학의 사료들은 역사의 법정에서 과거에 대한 판단과 사유의 진리성을 보증해 주는 증거물이 아니라, 오히려 그 판단과 사유를 일정하게 제한하고 지배하는 '구속 영장'이다. 그런 의미에서 역사적 증거란 과거의 일부를 인식케 하는 것임과 동시에 과거의 다른 일부를 삭제하거나 다른 과거에 관한 상상을 제약하는 것이기도 하다. 따라서 역사 자료로 입증되는 사실들 자체가 진리인 것은 아니며, 또한 그 사실적 증거들을 토대로 생산되는 역사 지식이 과거에 관한 정확한 재현인지를, 진리로서의 지식인지를 보증해 줄 보편적인 기준이나 방법도 없다.

게다가, 오랫동안 역사학자들은 "역사적 사유를 위한 언어의 구성적 역할에 대한 무비판적 신념"[46]을 갖고 언어를 역사적 사실들을 투명하게 묘사해 줄 수 있는 수단으로 간주해 왔다. 하지만, 일찍이 소쉬르F. de Saussure가 강조했듯이, 언어는 결코 역사학자들 외부에 존재하는 대상을 정확히 재현케 하는 도구가 아니다. 증거의 기록자들이건 그 증거를 갖고 과거를 인식하고 서술하는 역사학자들이건 각각의 문화 속에서 구조화된 상이한 언어 체계들을 통해 과거를 기록하고 인식하고 서술한다. 뿐만 아니라 언어는 항상 불안정하며, 그 의미들은 고정되어 있는 것이 아니라 늘 미끄러진다. 그러므로 서로 다른 사회의 혹은 서로 다른 시대의 역사적 현상들에 대한 비교사의 언어는 결코 객관적이거나 정확하거나 고정적인 보편적 지식/진리를 가져다줄 수 없다. 역사학자들은 비교되는 역사적 현상들을 분석하거나 관찰함으로써 그것들에 대한 과학적 지식에 도달하는 것이 아니다. 그 역사적 현상들에 관한 지식은 이미 각각의 사회의 문화들이 부여한 역사적 사유와 역사 서술과 언어/개념들에 의존하며, 그 언어/개념 안에 각인되어 있다.

(3) 사실들을 질서 있게 배치해 주는 '주요한 설명 수단으로서의 인과성'은 과거의 사실들의 합리적 관계를 구성케 하며, 그런 의미에서 과거 사실들의 인과 관계(에 대한 이해)는 역사의식의 합리성을 지시하는 중요한 요소로 간주된다. 어떤 결과의 원인을 안다는 것은 그 결과를 지배한다는 것을 의미한다. 자연과학자들은 자연 현상의 원인을 앎으로써 그 현상을 지배하거나 통제할 수 있고, 심지어 변형시킬 수도 있다. 그러나 역사는 자연 현상이 아니다. 가령 농민 봉기의 원인을 안다고 해도 그것의 재발을 통제하거나 막을 수는 없다. 그럼에도 불구하고 역사적·사회적 현상의 원인을 합리적으로 설명하고자 하고 또 설명할 수 있다고 믿으면서 그 대안/대책과 향후 전망을 기안起案하는 것은 일종의 관료주의적 이데올로기이다.

뿐만 아니라 역사적 사실들 간의 인과 관계에 대한 설명은 사실 '사후事後적'으로 — 시간상으로만이 아니라 논리상으로도 — 구성되는 것이다. 역사적 사실들은 애초부터 나중에 발생할 어떤 사실들의 원인으로서의, 혹은 나중의 사실들이 드러내는 어떤 본질을 표현하고 있는 것들로서의 성격이나 위치를 지니고 발생한 것은 아니다. 그것들을 원인의 위치에 배치하는 것은, 그리고 나중에 발생한 사실들을 이전에 발생한 사실들의 결과나 본질로 배치하는 것은 '사후의' 역사학자들이다. 인과적 관계에 있는 역사적 사실들은 실제로 시간의 순행順行에 따라 — 원인이 되는 사실 다음에 결과나 본질이 되는 사실의 순으로 — 질서 있게 이행한 것이 아니다. 오히려 역사적 사실들의 인과적 진행은 역사학자들의 사유 안에서의 '역행逆行'에 따라 이루어지는 것이다. 그러므로 원인이 결과를 낳는 것이 아니라, 결과가 원인을 만들어 낸다. 그런데도 역사적 사실들이 원래부터 인과 관계의 연쇄를 이루면서 질서 있게 순행하는 것처럼 보이는 이 착시 현상은 바로 역사학자들에 의한, 역사적 사실들의 사후적 구성과 배치의 산물이다. 이 같은 선형적linear, 이행적transitive, 기계적mechanical 인과성, 또는 표현적expressive, 목적론적teleological 인과성이야말로 관념론적인 역사주의적 사유를 보여 준다.[47]

그러므로 역사적 현상들을 비교하고 그들 간의 유사성과 차이를 확인하면서 그 유사성과 차이의 원인을 규명하는 일은, 그 역사적 현상들에 관한 합리적인 설명/지식을 생산하는 일이라기보다는 역사적 현상들을 상대로 한 역사학자들의 목적론적인 이데올로기적 실천이다. 유사하거나 상이한 역사적 사실들의 인과성은 역사학자들에 의해 뒤늦게 발견되어 비로소 설명되는 것이 아니라, 이미 역사학자들의 사유와 이데올로기 안에서 사전에 구성되어 있는 것이다. 역사적 현상들의 그 같은 (재)배치와 사전적/사후적 구성은 그 현상들 간의 객관적인 인과관계를 보증해 주는 것이 아니라, 역사적 사실들에 대한 역사학자들의 지배와 통제를, 따라서 이데올로기적 권력관계를 드러낸다.

5. 유령들

역사학(자들)이 진리 형식으로 또는 진리라고 주장하면서 생산하는 역사 지식이나 역사 담론은 단순히 과거의 객관적/구체적 재현물이 아니라, 그것을 소비하는 자들의 과거에 대한 사유를 일정하게 제한하고 장악한다는 점에서 권력/지식·담론이다. 마르크 블로크가 비교사가 지향하는 것은 '지식'이라고 했을 때, 그는 그 지식이 권력으로서의 성격을 갖는 것이라고는 결코 생각하지 못했고, 그래서 '순수하게도' 비교사를 "순수하게 과학적인 분과"로 간주한 것이다.

역사학은 과거에 관한 기억/지식을 장악함으로써 현재를 지배하고자 하는 정치적 실천 혹은 이데올로기적 투쟁이 전개되는 장場(site)이다. 흔히 민족-국가라는 권력 기구를 장악한 각 지역/국가의 지배 집단들이 역사학을 동원하여 민족-국가의 역사를 (재)구성해 왔고, 역사학자들이 거기에 동참해 왔고, 국가 권력들 간에 그리고 국가 권력의 대리인 노릇을 하는 역사학자들 간에 이른바 '역사 분쟁'이 벌어지고 있는 현실은 역사학의 그 같은 성격을 '경험적으로' 확인해 준다.

역사학이 그런 것/곳이라면, 역사학의 장에 속하는 비교사를 통해 각종의 중심주의에 빠지지 않고 객관적이고 균형 잡힌 역사 인식을 성취할 수 있다거나, 비교 대상이 되는 역사들을 통합할 수 있다거나, 보편적인 지역사나 세계사에 도달할 수 있다거나, 비교사가 문제가 있으니 각 지역 간의 교류사나 관계사로 나가야 한다거나 하는 주장들은, 피터 노빅Peter Novick이 객관성의 신화에 빠져 있던 미국의 역사학자들에게 말한 것처럼, 저 "고귀한 꿈Noble Dream"[48]이다. 제도화된 근대 역사학의 틀 안에서 비교사는 그 같은 주장들을 현실화할 수 없을 뿐더러, 오히려 민족-국가 중심주의 혹은 서구 중심주의를 승인하거나 심지어 강화할 뿐이다.[49]

우리가, 특히 유럽에서 기원하는 근대 역사학의 세례를 받은 우리가 그 고귀한 꿈을 버리고 비교사를 들여다보면, 거기에는 카를로 긴즈부르그Carlo Ginzburg가 말한 바대로 "보이지 않는 잉크invisible ink"로 쓰여 있는 "무언의 가정들unspoken assumptions"이 도사리고 있음을 알

수 있다.

> … 마음이 작동하는 방식은 언제나 암묵적으로 비교를 포함하고 있다. 과거에 대한 회상이 매일 매일의 경험 속에서 끊임없이 개입된다는 것 자체가 언제나 비교를 의미하는 것이니까. 그럼에도 예컨대 유럽 문명의 어떤 독특한 점이 한때 세계를 정복하게 만들었나를 이해하기 위해 체계적인 비교를 수행하는 경우, 수많은 어려움에 부딪힐 수 있다. … 가장 심각한 것이 무언의 가정들과 관계된 경우이다. 왜냐하면 만일 상이한 문화들을 서로 비교하기 위해서는 그러한 가정들을 명시하지 않으면 안 될 텐데, 바로 이것이 어렵다. 어떤 점에서 역사가라면 누구나 과거에 대해 외국인인 셈이다. 더욱이 우리의 문화와 매우 다른 문화, 예컨대 중국이나 아프리카 문화와 대면하게 될 때 우리는 훨씬 더 낯선 존재가 된다. 모든 무언의 가정들은 마치 보이지 않는 잉크로 쓰여 있는 것처럼 이해하기가 훨씬 더 어렵게 된다.[50]

그 "무언의 가정들"이란 비교의 대상인 역사 담론들에 식민주의의 이데올로기적, 정치적 실행의 흔적으로 이미 기입되어 있는, 혹은 '유럽'이라는 지리와 '근대'라는 역사적 시간성과 '민족-국가'/'자본주의'라는 제도에서 유래하는 역사적 사유 체계와 역사 서술 형식과 역사 개념들이다. 우리의 사고 속에 너무 인습화되어 '자연적인' 것들로 간주되고 있는 그것들은 보이지 않는 잉크로 쓰여져 있기에 드러나지 않지만, 그 흔적을 결코 없앨 수 없다. 이 흔적은 각 지역의 역사들이 비교될 때마다 ─ 혹은 꼭 비교되지 않더라도 ─ 출몰한다. 베네딕트 앤더슨Benedict Anderson은 (무언의 가정들의) 이 흔적을 "유령spectre"이라 부른다.[51] 따라서 그에게 비교란 곧 "(유령들의) 출몰haunting"이다.[52] 고귀한 꿈을 꾸는 자들에게도 유령들은 나타난다. 그러나 그 꿈이 너무나 고귀해서 꿈꾸는 자는, 한편으로는 유령들과의 대면을 두려워하여 회피하려 하므로, 다른 한편으로는 '방법으로서의 재현'이라는 편리한 환상에 안주하려 하므로, 그 존재를 알려고 하지 않고 또 알지도 못한다.

제4장

다시, 서발턴은 누구/무엇인가?

서발턴subaltern은 원래 영어권에서 군대 내의 하급 사관 혹은 낮은 서열에 있는 자를 가리키는 말이었다. 이 용어가 이탈리아의 독창적인 마르크스주의자 안토니오 그람시Antonio Gramsci(1891-1937)에 의해 하나의 이론적 개념으로 사용된 이후, 카를로 긴즈부르그Carlo Ginzburg, 에르네스토 데 마르티노Ernesto de Martino 등과 같은 이탈리아 역사학자들이 주로 이탈리아의 민중 문화사와 관련하여 서발턴을 언급해 왔다.[1] 그리고 이 개념은 1980년대 초 『서발턴 연구Subaltern Studies』라는 이름의 저널을 창간한 인도의 마르크스주의 역사학자 라나지트 구하Ranajit Guha와 서발턴 연구집단 덕분에 포스트식민 이론 분야에도 널리 통용될 수 있었다.

대표적인 포스트식민 페미니즘 이론가인 가야트리 스피박Gayatri C. Spivak은, '서발턴'은 엄밀한 계급 분석에 빠져들지 않고서 상황에 따라 유연하게 사용될 수 있는 용어이고, 그런 의미에서 이론적 엄격성을 지니고 있지 않은 것이므로 그 개념을 선호한다고 말한 적이 있다.[2]

물론 스피박의 말은 역설적이다. 그녀가 그렇게 말한 것은 정말로 서발턴 개념이 이론적으로 어려운 문제를 제기하시 않기 때문은 아니다. 그녀가 말했듯이, 서발턴 개념은 "상황적인situational" 것이어서, 그 개념에 대한 분석은 오히려 상황에 따라 이론적으로 복잡한 논의를 필요로 한다.

그렇다면, 서발턴은 누구/무엇이며, 그(들의) 속성은 어떠한가? 그리고 서발턴은 역사적·정치적 주체로 재현될 수 있는 이름인가?

1. 서발턴 집단: 종속과 자율

그람시가 '서발턴'이라는 용어를 사용한 것은 옥중에 있을 때 검열관의 눈을 피하기 위해서였다고 흔히 알려져 왔다. 그람시는 마르크스주의를 '일원론'으로, 레닌과 트로츠키를 '일리치'와 '브론스키'로 썼듯이, 프롤레타리아트라는 용어 대신 서발턴이라는 용어를 썼다는 것이다.[3] 그러나 최근에는 서발턴이 단순히 검열에서 벗어나기 위해 사용한 편의어가 아니라 그람시의 고유한 문제의식을 반영하고 있는 개념임이 밝혀지고 있다.

국내에서도 강옥초가 1975년에 발렌티노 제라타나Valentino Gerratana가 편집한 그람시의 교정판 『옥중수고』의 제3권 노트, 흔히 '서발턴 노트'로 알려진 "역사의 주변에서Ali magini della stroia"라는 제목의 제25권 노트, 흔히 '민속 노트'로 알려진 제27권 노트 등을 분석하여 서발턴의 용례와 그 개념의 독자성을 밝힌 바 있다.

강옥초에 따르면, 검열관의 허가를 받아 마르크스의 저작들을 소지하고 노트에 번역을 하기도 한 그람시는 문맥상 프롤레타리아트와 농민이라고 써야 할 대목에서 '서발턴 계급,' '서발턴 집단subaltano gruppi'이라는 용어를 사용했지만, 이는 검열을 의식한 것이 아니었다. 또한 그람시는 때로는 '근본 계급classi fondamentali'이라는 용어를 사용하기도 했으나, 그보다는 '서발턴 계급'과 '서발턴 집단'이라는 용어를 더 자주 사용했고, 결국 나중에는 주로 '서발턴 집단'으로 통일하여 사용했다.[4]

서발턴 개념을 선호하게 만든 그람시의 고유한 문제의식의 출발점은 이탈리아의 특수한 상황이었다. 20세기 초 이탈리아는 특유의 '남북문제,' 즉 자본주의적 공업 및 이른바 '선진적' 프롤레타리아트 계급이 성장하고 있던 북부와 반봉건적 농업 구조 및 이른바 '후진적' 농민들이 온존하고 있던 남부의 격차라는 문제를 안고 있었다. 따라서 이탈리아의 마르크스주의자들은 북부의 자본주의적 공업을 발전시키기 위해 남부를 희생시키는 이탈리아의 자본주의 발전 전략이 야기한 남부 농민의 지속적인 빈곤과 종속의 문제를 앞에 두고 사회주의 혁명을 전망해야만 했다.

그람시는 이탈리아의 그 같은 특수한 조건 속에서 마르크스주의 혁명 이론의 경제 결정론과 노동계급 중심주의를, 혁명적 주체의 정체성・의식・문화의 문제들을 재사유해야 할 필요성을 느끼고 있었다. 여전히 봉건적 경제 관계 속에 묶여 있는, 그렇기에 여전히 봉건적 의식에서 벗어나지 못한 것으로 보이는 남부의 농민들은 과연/어떻게 혁명의 주체가 될 수 있을 것인가? 뿐만 아니라 혁명의 물질적 조건이 갖추어져 있는 것으로 보이는 노동계급은 과연/어떻게 그 조건에 상응하는 계급 의식을 지닌 일관된 혁명 세력이 될 수 있는가? 이런 문제들이 그람시의 고민거리였다.[5] 이러한 고민거리들을 안고 그람시는 이탈리아 북부와 남부의 "불균등한 사회경제적 발전만이 아니라 불균등한 문화적, 정치적 발전의 문제들을" 재사유해 보고자 했다.[6]

그 같은 그람시의 고민과 재사유의 산물 중 하나가 동의에 의한 지배, 또는 지배 계급(집단들)의 이익이 모든 이들의 이익이라는 것을 믿게 하는 지배 계급의 설득력, 혹은 지배 계급의 언어와 문화에의 종속 등을 의미하는 '헤게모니hegemony' 개념이었다. 서발턴은 그 헤게모니 개념과의 관련 속에서 찾아진 것이었다. 즉, 그람시는 서발턴을 역사상 한 사회에서 헤게모니 집단을 제외한 나머지 종속 집단 — 저 멀리 고대의 노예에서부터 프랑스 혁명기의 부르주아까지 — 을 가리키는 통시적이고 포괄적인 용어로 사용한 것이다.

그람시는 이 종속적인 "서발턴 집단들은 정의상 스스로 하나의 '국가State'가 될 수 있기까지는 통일되지 않으며, 통일될 수 없다. … 서발턴 집단들은 언제나 지배 집단들의 활동에 예속되는데, 그들이 반란을 일으키고 봉기했을 때조차 그러하다"[7]고 말한다. 그러나 그람시는, 비록 서발턴 집단들은 지배 계급의 헤게모니 문화와 언어에 끊임없이 규정당하는 까닭에 집중적이고 통일적인 주체가 되기 어렵지만, 그 지배의 틈을 비집고 나오는 독자적인 문화와 세계관을 갖고 있다고 보았다. 그는 사회경제적으로는 종속되어 있을지라도 정치적·문화적으로는 (비록 항상 그랬던 것은 아니지만) 자율적이었던 서발턴 집단을 통해 계급 범주가 아닌, 보다 복합적인 범주의 역사 주체를 찾아냈던 것이다.

이렇듯 그람시의 서발턴 개념이 갖는 문제의식의 핵심은 바로 서발턴 집단들의 그 같은 복합성, 즉 그들의 종속과 자율의 이중성이었다.[8]

2. "서발턴-으로서의-민중"과 엘리트

1930년대에 그람시가 이탈리아에서 서발턴 개념을 사용한 맥락과 1980년대에 구하가 인도에서 그람시의 서발턴 개념을 차용한 맥락은 물론 다르다. 구하가 서발턴 개념을 차용한 것은 인도의 민족주의 역사학(뿐만 아니라 전통적인 좌파 역사학)에 비판적으로 개입하기 위해서였다.[9]

구하에 따르면, 영국의 식민 지배에서 독립한 후 남아시아(인도)를 지배해 온 민족주의 부르주아들의 "자서전"인 인도의 민족주의 역사학은 인도인들을 '민족'으로 구성하고 통합하는 데 실패했을 뿐만 아니라, 그 역사 인식론적 측면과 엘리트주의적 관점에서 식민주의 역사학과 공모적 관계에 있었다. 인도의 민족주의 역사학에서 인도인들은 결코 역사에 변화를 강제한 주체일 수 없었고, 지배적인 역사 담론에 종속된 채 역사의 주변에서 침묵을 강요당해 왔다. 심지어 그들이 봉기를 일으켰을 때조차 지배적인 역사 담론은 그들의 봉기 행위를 국가 행정의 측면에서, 혹은 사건의 인과성 측면에서 서술할 뿐, 독자적인 의식을 지닌 행위 주체로 간주하지 않았다.[10]

그렇다면 구하는 서발턴을 어떻게 정의하고 있는가? 구하는 『서발턴 연구』 창간호에 실은 「식민 인도의 역사학의 몇 가지 측면들」에 부가된 노트에서 "서발턴 계급들subaltern classes"을 "민중people"과 동의어로 사용하면서 "엘리트"와 대립시킨다.[11] 말하자면, 엘리트로 분류되는 집단 이외의 모든 인도인들이 서발턴이라는 것이다.

그런데 인도의 서발턴 연구집단으로부터 영향을 받아 '라틴아메리카 서발턴 연구집단'의 결성을 주도했던 존 비벌리John Beverley는, 서발턴을 엘리트와 대립시키고 있는 구하의 그 같은 정의가 이원론적 논리(종속/지배)에 근거하고 있다고 지적하면서 다음과 같이 말한다.

라나지트 구하는 서발턴에 관한 그의 총론적 정의에 이렇게 부연 설명을 덧붙인다. 즉, "우리는 종속을, 지배와 짝을 이루면서 이원적인 관계를 구성하는 하나의 항으로 보지 않고선 이해할 수 없다는 점을 인정한다." … 여기에 함축되어 있는 바는 서발턴의 정체성을 구성하는 논리가 필연적으로 이원론적이라는 점이다. 그런데… 호미 바바Homi Bhabha…의 진술에 따르면, "민중 또는 민족의 이름으로 문화적 정체성이 형성되거나 담론이 발화될 때의 복합적 전략들은, 젠더와 인종과 계급이라는 문화적 차이들과 정체성들의 접합이라는 측면에서, 사회적 적대의 그 어떤 위계적이고 이원적인 구조화 안에서도 표상될 수 없을 만큼 혼종적hybrid이다."[12]

이렇게 비벌리는 구하와 바바를 대조하면서 인도의 지역적·국지적 엘리트에 관한 구하의 설명에 의구심을 표시한다.

앞의 노트에서 구하는 서발턴을 정의하기에 앞서 식민지 인도의 엘리트들을 외국인 지배 집단과 토착 지배 집단으로 구분한다. 그리고 토착 지배 집단들을 전국적 차원의 지배 집단과, 전국적 차원의 지배 집단들보다 위계적으로 열등한 사회적 지위에 처해 있으면서도 자신들의 사회적 존재에 상응하는 이익에 합치되지 않게 전국적 지배 집단의 이익에 따라 행동하는 지역적 혹은 국지적 차원의 지배 집단(지방의 젠트리나 몰락한 지주나 부농이나 중상층 농민)으로 구분한다. 이어서 그는 이 지역적·국지적 엘리트들이 그 구성에서 "이질적heterogeneous"이며 사회경제적 발전의 지역적 불균등성으로 인해 지역마다 차이를 보인다고 하면서, 이들은 어떤 지역에서는 지배적인 계급이 될 수 있지만 다른 지역에서는 피지배 집단에 속할 수 있다고, 즉 그들 중 일부는 자연스럽게 '민중'과 '서발턴'에 속하지만 어떤 정황 하

에서는 엘리트처럼 행동한다고 설명한다.[13]

그러나 이러한 구하의 설명에 대해 비벌리는 동일한 사회적 행위자가 지배 집단으로서의 엘리트와 종속 집단으로서의 서발턴이라는 이원적 대립쌍 양쪽에 등장한다는 것은 백보를 양보해도 이상해 보인다고 꼬집는다. 비벌리는 정체성이란 단순히 이미 구성된 계급이나 집단의 이익과 위치들의 총합으로 정의되는 것이 아니며, 오히려 일정한 정체성이 이익과 위치를 재정의하는 것이라고 말한다. 마찬가지로, 그런 의미에서 "서발턴-으로서의-민중the people-as-(the) subaltern"의 정체성은 "접합적articulatory"이라는, 다시 말해 그들의 정체성은 위계적으로 고정되어 있거나 정해진 분리선을 따라 명확히 구획되지 않는다는 것이 비벌리의 주장이다.[14]

스피박도 엘리트와 서발턴에 관한 그 같은 구하의 분류법에 이의를 제기한다. 구하는 앞의 노트에서 세 번째의 지역적·국지적 엘리트를 구성하는 인자들의 특수한 성격과 "이상형ideal에서의 일탈deviation 정도"를 조사하고 가려내고 측정하여 역사적으로 그들을 위치시켜야 한다고 언급한 바 있다.[15] 하지만 스피박은 이 같은 구하의 진술에 대해, 그 엘리트들에 대한 조사와 구분과 측정, 그리고 거기에 기초하여 그들을 역사적으로 위치 짓는 프로그램보다 "더 본질주의적이고 더 분류학적인 것도 없을 것"이라고 지적하면서, "계급이나 집단 행위의 차원에서 '자기 존재와의 진정한 일치'란 아버지의 이름 따르기the patronymic만큼이나 인위적이거나 사회적인 것"이라고 비판한다.[16] 이러한 비판에서 스피박이 문제 삼은 것은 구하의 엘리트 범주이지만, 그 비판은 구하의 서발턴 범주에도 해당된다. 그녀는 이른바 서발턴의 이상형을 전제하는 것 자체가 이미 서발턴의 정체성을 본질화하는 것인데다가, 순수한 본질에서의 일탈과 오염의 정도를 측정하는 것이 과연 가능하겠는가를 질문하고 있는 것이다.

비벌리와 스피박이 구하의 구분법을 비판한 것은 그 구분법의 기초에 사회적 존재가 의식을 결정하며 의식은 사회경제적 이해관계를 반영한다는 전통적인 마르크스주의의 (유물론적) 명제가 있었기 때문이다. 스피박이 구하는 "'민중'을 주인-노예의 변증법 안에서 정의"하면서 "마르크스처럼 리비도적 존재libidinal being라기보다 사회적 존재라는 견지에서 이해관계를 말하고 있다"고 언급한 것,[17] 그리고 비벌리가 구하의 지역적·국지적 엘리트를 중간의 또는 경계선상의 liminal 주체-위치에 있는 존재로 보면서, 그러한 주체-위치는 전통적인 마르크스주의에서 프티부르주아를 노동계급과 부르주아 사이에서 동요하는, 그렇기에 계급 간의 상호 관계에 따라 양쪽 모두에 의해 정치적으로 동원될 수 있는 계급적 위치로 특징짓는 것과 얼마간 유사하다고 언급한 것[18]은 그 같은 맥락에서의 비판이었다.

그러나 이들이 비판하는 것처럼 구하가 서발턴의 정체성에 관한 정의에서 본질주의에 빠져 있다고 할 수 있을까?

비벌리와 스피박이 지적하듯이, 서발턴과 엘리트에 대한 구하의 구분이 계급론적 흔적과 사회학적 방법에서 완전히 벗어나 있다고는 할 수 없다. 하지만 구하는 『서발턴 연구』 창간호 「서문」에서 서발턴이라는 용어를 "종속이 계급, 카스트, 연령, 성별, 직무 등의 측면에서 표현되든, 또는 다른 어떤 방식으로 표현되든, 그 종속의 일반적 속성에 관한 이름으로 사용할 것"[19]이라고 말한 바 있다.

이 진술은, 다양한 방식으로 또는 다양한 측면에서 종속되어 있는 서발턴의 정체성은 어느 한 가지 측면을 특권화시켜 규정할 수 없다는 점을 언급한 것이다. 다시 말해, 구하의 진술에는 서발턴의 정체성은 여러 측면들이 서로 겹치거나 상황에 따라서는 어느 한 측면으로 '중층결정'될 수 있는 복합적이고 혼종적인 성격을 지닌다는 것이, 또한 서발턴 내에서도 젠더의 측면이라든가 인종의 측면 혹은 인도의 경우처럼 카스트의 측면에서 지배와 종속의 구도가 작동할 수도 있고 엘리트적 요소가 작동할 수도 있다는 것이 함축되어 있다. 그러므로 구하가 서발턴을 민중과 동의어로 사용하겠다는 것은 단지 민중이 곧 서발턴이라고만 말하는 것이 아니라, 구하를 비판하고 있는 비벌리가 말했듯이, 특정한 정체성으로는 설명 불가능한 "서발턴-으로서의-민중"을 말하겠다는 것이었다.[20]

또한, 서발턴의 정체성을 본질화하게 만든다는 지배와 종속이라는 이원론적 구조 자체가 문제일까?

이 문제와 관련하여 구하는 인도의 "식민 국가에 관한 모든 것은 식민 엘리트와 토착 엘리트 사이의 거래였기 때문에 엘리트 정치 이외의 정치는 존재하지 않았다. … 엘리트 정치는 정말이지 하나의 통합된, 차이 없는 공간으로 간주될 수 있었다. … 남아시아 식민 체제가 모든 중요한 측면에서 바로 그러한 전제정이었기 때문에 구조적으로 분리되는 그런 정치 영역을 필요로 하지 않았다"[21]고 말한다.

물론 이러한 구하의 언급은 실제로 인도에서는 엘리트 정치만이 존재했다는 것을 인정하는 것이 아니다. 그렇게 만든 것은 바로 식민/민족-국가 권력이 산출한 것이자 지배적인 역사학 담론이 발휘한 효과임을 지적하는 것이다. 따라서 구하가 식민 인도에서 엘리트에 대립하는 서발턴이라는 범주를 내세운 것은, 통일적이고 미분리된 것처럼 보이는 엘리트 정치 영역에 틈새와 "구조적 분리structural dichotomy"가 있었음을, 엘리트 정치 영역의 통합적인 지배나 헤게모니를 불가능하게 한 다른 정치적 공간, 즉 "민중의 정치politics of the people"라는 영역이 실재했었음을 증명함으로써 국가주의적인 엘리트 역사학의 허구성과 식민주의 엘리트와 민족주의 엘리트들의 "헤게모니 없는 지배"를 드러내기 위한 것이었다.[22]

지배와 종속은 꼭 식민 상황이 아니더라도 역사적으로 어떤 시기에

든 존재한다는 점에서, 그리고 경세나 사회나 문화나 일상생활의 영역에서도 구축된다는 점에서 보편적이고 일반적이다. 그리고 그 두 요소(범주)는 권력관계(=정치)를 유기적으로 구성한다. 구하는 이 권력관계에서 지배와 종속은 대립적이면서 상호 의존적이라고 말한다. 즉, 종속이 없으면 지배도 없고 지배가 없다면 종속도 없으며, 또한 강제만 있거나 설득만 있는 지배란 성립할 수 없듯이 동의만 있거나 저항만 있는 종속도 역시 불가능하다는 것이다. 그리고 권력관계의 각각의 구성 요소들은 현실에서는 상호 접합되어 있고, 특수한 상황 하에서는 사회적 모순들을 중층결정하기도 하고 응축하거나 전위시키기도 한다고 말한다.[23] 그러므로 구하의 "서발턴-으로서의-민중" 개념이 지배와 종속이라는 대립쌍을 기초로 하고 있으므로 논리적으로 이원론에 빠져 있다고 비판하는 것은 온당하지 않다.

서발턴/민중과 엘리트가 각각 종속 범주와 지배 범주에 있지 않다면, 그 둘은 어느 범주에 속한다는 것인가? 서발턴/민중의(또한 엘리트의) 정체성이 복합적이고 혼종적이라는 것과 서발턴/민중이 종속 범주에 있고 엘리트가 지배 범주에 있다는 것은 별개의 문제이다.

3. '차이의 기호'로서의 서발턴

서발턴의 정의와 관련하여 구하는 "이 범주[민중과 서발턴 계급들이라는 범주]에 포함되는 사회적 집단들과 요소들은 전체 인도 주민과 우리가 엘리트라고 묘사했던 자들 사이의 인구학적 차이를 나타낸다"[24]고 언급하기도 한다.

스피박은 구하의 바로 이 언급에 주목하면서, 거기에는 "외견상 양

量을 가리키는 실증주의적인 언어 — '인구학적' 차이 — 와 탈구축적 제스처deconstructive gestures에 문을 열어 주는 결정적 차이의 담론the discourse of a definitive difference — 인구학적 '차이' — 사이의 독특한 대위법"[25]이 있다고 말한다. 이 대위법에서 스피박이 강조하는 것은 당연히 후자, 즉 '탈구축적 차이'이다.

사실 구하의 서발턴 개념에 대해 스피박이 못마땅하게 생각하는 핵심적 이유는 왜 서발턴을 굳이 '민중'과 동의어로 사용하는가 하는 점이다. 다시 말해, 그녀에게 '민중'이라는 사회학적·인구학적 범주는 사회 집단들의 내재적인 '차이'를 덮어버리는, 또는 사회적 존재 조건과 (그 조건에 조응하는) 의식/행위에 일치하는 고정되고 일관된 정체성을 구축하게 되는 저 '본질'의 자리인 것이다. 그러므로 스피박에게 민중은 오히려 탈구축해야 할 범주인 반면, 서발턴은 반드시 민중과는 다른 범주, 즉 민중을 예컨대 민족이나 계급으로 구성하거나 어떤 단일한 정체성/의식을 지닌 집단으로 구성하는 총체화에 저항하는 개념이다.[26] 그래서 스피박은, 서발턴은 그러한 탈구축에 적합한 용어, 단순하게 피억압자들을 뭉뚱그려 가리키는 게 아니라 총체화나 동질화에 저항하는 "차이의 공간"을 가리키는 개념이라고 말한다.[27] 프라카쉬Gyan Prakash가 아예 서발턴의 정체성은 바로 차이에 있다고 말하고 있는 것도 같은 맥락에서이다.[28]

그러나 구하의 엘리트 범주를 비판하고 있는 비벌리는, 스피박과 달리, 구하의 (서발턴-으로서의-)민중 개념의 정치 전략적 함의를 평가하면서, 그러한 개념이 구성되는 방식에서 '차이의 담론'을 발견한다. 비벌리에 의하면, 구하가 서발턴을 엘리트가 '아닌' 자들로서의 민중으로 정의하는 것의 역사적 단초는 불가리아의 마르크스주의자 디미트로프Georgi Dimitrov의 '민중전선(Popular Front 혹은 People's Front)' 담론이다.[29]

잘 알려져 있다시피 디미트로프는 코민테른 제7차 총회(1935년)에서 이전의 '계급 대 계급' 전술의 오류를 비판하면서, 파시즘의 발흥에 맞서 다양한 민주 세력들, 민주적 정당들과 동맹을 맺고 민중전선을 구축할 필요성을 강조했다. 그가 말하는 민중에는 파시즘의 헤게모니에 대항하는 모든 자들, 즉 농민과 노동자는 물론 청년, 여성, 수공업자, 성직자, 지식인과 프티부르주아, 식민지와 반半식민지의 피억압민들, 심지어는 민주적인 자본가들까지 포함되어 있었다.[30]

비빌리는 파시스트와 그 동조자들이 파시즘이라는 공통의 정치적 정체성을 강제하면서 차이를 허용하지 않은 것과 달리, 이 디미트로프의 민중 범주에서는 차이와 이질성이 허용되어 있었다고 말한다. 다시 말해, 디미트로프의 민중은 단일한 구성이 아니라 차별적인 정체성·목표·이해관계를 가진 사회적 행위자들로 이루어지는 이질적인 구성으로서, 그가 제안한 민중전선의 가능성은 바로 민중들이 이 차이와 통약불가능성을 인정하는 것에 달려 있었다는 것이다. 비빌리는, 이러한 디미트로프의 민중전선의 경우와 마찬가지로, "구하가 민중과 서발턴을 동일시하는 것은 서발턴-으로서의-민중에 내재적인internal 어떤 긍정적 정체성의 산물이 아니라, 차라리 사실상 어떤 '공제subtraction'라고 해야 할 것의 산물"이라고 말한다.[31]

맥락은 약간 다르지만, 비빌리가 구하와 대립시키고 있는 바바 역시 "민중은 의미 작용의 주체들"이며, 그 의미 작용은 단일하거나 개별적인 정체성의 형태를 지닐 수 없는 — 예컨대 그들에게 민족이라는 일정한 정체성을 부여하거나 민족으로서의 기원과 현존을 요구하는 것에 대항하는 — 문화적 차이의 기호들을 지속적으로 생산하는 과정이라고 말한다.[32]

결국 민중을 서발턴으로 규정하는 구하든, 민중 개념을 거부하면서 서발턴이라는 용어를 선호하는 스피박이든, 또는 비빌리든 바바든, 이들 모두는 서발턴이 통일적 정체성이라든가 일정한 본질을 지칭하는 개념이 아니라 '차이'를 지시하거나 드러내는 개념이라는 점에 동의하고 있는 셈이다.[33]

물론 이들이 말하는 차이란 단순히 지배 집단이 아닌 것, 혹은 지배 집단이 아닌 자들이 서로 동일하지 않은 것, 또는 계급적 위치와 민족적 귀속과 젠더가 상이한 것 등만을 가리키지는 않는다. 이들이 말하는 '서발턴적 차이'란, 지배와 종속의 유기적 구성 요소들이 위계적으로 배치되어 있는 정치적·문화적 권력관계 내에서 (예컨대 민중을 '민족'으로 호명하거나 '국민'으로 구성할 때처럼) 지배가 통합과 동일성을 강제할 때, 그것이 끝내 완성되지 못하도록 거기에 틈새를 내는 저항적 의식과 실천을 말한다. 다시 말해, 서발턴적 차이란 지배의 한계지점을 가리키는 서발턴적 종속의 내재적 속성 ─ 서발턴의 서발터니티subalternity ─ 으로서 "지배 담론이 완전히 전유할 수 없는 것, 포획에 저항하는 타자성otherness"이라고 할 수 있다.[34]

종속이 오로지 협력이나 동의로만 구성된다면, 즉 종속 집단이 지배 집단의 권력에 통합되어 지배 집단과의 차이나 거리를 의식하지 못한다면, 지배는 존재하지 않으며, 따라서 권력관계도 성립하지 않는다. 따라서 저항은 종속의, 권력관계의 필수적 구성 요소이다. 그리고 지배 집단은 끊임없이 강제나 설득을 통해 종속 집단의 협력을 이끌어냄으로써 권력관계에서의 헤게모니를 구축하려고 하고 또 실제로 구축하기도 하지만, 동시에 바로 그 과정은 종속 집단으로 하여금 자신들의 정체성을 인식케 하는 과정이기도 하다. 이 과정을 통해 종속 집단은 지배 집단의 헤게모니 구축에 균열을 내고 통합에 대항하는 차이를 만들어 내면서 지배가 포착하지 못하는 어떤 잔여殘餘 혹은 끝내 넘어설 수 없는 임계점을 드러내는 것이다.

서발턴 집단이 만들어 내는 이 저항적 차이는 어떤 '긍정'의 소산이라기보다는 '부정negation'의 소산이다. 종속적 존재로서의 자기 동일성과 자기 정체성을 타자의 정체성에 대한 부정에서 발견하는, 혹은 비벌리의 언급처럼 '공제'에서 발견하는 이 부정이야말로 서발턴 집단의 서발터니티를 보여 주는 것이라고 할 수 있다.

그람시는 이러한 부정이 서발턴 저항 의식의 필수적인 출발점이며, "역사적으로 수세에 있는 서발턴 계급들은 일련의 부정을 통해서, 자신들의 적의 정체성과 계급적 한계에 대한 의식을 통해서, 자기 각성에 도달할 수 있을 뿐"[35]이라고 말한다. 구하 역시 식민 인도에서 서발턴 농민은 "계급, 카스트, 공적 지위의 힘으로 자신에게 권력을 행사한 자들에게서 정체성 감각을 부여 받았다. … 달리 말하자면 농민은 자신의 사회적 존재의 특성과 속성들에 의해서가 아니라 자기 상급자들의 특성과 속성을 부정하는 것을 통해서, 부정하는 것이 아니라면 감손減損(diminution)시키는 것을 통해서, 자신을 인식하는 것을 배웠다"[36]고 말한다. 이러한 부정을 통해 인도 농민은 적과 동지를 구별하고, 지배 집단이 자신들에게 강제한 권위의 질서를 어기거나 권위의 기표들을 무시하면서 "아래의 것adhara을 위의 것uttara으로 바꾸는 전도"[37]를 시도하고 실현했다는 것이다.

비벌리는 다음과 같이 바바의 말을 빌려, 이 부정은 권력관계에서의 서발턴의 종속적 조건 자체에서 비롯되며, 서발턴적 부정이란 곧 권력을 유지하는 기호 체계 혹은 권력의 기표에 대한 부정이라고 말한다.

> 바바는 주인과 노예의 변증법에 따라 서발턴 또는 (그가 선호하는 표현을 사용하자면) "마지날marginal"은 인식론적으로 특권적인 위치에 있다는 점을, 즉 그들의 예속의 조건 자체가 그들로 하여금 권위의 환상과 그들이 대치하고 있는 권력의 현존하는 기호들을 "꿰뚫어 볼 것"을 요청함과 동시에 허용한

다는 의미에서 그러한 특권적 위치에 있다는 점을 인식한다. 권위의 형상들이 조롱당하고 도전 받고 또는 그냥 비웃음거리가 되는 바로 그 순간이 구하가 묘사한 서발턴적 부정subaltern Negation의 순간이다.[38]

그러나 위의 인용문이 시사하듯이, 서발턴적 부정은 권력관계에 대한 부정이기는 하되, 그 외부에서의 부정이 아니라 내부에서의 부정이다. 지배 집단과의 차이에 대한 의식과 그에 따른 권력의 기호들에 대한 부정에서 출발하는 전도의 과정은, 권력관계의 외부에 해방의 공간을 건설하는 과정이 아니라 지속적으로 지배의 작동과 맞물려서 진행되는 과정인 것이다.

그러므로 구하가 말하고 있듯이, 권력의 기호에 대한 부정으로서의 전도는 하나의 정치 투쟁이지만, 그 전도를 수행하기 위해 사용하는 서발턴의 언어들은 전도의 대상인 바로 그 권위 구조에서 빌려 오는 언어, 즉 적의 언어이다.[39] 그렇다면 서발턴의 부정과 저항은 지배 내에서 통제되는 것일 수도 있다. 이런 상황에서 서발턴을 역사적 변화를 이끌어 내는 주체로 재현하는 것이 과연 가능한가?

4. '재현 (불)가능한' 주체로서의 서발턴

구하는 식민 정부sarkari와 지주zamindari와 고리대업자sahukari의 권력 및 그 권력의 기호 체계에 저항했던 인도의 서발턴 농민들은, 비록 명료한 계급 의식이라든가 반제국주의 투쟁이라든가 강력한 전투성과 같은 요소들이 없었다는 점에서 미숙하긴 했어도, 분명한 정치의식과 실천 의지를 지니고 있었고, 그 같은 의식과 의지를 밝혀내는 것이야말로 그들을 역사의 주체로 복원하는 것이라고 말한다.

영국 지배의 처음 75년 동안의 농민 운동은 얼마간 막 발전하기 시작한 미숙한 의식 상태를 표현했다. 그러나 우리는 우리의 중심 테마로서 이 의식에 주목할 것을 제안하는데, 왜냐하면 봉기의 경험을 그저 일정한 주체가 부재하는 사건들의 역사로 이해한다는 것은 불가능하기 때문이다. 우리가 농민-반란자의 자기 세계에 대한 인식과 그 세계를 변화시키려 한 그의 의지를 우리의 출발점으로 삼아야만 하는 것은 그 주체를 복원하기 위해서인 것이다.[40]

구하의 말대로 주체 없이는 역사를 이해할 수 없다면, 역사는 역사 주체의 의식과 행위를 재현함으로써 이해 가능한 것이 된다. 그렇다면 주체로서의 서발턴을 어떻게 역사적으로 이해 가능하게 '재현rep-resentation'[41]할 수 있는가?

만일 서발턴이 사회적 존재로서의 자기 자신과 사회의 현실relity을 잘 안다는 의미에서 자기 인식적 주체이고, 그래서 자신들의 '목소리-의식voice-consciousness'을 스스로 표현할 수 있을 뿐만 아니라 그 목소리-의식을 담은 기록들을 직접 남겨 놓았다면, 역사 연구자는 그들의 기록들을 그대로 전달해 주기만 하면 된다. 말하자면 역사 연구자의 역할은 없는 것이다. 피억압 대중의 주체적이고 독립적인 자기 인식을 강조하는 푸코Michel Foucault와 들뢰즈Gilles Deleuze는 바로 이런 입장을 보여 주고 있다.

들뢰즈는 현실의 "대중은 지식을 얻기 위해 더 이상 그[지식인]를 필요로 하지 않는다. 그들은 완전히 잘 '알고know' 있으며 어떤 환상도 갖지 않는다without illusion. 그들은 그보다 훨씬 더 잘 알고 있고 확실히 스스로를 표현할 수 있다"고 말하며, 푸코는 공장과 거리에서 "행동하고 투쟁하는 사람들은… 어느 그룹이나 조합에 의해서도 더 이상 재현되지 않는다not represented… 오직 행동만이 있을 뿐이다"라고 말한다.[42]

피억압 대중이 현실에서의 경험을 통해 스스로 자기의 목소리-의식을 투명하게 드러낼 수 있다는 이들의 입장과 관련하여, 스피박은 재현 개념이 갖는 이중적 의미를 지적한다. 그녀는 '정치경제의 측면에서의 재현'과 '주체 이론의 측면에서의 재현'은 다른 문제이고, 재현의 그 두 측면은 연속적이거나 일치하는 것이 아니라 불연속적이라고 주장한다. 들뢰즈와 푸코는 전자의 측면에서 피억압 대중이 스스로를 재현할 수 있다는 것을 강조하지만 후자의 측면에서의 재현을 문제화하지 않고 있고, 따라서 전자와 후자의 측면을 일치화하거나 연속적인 것으로 간주함으로써 두 측면의 불연속성을 은폐하고 있다고 스피박은 비판한다. 그녀는 이들의 그 같은 태도를 대중에 대한 "역설적 주체-특권화paradoxical subject-privileging"[43]라고 부르면서, 그 같은 주체화는 "이데올로기 이론이 없는 상태에서는 위험한 유토피아주의에 이를 수 있다"[44]고 경고한다.

알튀세르Louis Althusser는 자본주의 사회에서 "노동력의 재생산은 그 기술의 재생산뿐만 아니라, 동시에 기존 질서의 규칙들에 대한 복종의 재생산을, 즉 노동자들에게는 지배적 이데올로기에 대한 복종의 재생산을, 그리고 착취와 억압의 행위자들에게는 바로 지배 이데올로기를 능숙하게 다루는 능력의 재생산을 필요로 하는데, 그래서 이들은 또한 '말로써in words' 지배계급의 지배를 부양扶養한다"[45]고 말한다.

이 '말'로써 기호화되는 이데올로기는 흔히 생각하듯이 '허위의식false consciousness,' '환상illusion,' '오인misrecognition,' '기만당함'이 아니다.[46] 알튀세르가 말했듯이, 이데올로기는 "개인들의 현실적 실존

조건real conditions of existence에 대한 그들의 상상적 관계의 '재현' 'representation' of the imaginary relationship이다."⁴⁷ 그러므로 자신들을 억압하는 정치경제적 조건에 저항하면서 자신들의 이해관계의 실현을 욕망하는 대중들을 (들뢰즈처럼) "기만당하지 않은not deceived" 주체로 상정하는 것은 이데올로기를 기만당함(=허위의식)과 무비판적으로 결합시키는 것이라고 할 수 있다.⁴⁸

말로 구성되는 이데올로기는 '이제 비로소' 말해지는, 따라서 말해지기 전의 '순수한 공백'이 메워지는 그런 것이 아니다. 스피박이 말하듯이, "어떤 말하기speech도, 혹은 어떤 '자연 언어natural language' (무의식적인 모순 어법)나 어떤 몸짓 '언어'도 미리 실존하는 코드pre-existing code의 매개 없이 의미화하거나, 지시하거나, 표현할 수 없다."⁴⁹ 미리 실존하는 코드란 지배 집단에 의해 기존의 지배 질서를 부양하기 위해 이미 말로써 생산된 지배의 조건, 즉 지배 담론이다. 구하가 되살려낸 서발턴 농민이 권위 구조에서 빌려 온 언어로, 지배 언어의 코드로 권력에 대한 저항을 이야기하는 것은 그 때문이다. 그런 의미에서 "이데올로기에는 외부outside가 없다"⁵⁰고 할 수 있다. 이 외부가 없는 이데올로기 안에서 개인들은 일정한 정체성/본질을 지닌 구체적인 주체 — 예컨대 민족 주체, 계급 주체, 민중 주체 등등 — 로 호명되는데, 알튀세르는 모든 개인들이 그렇게 "항상 이미always already" 주체가 되거나 되어 있다는 점에서 주체 범주 자체가 이데올로기를 구성한다고 말한다.⁵¹

들뢰즈와 푸코가 상정하는 대중은 이데올로기의 외부에서 "어떠한 환상도 갖지 않은" 순수한 상태의 주체, 순수한 본질을 지니고 있는 주체를 전제하는 것이다. 그리고 어떠한 이데올로기에 의해서도 매개되지 않은 대중들의 자기의식, 그 의식과 어떠한 매개 없이 연속되는 대중들의 행위에 대한 이들의 믿음은, 요컨대 그저 피억압 대중이 역사의 주체라는 것을 선언하고 있을 뿐인 이들의 단순성은, 스피박이 말했듯이, 이데올로기의 문제와 관련된 주체 이론의 측면에서 "'재현'을 거부하는"[52] 것, "탈재현적 어휘postrepresentational vocabulary가 본질주의적 의제essentialist agenda를 감추고"[53] 있는 것이라고 할 수 있다.

그런데, 만일 서발턴의 목소리-의식(에 관한 흔적)이 지배 담론 안에만 남아 있다면, 역사 연구자는 그 지배 담론/기록에 능동적으로 개입하여 서발턴을 역사 주체로 재현해 내는 작업의 난점을 극복할 수 있는가?

구하는 이렇게 말한다.

> 그 난점의 극복은 아마 언뜻 생각되는 것보다는 덜 어려울 것이다. … 물론 경찰과 군인과 관료와 지주와 고리대업자와 그 밖에 봉기에 적대적인 자들이 자신들의 감정을 기록한 보고서, 전령문傳令文, 의사록, 판결문, 법률, 편지 등이 그들의 의지의 재현물이라는 것은 사실이다. 그러나 이 문서들은 저들의 의지만을 그 내용에 채워 넣지 않는데, 왜냐하면 저들의 의지는 또 하나의 의지 ─ 봉기자들의 의지 ─ 에 입각하고 있기 때문이다. 그러므로 반란 의식의 현존을 그러한 증거물 안에 있는 하나의 필수적인 그리고 널리 산재하는 요소로 읽을 수 있다. … 역사가들은 이 빈곤하고 거의 기계적인 [엘리트 담론의: 필자] 언어를 상대방의 의식 ─ 반란자의 의식 ─ 을 이야기해 줄 수 있는 반의어들의 열쇠로 이용할 수 있다.[54]

구하는 위의 인용문에서와 같은 방법을 통해 지배 집단이 남긴 봉기 진압 기록들에 의지하여 구축된 엘리트주의 역사학을 '탈구축'했고, 그 기록들에 대한 '결을 거스르는 독해'를 통해 봉기를 일으킨 서발턴 농민들의 고유한 의식/행위와 그 의식/행위를 구성하는 특징적 요소들을 찾아냄으로써 그들을 주체로 하는 새로운 서발턴의 역사를 '구축'해 냈던 것이다.

그러나 스피박은 이 같은 구하의 '이론적 (탈)구축' 작업은 근본적으로 서발턴 농민의 봉기 경험을 조사하여 그들의 의식의 '본질'을 밝혀내고자 한 실증주의적인 접근인데다가, 무엇보다 그러한 작업에서 "조사자investigator"로서의 역사 연구자의 위치는 의문시되어 있지 않다고 비판한다.[55]

스피박의 비판이 아니더라도, 역사 연구자가 서발턴을 역사 서사 안에서 역사 주체의 위치에 있는 것으로 재현하는 과정은 곧 서발턴이 역사가에 의해 인식과 서술의 대상이라는 자리에 배치되는 과정이다. 이 과정에서 역사 연구자는 주체(-효과)를 생산하는 이데올로기적 재현 주체가 된다.

이미 말했듯이, 푸코와 들뢰즈는 이데올로기에 관한 문제의식을 갖고 있지 않았기에 대중이 스스로 말할 수 있다고 말했을 뿐만 아니라, 피억압 대중에 관해 말하는 자신들이 재현 주체로서 대중을 대상화하고 있다는 생각을 할 수 없었다. 그들은 자신들이 피억압 대중을 대상화하는 재현 주체라는 것을 '이론적으로' 감추고 있고, 이와 동시에 대중이 마치 스스로를 대표하는 역사의 주체인 것처럼 '실증(경험)적으로' 드러냄으로써 주체를 이중적으로 특권화하고 있었다. 이런 식의 이중적 특권 혹은 이론과 실증(경험)의 공모 앞에서 대중/서발턴의 역사적 재현은 어떤 식으로든 이데올로기적 담론 체계에 의해 굴절될 수밖에 없다.

그렇다면, 역사 연구자에게 서발턴은 결코 자기 인식적 역사 주체로 온전하게 재현되기 불가능하다는 점에서 "절대적 타자"인 셈이며, 역사 연구자가 그들이 스스로 말하도록 만들고 그들의 목소리-의식에 귀를 기울여도, 혹은 지배 담론의 결을 거슬러 읽어 지배 담론에 겹 싸여 있는 그들의 목소리를 발굴해 내도, 이미 주어져 있는 이데올로기적 언어/담론 체계 안에서 기호화되어 있는 기록들을 읽어내는 실증주의적 방식으로는 서발턴을 역사 주체로 재현할 수 없는 셈이다. 게다가, 역사 연구자가 어쩔 수 없이 기존 역사학의 담론과 언어로 그 같은 재현 작업을 할 수밖에 없다면, 결국 지배적인 담론/언어 체계에 저항하는 '차이의 기호'로서의 서발턴(의 서발터니티)을 포착하기란 어렵거나 불가능할 것이다.

이 점과 관련하여 스피박은 구하의 작업은 "필연적으로 [기존 역사학의] 내부에서 작업하기에, 전략적이고 조직적인 전복의 요소들을 모두 낡은 구조에서 빌려 오기에… 탈구축의 기획은 항상 어떤 방식으로든 자기 자신의 작업의 포로가 된다"고 말하면서, 서발턴을 고유한 (봉기)의식을 지닌 역사 주체로 재현하려 한 시도는 "어쩔 수 없이 부지불식간에 서발턴을 대상화할 것이고, 그들이 서발턴에게서 인과성과 자기 결정의 버전version들을 복원하는 바로 그 순간, 지식을 통해 서발턴을 통제할 것"이라고 비판한다.[56]

결국 스피박에게 역사 연구자에 의한 서발턴의 목소리-의식의 재현은 불가능하다. 스피박에 따르면, 서발턴을 역사 주체로 위치시키려 해도 "서발턴은 너무나 위치에서 벗어난displaced 위치의 이름이어서… 서발턴이 말한다는 것은 고도Godot(프랑스 극작가 사뮤엘 베케트의 연극 〈고도를 기다리며〉의 가상의 주인공)가 버스를 타고 도착하는 것과 같다."[57] 따라서 스피박은, 서발턴의 역사적 재현은 역사 연구자의 실증주의적 언어로 말하는 데에 있는 것이 아니라, 서발턴이 또는 역사 연구자가 재현할 수 없는 것을 포착하는 데에 있고, 이를 위해서는 이데올로기 이론이 가장 유용하다고 주장한다.[58] 그녀는, 만일 서발턴이 재현될 수 있는 역사적 장소가 있다면, 그 장소는 "말로 표현할 수 없는, 그렇지만 말에서 초월적이지 않은"[59] 바로 그곳이라고 말한다. 그런 의미에서 "서발턴은 필연적으로 역사가 논리 안으로 서사화되는 장소의 절대적 한계the absolute limit"⁶⁰라는 것이다.

비벌리는 이 둘의 입장 중 어느 한쪽을 지지하기보다는 각각의 입장이 갖는 현실적인 정치적 함의를 도출해 낸다.

비벌리는, 구하가 민중과 서발턴을 동일시하고 서발턴 정체성에 관한 더 포괄적인 이해를 주장하면서도 그러한 정체성의 접합 원리로서의 이원적 적대라는 아이디어는 포기하지 않은 채 서발턴을 역사의 주체로 재현하고자 한다고 말한다. 그 같은 구하의 입장은 저마다 서발턴을 대표한다고 주장하는 민족주의와 아카데믹한 지식과 제도권 좌파의 지배 담론들을 탈구축하고 민중들의 집단적인 정치적·문화적 행위의 새로운 형태들을 전략적으로 구축하려는 프로젝트를 통해 "헤게모니를 쥘 수 있을 잠재력을 갖는 정치적-문화적 '민중' 블록을 구성하는" 정치적 의제를 제기하고 있는 것이라고 비벌리는 해석한다.⁶¹

또한 비벌리는, 스피박에게 "서발턴이란… 항상 재현 밑으로 미끄러지거나 멀어지는 것… 재현 안으로 들어오는 것만으로도 서발터니티를 상실하기 때문에 재현 너머에 있는 어떤 것"으로 간주되고 있다고 말하면서, 재현의 이중적 의미의 불연속성과 이데올로기의 문제를 제기하고 있는 "스피박이 서발턴을 상징화의 '절대적 한계'라고 명확히 규정하는 것은, 혁명적 정치는 언제나 가장 억압당하는 층위의 주민들을 찾아가야만 한다는 레닌의 명령을 충실히 따르고 있는 것"이며, "민족에 미달하거나 또는 민족을 초과하는 층위에서 새로운 사회운동들과 풀뿌리 저항을 지지하는 것"이라고 해석한다.⁶²

이렇게 해석하는 비벌리는 그 둘에게 과연 아래로부터 새로운 형태의 헤게모니 조직화가 어떻게 가능한지, 지금에 와서 전통적 좌파의 목적은 과연 쓸모가 없는지 묻고 있지만,⁶³ 서발턴의 재현 문제와 관련한 구하와 스피박의 입장 중에서 어느 편이 '정치적으로' 타당한가를 판정하기란 쉬운 일이 아니다. 구하처럼 서발턴을 역사 주체로 재현하는 일은 엘리트주의 역사학을 비판하고자 하는 입장에서는 불가피한 과제일 수밖에 없다. 그러나 동시에, 스피박이 비판하듯이, 그 같은 재현이 이론적으로 중요한 문제점을 수반하는 것 또한 사실이기 때문이다.

따라서 필요한 것은 '차이'의 기호로서 서발턴이라는 기표가 갖는 이론적 함의와 그것의 작동에서 비롯되는 역사적, 정치적 재현/대표의 불가능성의 가능성 혹은 가능성의 불가능성을 지속적으로 인지하는 일이다.

제5장

서발턴 역사를 로컬 역사로 읽기

1. 서발턴 역사와 서발터니티

서발턴 연구집단Subaltern Studies Group이 발간한 『서발턴 연구Subaltern Studies』라는 저널의 부제副題는 "남아시아 역사와 사회에 관한 저술들Writings on South Asian History and Society"이다. 그 부제가 시사하고 있듯이, 서빌딘 연구집단의 '서발턴 역사'는 남아시아(혹은 인도)라는 특정한 지리적 공간에 관한 역사이기도 하다. 그렇다면, 서발턴 역사는 이른바 '지역사'로 읽을 수 있는 것인가?

서발턴 연구집단이 출범했을 당시, 이들의 문제의식은 '인도에 대한' 식민주의 역사학과 '인도의' 민족주의 역사학에 개입하여 식민 통치의 측면에서 행정적 처리 대상으로 간주되거나 민족(주의)의 서사를 돋보이게 하는 장식물로 취급되었던, 혹은 그 의식과 행위에 관한 환원론적 인과성의 문제틀 안에 갇혀 있었던 서발턴 민중의 목소리-의식을 지배 담론의 결을 거슬러 읽는 방식으로 찾아내어, 그 어떤 인과 관계로도 환원될 수 없는 의식을 지닌 행위 주체로 재현하려는 것이었다.

하지만, 널리 알려져 있다시피 스피박의 개입 이후 서발턴 연구의 문제의식은 바뀌게 된다. 스피박은, 아무리 역사 연구자들이 지배 담론의 결을 거슬러 읽어 서발턴의 목소리-의식을 찾아내더라도 서발턴은 지배 담론에 종속되어 있는 존재이므로, 혹은 엘리트의 사유 없이는 출현할 수 없는 존재이므로,[1] 그들의 목소리-의식은 늘 주어져 있는 이데올로기적 언어/담론 체계들 안에서 굴절되며, 따라서 결국 서발턴은 말할 수 없다고 주장하면서 서발턴 연구의 주체 재현 작업을 비판했다.[2]

이러한 비판에 따르면, 서발턴은 "단순히 빼앗긴 자, 짓밟힌 자, 반역하는 자를 가리키는 것이 아니라… 단순히 저기 있는 몸들로서의 민중들이 아니라, 오히려 그들이 재현 불가능한 것으로 재현되는 그 방식"[3]을 가리키는 이름이 된다. 따라서 서발턴을 주체로 호명하는 '서발턴의 역사history of the subaltern'는 기실은 재현 불가능한 서발턴이 재현되는, 그런 의미에서 지배적인 재현 체계에의 종속에서 완전히 벗어나지는 못하는 '서발턴 역사subaltern history'가 된다.

하지만, 스피박의 비판은 단순히 서발턴의 역사를 재현할 수 없다는 것도 아니었고, 벗어날 수 없는 서발턴의 종속성에 대한 재확인도 아니었다. 그녀가 강조한 것은 바로 재현 불가능성의 능동적인 함의, 즉 지배 담론의 재현 체계로 환원할 수 없는 서발턴의 '차이,' 재현 체계 안에 끝내 포섭될 수 없는 저 서발턴의 '이질성'이었다.

이 스피박의 비판 이후, 서발턴 연구는 서발터니티 개념을 재사유하는 것으로 전환된다. 이제 서발터니티 개념은 헤게모니적인 담론/재현 체계 안에 포섭될 수 없는 '차이'를 만들어 헤게모니적인 기호 체계의 의미 작용을 깨뜨리고 그것을 비헤게모니적인 기호 체계로 전위시킬 수 있게 하는 인식론적 재배치를 의미하는 것으로, 혹은

"지배 체제의 내부에서 표면화하는 제어 불가능성을 확인케 해주는 하나의 추상… 포획에 저항하는 타자성… 지배 체제 안에서 분출하며 내부에서 그 한계를 표시해 주는 것… 외부로부터 침해받지 않는 타자성이 아니라 지배 담론에 모순과 탈구를 강제하고 내재적 비판의 원천을 제공하면서 권력의 기능 내부에서 대항 헤게모니의 가능성을 제기하는 것"[4]으로 (재)규정된 것이다.

이 같은 서발터니티 개념의 (재)규정은 서발턴 연구로 하여금 '구조주의에서 포스트구조주의로,' 즉 기존의 구조물 외부에서 새로운 구조물을 구축하려는 것에서부터 기존의 구조물 내부의 '안-사이in-between'에서(혹은 내부 안에서 외부를 지향하는 그 경계/한계에서) 그 구조물의 구성 원리의 모순과 틈새를 드러냄으로써 그것의 구성 원리를 탈구시키고 전위시키는 쪽으로, 그렇게 함으로써 그 구조물을 구성하는 요소들을 다른 방식으로 재배치하려는 — 그런 의미에서 탈구축하려는 — 쪽으로 전환하게 했다.[5]

이 전환에 따라 서발턴 연구는 지배 담론으로서의 근대 역사학의 지식 체계에 대한 비판으로, 그 지식 체계가 인도의 역사에 대한 사유 안에 기입해 온 근대성과 식민성에 대한 비판으로 나아갔다. 유럽의 경험에서 기원하는 근대 민족-국가와 시민 사회를 '이성'의 승리와 '진보'의 서사로 구축해 온, 혹은 역사주의적인 단일한 시간성 혹은 역사적 시간의 통일성 위에서 자본의 이행 서사를 구축해 온 근대 역사학, 그렇기 때문에 비서구 지역 서발턴의 환원 불가능한 차이와 타자성을 '동일자'의 지배 담론에 통합시키는 방식으로 서발턴을 식민화하고 주변화해 온 저 근대 역사학에 대한 탈구축적인 포스트식민적 비판 작업은 유럽 역사학의 헤게모니적 지배를 '그 내부의 외부'에서 균열을 내고 파열시킬 수 있는 '서발턴 역사'의 주요 과제가 된 것이다.

디페쉬 차크라바르티Dipesh Chakrabarty의 "유럽의 지방화provincializing Europe" 프로젝트는 그러한 과제의 일환이다. 그는 식민 인도의 역사를 사고하기 위해서는 서구의 자본주의적 근대성에서 기원하는 범주들이나 개념들이 '필수적'이며, 무엇보다 자본을 이론적, 역사적 사유 대상으로 삼고 자본주의를 비판한 마르크스(주의)에 의존할 수밖에 없다고 말한다. 그러나 동시에 그는 그것들로만 식민 인도의 역사를 사고하기에는 '불충분'하다고 주장하면서, 인도와 같은 이른바 제3세계의 근대성/근대화 문제는 근대로의 역사적 이행에 관한 보편적인 사회과학적 문제가 아니라 서구 역사의 '번역translation' 문제로 보아야 한다고 말한다.

차크라바르티가 말하는 불충분함이란 서구에서 발원하는 개념들로는 환원될 수 없는 인도사의 '차이'를 의미한다. 그리고 그가 번역을 말하는 것은 "역사란 번역을 통하지 않고서는, 그리고 번역되는 자들의 위치와 의미의 상실을 통하지 않고서는 저 (비서구) 세계의 이질적 시간성을 표상하지 못하기" 때문이다. 그에 의하면, "번역이 '통약불가능한 것들incommensurabilities'로 보이는 것으로부터 산출하는 것은 지배적인 지식과 지배당하는 지식의 관계의 부재도 아니고, 차이들을 성공적으로 매개하는 등가等價들equivalents도 아니다. 그것은 바로 우리가 '차이'로 부르는, 부분적으로 불투명한opaque 관계이다."[6]

이러한 문제의식에 입각하여 그는 서발턴 역사를 아래와 같이 정의한다.

서발턴 역사들은 철학적으로 마르크스주의의 지배적 전통들 안에서 무시되고 있는 차이의 문제들을 다룰 것이다. 서발턴 역사는 — 자본주의로의 이행 서사를 포함하여 — 자본의 글로벌한 서사the global narrative of capital 외부에서는 사유될 수 없다. 비록 서발턴 역사가 그 서사에 기반하는 것이 아니라고 해도 말이다. 아시아, 아프리카, 또는 라틴아메리카에서 이런저런 집단이 자본주의의 '침투'에 어떻게 저항했는지에 관한 이야기들은 그런 의미에서 '서발턴' 역사를 구성하지 않는다. 왜냐하면 이 서사들은 자본에 대해 외재적인 공간 — 연대기적으로 자본 '이전before' — 에 관한 상상 위에서 서술되는 것이기 때문이다. 그러나 그것은 동시에 자본주의적 생산의 '이전'과 '이후after'가 모두 전개될 수 있는 역사주의적인 단일한 시간 틀의 일부이다. … '외부outside'는 '자본'이라는 범주 자체에 결부되어 있는 어떤 것, 시간성의 경계 구역border zone of temporality에 두 다리를 걸치고 있는 어떤 것, … 우리가 자본을 사유/이론화할 수 있기 때문에 볼 수 있는 어떤 것으로, 그러나 또한 늘 우리에게 다른 시간성들이, 세계 형성worldling의 다른 형식들이 공존하며 또 가능하다는 것을 상기시켜 주는 어떤 것이다. … 서발턴 연구는 이론적으로 우리가 마르크스도 포기하지 않고 차이도 포기하지 않는 접점에at juncture 위치할 수 있다. 왜냐하면… 저항은 오직 자본의 시간 지평 안에서만 발생하지만 그 시간의 통일성을 분쇄하는 어떤 것으로 사유되어야만 하기 때문이다. … 우리는 수많은 민중에게 주어진 이 근대성의 선물인 역사라는 것이 구성상 이러한 균열break을 특징으로 하는 것임을 보여 주는 글쓰기의 정치학을 발전시킬 필요가 있다.⁷

2. 로컬 역사로서의 서발턴 역사, 서발터니티와 로컬리티

16세기 이래 유럽의 근대 자본주의의 역사는 곧 식민주의의 역사였다. 근대 자본주의/식민주의는 타자의 영토를 점령하는 지리적 수탈, 점령지의 자원과 점령지 주민의 노동을 착취하는 경제적 수탈,

점령지에 대한 통치권을 장악하는 정치적 수탈, 점령지 주민들을 본국의 가치/기호 체계에 동화시키려는 문화적 수탈을 수반하면서 전개되었다. 그 결과, 유럽의 메트로폴리스와 비유럽 식민지 간에는 중심부와 주변부 간의 지배/종속 관계가 확립되었다. 비유럽 지역들은 주변부이기 때문에 식민 지배를 당한 것이 아니라, 식민주의로 인해 주변부가 되었던 것이다.

중심부 국가의 주변부 지역에 대한 수탈을 토대로 성립한 세계 자본주의 체제의 작동 기제는 19세기에 들어와 시민 사회가 출현하고 민족-국가가 수립되었던 중심부 유럽 국가들 사이에서 치열한 식민지 쟁탈전을 낳게 했다. 그 세기에 유럽의 자본주의 국가들은 제국주의적인 정책을 통해 식민지에 대한 체계적이고 적극적인 관리에 직접 나서게 되었다. 이 과정에서 유럽의 식민주의자들은 제국주의 정책을 정당화하는 이데올로기들을 근대적 지식 형태로 생산하여 자국과 식민지에 전파했다. 그 이데올로기적, 식민주의적 지식들은 유럽의 타자인 식민지(민)의 정체성을 유럽의 시선으로 정의하고 구분하는 것이었고, 역으로 이를 통해 비유럽의 식민지와는 다른 유럽 자신의 정체성을 구성하려는 것이었다. 이렇게 기능한 지식들은 예컨대 경제학이나 역사학 혹은 사회학이나 인류학, 동양학 등과 같은 분과 학문들로 유럽 대학 안에서 제도화되었다.

그중에서도 역사학은 유럽의 민족-국가라는 제도에 일치하는 근대적인 지식/담론 형식이었다. 유럽의 시민들은 역사학을 통해서 스스로를 민족과 동일시하고 또 민족의 최고의 표현인 국가와 동일시하는 것을 배웠다.[8] 근대 역사학에서 민족이라는 상상적 주체 형식과 민족-국가라는 지정학적 공간이 제도화된 역사 연구의 기본 단위가 된 것, 그리고 시민 사회와 민족-국가의 역사가 곧 자본의 역사인 것은 그 때문이다. 이 유럽의 근대 역사학은 제국주의 시대에 식민지의 과거와 현재를 관찰하고 해석하고 평가할 수 있게 하는 합리적이고 과학적인 지식 체계로서 비유럽 식민지에 전파되었다. 이렇게 유럽이 전해 준 지적인 '선물' ― 유럽의 타자인 식민지의 역사를 전유하기 위해 헤겔의 역사주의적 역사 철학을 계승한 것이라고도 할 수 있는[9] 그 선물 ― 에 의해 비로소 식민지는 자신의 과거를 서술할 수 있게 되었고, 비로소 역사를 갖게 되었다는 것이 식민주의자들의 주장이었다. 식민지 토착 엘리트들 역시 서구에서 기원하는 그 같은 역사 지식 체계에 대한 근원적인 비판이나 성찰 없이 그 지식 체계로 자국의 역사를 연구함으로써 이러한 주장에 암묵적으로 동의했고, 그렇게 함으로써 식민주의와 공모했다.

이러한 조건 속에서 비서구의 '지역'들은 서구 자본주의가 지배하는 식민적 권력관계 하에서 메트로폴리스에 종속된 '서발턴'으로서의 지정학적, 지리-문화적 위상을 가질 수밖에 없다. 따라서 비서구의 여러 지역들, 예컨대 라틴아메리카, 중앙아시아, 아프리카, 아시아(동아시아, 남아시아, 동남아시아) 등은 단순히 지리적인 의미만을 갖는, 그리고 외견상 중립적인 것처럼 보이는 용어인 '지역(region 혹은 area)'으로 불릴 순 없다. 지역이라는 용어 자체가 지역 간의 권력관계와 그것이 수반하는 이데올로기들을 은폐하는 것이기 때문이다.

해리 하루투니언Harry Harootunian에 따르면, 제2차 세계대전 이후 소련과 체제 경쟁을 벌이던 미국이 세계에 대한 자신들의 패권을 강화하기 위해 활성화시킨 '지역 연구'는 동아시아, 남아시아, 중동, 라틴아메리카 등 비서구 지역들에 관한, 혹은 좁게는 일본이나 중국이나 인도와 같은 비서구의 개별 국가들에 관한 유용한 정보를 생산하고자 하는 프로젝트였다. 이 프로젝트는 서구와 비서구를 외부와 내부로 가르고, 비서구 지역을 외부에서 온 방문자들이 토착적인 내부의 역사와 사회를 관찰하고 기록하고 때로는 개입하는 '현장field'으로 간주하면서, 서구 근대 국가의 발전과 성장 모델에 입각한 사회진화론적인 '근대화와 수렴 이론modernization and convergence theory'을 적용하여 비서구 지역의 역사와 사회를 해석하려 했다.[10] 요컨대 미국에서의 지역 연구는 역사적으로나 사회적으로 전근대적 시간성 아래에 있는 비서구와 근대적 시간성을 누리고 있는 서구를 공간적으로 구분하면서, 근대성의 장소인 서구에 지정학적, 역사학적 특권을 부여하는 것이었다. 달리 말하면, 지역 연구는 비서구 지역 특유의 역사적·문화적 조건들, 서구 지역과의 조우와 충돌이 비서구 지역에 빚어낸 역사적·문화적 조건들, 서구와 비서구 지역들 간의 권력관계 등에 대해서는 맹목인 채, 메트로폴리스 서구에서 생산된 근대성의 단일한 기획과 역사 담론으로 주변부 지역들을 조망하는 것이었다.

지역이란 용어의 이 같은 함의를 고려한다면, 인도는 단순하게 지역이 아니라 메트로폴리스에서 발진하는 '글로벌global' — 저 자본권력(의 근대성/식민성)의 전 지구적 작동을 함의하는 — 과의 변증법적 관계 속에서 그것과의 '차이'로 규정되는 '로컬local'로 불려야 할 것이다. 로컬이라는 용어는 지역이란 용어가 눈감고 있는 자본주의적 권력관계의 지정학과 자본의 지리-문화적 지배를 비판적으로 지시해 줄 수 있는 개념이기 때문이다.

물론 로컬은 메트로폴리스 자본이 지배하는 권력관계를 전 지구화하려는 '글로벌'한 상상력/담론들에, 그리고 그것이 수반하는 추상적인 보편 지식/개념들에 종속되어 있는 장소라는 점에서, 앞에서 말했듯이, 서발턴 위치에 있는 공간이다. 그러나, 엘리트 헤게모니와 지배 담론에 대한 서발턴의 관계 혹은 서발터니티 개념이 그렇듯이, 서발턴 공간으로서의 로컬은 근대 자본주의 세계체제와 서구 메트로폴리스의 헤게모니적 지식 체계가 강제하는 글로벌한 기획/담론 안에 종속되어 있으면서도, 글로벌한 세계사의 한 지리적 구성 요소로 표상되거나 보편적 세계사 안으로 흡수될 수 없는 '독특성singularity'[11]을, 지배 담론에 완전히 통합될 수 없고 지배 담론으로는 환원 불가능한 저항적 차이들을 생산해 왔다. 로버트 영Robert J. C. Young이 (신)식민적 억압들에 대항하여 장구한 투쟁을 펼쳐 온 아시아와 아프리카와 라틴아메리카(민중들)의 역사에 대해 "그 유사성에도 불구하고 각 역사는 어떤 다른 역사로 환원될 수 없고, 어떤 단일한 틀로 환원될 수도 없다"[12]고 말한 것도 그 같은 뜻에서일 것이다. 따라서 로컬은 글로벌에 종속되어 있고 글로벌 담론 안에서만 출현하는, 하지만 끝내 글로벌에 통합되지 않는 독특성과 차이들을 사유할 수 있게 하는 '이론적/인식론적 장소locus'로서의 성격, 즉 로컬리티locality를 갖고 있다. 남아시아(인도)의 '서발턴 역사'를 '로컬 역사'라고 할 수 있고, '로컬리티'는 '서발터니티' 개념에 조응하고 연계될 수 있는, 그 개념의 지정학적 표현이라고 할 수 있는 이유는 그 때문이다.

1970-80년대에, 포스트식민적인 '차이의 역사(학)'을 사유하고자 하는 서발턴 연구와 마찬가지로, 아시아, 아프리카, 라틴아메리카 등 트리컨티넨탈tricontinental 세계에서는 자본주의 세계체제가 강요해 온 근대성/식민성의 문제에 맞서 글로벌한 세계사를 구성하는 지역사가 아닌, 차이의 역사로서의 로컬 역사들을 사유하기 위한 새로운 인식론적 문제틀을 모색하는 이론적 작업들이 출현했다.

물론 그 이전 1960년대에 은크루마가 제출한 신식민주의론, 그것을 이론적으로 계승한 라틴아메리카 경제학자들의 종속 이론 및 그 종속 이론을 일반화시킨 아프리카 사회학자 월러스틴의 세계체제론 등도 근대 자본주의/식민주의 세계체제와 제3세계의 관계에 대한 새로운 인식을 제공했다. 하지만 그것들은 기본적으로 서구 식민주의/제국주의의 지배 형식·구조·체제에 대한 사회과학적 분석의 전통에 속하는 비판 이론들인데다, '근대성'과 (서구식의) '발전' 같은 개념들 및 역사적 시간성의 문제, 문화와 인식론의 문제 등에 대해서는 근원적인 비판을 가하지 못했고, 무엇보다 식민성의 문제를 근대성의 문제와 접합시키지 못했다는 한계를 안고 있었다.[13]

이러한 비판 이론들과 달리 1970년대 이후의 새로운 작업들은, 사라 래드클리프Sarah A. Radcliffe가 말하고 있듯이, 근대성 개념 안에 존재하는 지리적 관점, "심상 지도mental map," "공간적 언어spatial language" 등의 문제를 비판적으로 사유하면서 "근대의 물질성의 배후에 있는 공간적 전개 과정과 근대성 이론 내에 존재하는 유럽 중심주의를 분석"하는 것이었고, 그러한 작업은 근대성 담론이 문화적 헤게모니를 통해 폭력적으로 만들어 낸 "근대성의 위계구조로서의 식민성/근대성이라는 이중성"에 대한 인식에 입각하여 이루어졌다.[14]

자신들만의 독자적인 개념들을 생산하여 그 같은 이론적 작업을 시도하고 있는 이들은 월터 미뇰료Walter Mignolo, 아니발 끼하노Anibal Quijano, 엔리끄 두셀Enrique Dussel, 압델케비르 카티비Abdelkebir Khatibi, 에두아르 글리상Edouard Glissant 등이다. 미뇰료의 "경계 사유border thinking," 끼하노의 "권력의 식민성coloniality of power," 두셀의 "트랜스모더니티transmodernity" 등의 개념들은 글로벌한 자본주의적 근대성의 헤게모니적 지배에 대한 라틴아메리카의 식민 역사들 및 유산들로부터의 대응이며, 카티비의 "이중적 비판double critique"이라든가 "다른 사유other thinking"와 같은 개념들은 프랑스 식민지였던 북아프리카 마그렙의 식민 역사들 및 유산들로부터의 대응이다. 글리상의 "크레올화Créolization" 개념[15]은 카리브해 지역의 식민 경험에 대한 설명이자 새로운 인식 원리의 천명이라고 할 수 있다. 이것들 모두는 근대성/식민성이 착종하고 있는 로컬 역사들로부터 근대 자본주의 세계체제와 근대성의 글로벌한 헤게모니적 담론/상상력을 비판하고 넘어설 수 있는 새로운 인식론을 끌어내고자 한다는 점에서 인도의 서발턴 역사와 공명한다.

3. 트리컨티넨탈 세계에서 로컬 역사들을 사유하기

(1) 미뇰료, 끼하노, 두셀과 라틴아메리카

자신의 "경계 사유"가 스페인의 유산들을 갖고 있는 라틴아메리카의 로컬 역사들에서 유래한다고 밝히고 있는 미뇰료는 자본주의 세계체제의 근대성의 역사를 두 시기로 구분한다. 즉, 지중해와 대서양이 연결됨으로써 근대성의 토대가 마련되고 새로운 전 지구적 상상력이 출현할 수 있는 조건이 창출된 16세기-17세기가 "제1근대성"의 시기, 그 이후 제1근대성 시기를 지배했던 스페인이 쇠퇴하고 네덜란드와 영국과 프랑스가 (그리고는 나중에는 미국이) 세계 무역의 회로를 지배하게 된 18세기 이후가 "제2근대성"의 시기라는 것이다.

제1근대성의 시기에 '인디아스 옥시덴탈레스Indias Occidentales'로 명명된 라틴아메리카는 유럽의 타자Other가 아니라 팽창된 유럽의 일부, "동일성 내에서의 차이difference within the sameness," "극단의 유럽extreme Europe"이었다. 미뇰료는 이렇게 라틴아메리카를 유럽의 일부로 포함시켜 세계를 구성한 지정학적 상상력인 옥시덴탈리즘Occidentalism이 없었다면 제2근대성의 시기를 지배했던, 세계에 관한 지정학적 상상인 오리엔탈리즘도 없었을 것이라고 말한다. 다시 말해, 오리엔탈리즘은 세계체제의 중심이 이베리아 반도에서 유럽의 북해로 이동했을 때 기존의 옥시덴탈리즘이 변형된 것이고, 그런 의미에서 옥시덴탈리즘은 근대 세계체제의 상상력을 묶어내는 지정학적 형상이자 (동일자로서의 옥시덴트가 없다면 타자로서의 오리엔트도 없다는 의미에서) 오리엔탈리즘 출현의 조건이었다는 것이다.[16]

미뇰료는, 그러나 제1근대성의 시기의 옥시덴탈리즘의 상상력과 담론 안에서 유럽의 일부로 간주된 라틴아메리카는 유럽이 아시아를 유럽의 타자로 구성하기 전부터 유럽의 식민지/타자였고, 따라서 라틴아메리카 역사에서는 애초부터 근대성과 식민성이 분리되어 있지 않으며, 그런 의미에서 근대 자본주의 세계체제는 그 초기부터 근대적/식민적 체제였다고 말한다. 그는 라틴아메리카에서는 근대성과 식민성이 서로 외재外在하는 것이 아니라 상호 불가분하게 접합된 것이므로, 이 지역에서의 근대성에 관한 사유는 자본주의 세계체제의 안과 밖의 경계에서, 동일성 내의 차이가 아니라 "식민적 차이colonial difference"에서 시작되어야 한다고 말한다.[17] 식민성 비판과 결합되지 않는 근대성 비판은 서구 세계 내부에서의 근대성 비판에 머무르는 것이고, 식민성을 근대성과 분리시켜 비판하는 것은 근대 자본주의 세계체제 외부에 대한 비판이기 때문이다.

미뇰료에게 라틴아메리카의 로컬 역사들은 그 같은 식민적 차이를 사유할 수 있게 하는 "경계 사유"의 조건들이다. 자본주의 체제의 글로벌한 기획은 메트로폴리스의 지역에서 양성되어 라틴아메리카의 여러 지역들에 수출되었고, 또 그 지역들에서 상이하게 보충되고 집행되어 왔다. 그 글로벌한 기획이 헤게모니를 장악하는 과정은 곧 라틴아메리카의 전통과 지식들이 서발턴화되는 과정이었고, 이 과정에서 라틴아메리카의 단독적인 역사들은 잊혀졌다는 것이다. 따라서 그는 라틴아메리카의 로컬 역사들은 "자본주의의 세계체제의 한계들을 비판적으로 재사유하는 데에 ― 그 체제를 근대적/식민적인 세계체제로 인식하고 '근대' 세계의 내부에서만이 아니라 그 경계들에서 이야기할 필요성을 재사유하는 데에 — 기여하는"것이어야 한다고 말한다. 미뇰료에 따르면, 그 이야기들은 대항적이거나 상이한 이야기들일 뿐만 아니라 새로운 인식론적 차원도 제시해 주는, 근대적/식민적 세계체제의 경계로부터 그 경계에 관한 인식론을 제공해 주는 "잊혀진 이야기들forgotten stories"이다.[18]

페루의 사회학자 끼하노의 "권력의 식민성" 개념과 "역사-구조적 종속historico-structural dependency" 개념은 라틴아메리카의 로컬 역사들을 추적할 수 있게 하는 상호 연관된 두 개의 키워드이다. 그는 19세기 초반 라틴아메리카 국가들의 잇따른 독립 이후에 전개된 각 지역에서의 민족-국가의 건설 과정은 역사적, 구조적으로 근대 자본주의 세계체제에 종속된 권력의 식민성이 실행되는 과정으로 사고해야 한다고 말한다.

또한 끼하노는, 라틴아메리카의 권력의 식민성과 그 결과로서의 역사-구조적 종속은 인식론적 관점으로서의 유럽 중심주의의 헤게모니를 의미하는데, 그 헤게모니적 인식론의 원리는 인식 주체knowing subject와 인식 대상known object을 분리시키는 것이어서 지식 생산에서 수체늘(헤게모니적 인식론에서의 주체와 대상) 간의 상호작용을 억압했을 뿐만 아니라, "근대 인식론의 합리성 개념이 뒷받침하는 지식의 주체를 넘어설 수 있다beyond the subject of knowledge는 관념을 '사유불가능 unthinkable하게' 만들었다"고 지적한다. 그는 라틴아메리카의 전통적 지식들이 서발턴화된 것은 근대 자본주의 경제 이데올로기와 공모했기 때문이 아니라 근대 인식론의 헤게모니로 인한 그 같은 사유불가능성 때문이며, 역으로 그 같은 사유불가능성으로 인해 오리엔탈리즘이 가능했고, 제2차 세계대전 이후 미국이 주도한 지역 연구들이 가능했다고 강조한다.[19]

아르헨티나의 철학자 두셀은, 라틴아메리카는 근대 유럽 최초의 주변부였지만, 계몽사상 이후 근대성 개념이 형성되는 과정에서 유럽 내 주변부였던 스페인의 역할이 지워졌다고 강조한다. 그는 최초의 "스페인적, 르네상스적, 휴머니즘적 근대성Hispanic, Renaissance, Humanist modernity"은 매우 중요한 이론적·철학적·윤리적 성찰을 산출해 냈고, 그 성찰에서 중심적인 문제는 유럽이 최근에 발견한 다른 문화들, 군사력으로 정복하고 식민화한 저 타자의 문화들을 무슨 권리로 지배하고 관리하는가의 문제였다고 말한다. 그러나 이 문제는 이른바 근대 철학(미뇰료가 말하는 제2근대성의 철학)에 의해 무시되어 버렸다는 것이다.

두셀에 따르면, 16세기에 스페인의 살라망카 학파Salamanca School는 라틴아메리카 주민들의 권리까지 포함하는 "인민의 권리rights of the people"를 둘러싸고 열띤 논의를 벌였지만, 그 같은 논의는 18세기 말 프랑스 혁명 당시 "인간과 시민의 권리에 관한 선언(인권선언)"이 등장하자 법적으로나 신학적으로 잊혀져버렸다. 다시 말해, 18세기의 인권선언에서는 16세기에 논의된 식민지민들의 문제가 사라졌고, 그 결과 인간과 시민 개념은 프랑스라는 하나의 지역과 관련된 문제는 보편화시켰지만 식민지 문제는 지워버렸다는 것이다.[20] 트루이요Michel-Rolph Trouillot가 말했듯이, 프랑스 혁명 당시 프랑스 식민지였던 아이티에서 흑인 노예들이 일으킨 혁명이 "비사건non-event"이자 "사유불가능한 역사unthinkable history"가 된 것은 바로 그 때문이었다.[21]

두셀은, 이렇게 18세기 이후 근대적/식민적 세계체제의 상상력은 새로운 제국 권력들(네덜란드, 프랑스, 영국)에 적합한 방식으로 재구성되어 오리엔탈리즘을 생산했고 근대성을 전환시켰으며, 그렇게 전환된 근대성과 근대적 이성은 타자들에 대한 "인종학살적 성벽性癖(genocidal bent)"을 드러내 왔다고 주장한다. 따라서 이를 감추고 있는 "근대성의 신화"를 폭로하는 것, 아이티 혁명의 경우에서와 같이 유럽의 한 지역에서 유래하는 근대성의 글로벌한 작동이 보충되거나 실행되는 과정에서 지워지거나 잊혀진 다른 지역의 역사들과 식민적 기억들을 다시 드러내야 하는 것이 포스트식민적 로컬 역사의 과제라는 것이다.[22]

이와 같이 미뇰료와 끼하노와 두셀 모두 자본주의적 세계체제와 근대성은 '근대적/식민적 세계체제'와 '식민적 근대성들'로 인식되어야 하며, 로컬 역사들에 대한 사유는 근대성과 식민성을 구분하는 것에서가 아니라 그 둘의 불가분한 접합에서, 그리고 그 접합과 연관된 환원 불가능한 식민적 차이들을 확인하는 것에서 시작되어야 한다고 말한다.

(2) 카티비와 마그렙

모로코 출신의 철학자이자 소설가인 카티비의 로컬 역사에 대한 사유는 프랑스 식민지였던, 그리고 오랫동안 다수의 무슬림과 아랍인들이 거주해 온 아프리카 북부의 마그렙에서 출발한다. 마그렙은 그의 "이중적 비판"의 "지리역사적 발화 장소geohistorical locus of enunciation"이다. 즉, 그곳은 존재론적 장site이 아니라, 환원 불가능한 인식론적 차이로 가공하고자 하는 것들의 위치location, 혹은 그것들이 민족 개념과 같은 "터짓기grounding"로서가 아니라 "교차하기crossing"로 구축되는 그런 장소, 사회과학적으로 연구되는 "지역"이 아니라 말해질 수 없는 "차이"로 사유되어야 하는 그런 공간이다.[23]

카티비는 이 마그렙 지역에서는 역사적으로 서구 문화와 이슬람/아랍 문화가 조우하고 교차하고 충돌해 왔고, 그런 점에서 마그렙을 문화적·언어학적·정치적 복수성 안에서 인식해야 하며, "마그렙 외재성Maghreb exteriority"에 주목해야 한다고 말한다. 그가 말하는 외재성이란 단일한 토픽(근대성의 토픽) 하에 마그렙을 하나의 지역으로 구성하는 제국 담론들 안으로는 포섭될 수 없는, 뿐만 아니라 그 제국 담론들과 연계되어 정체성과 차이를 주장하는 민족 담론들 안으로도 포섭될 수 없는 식민적 차이를 말한다. 카티비는 제국 담론과 민족 담론에 대한 이중적 비판은 식민적 차이의 역사성에 관한 성찰을, 그리고 마그렙의 지역사를 구성해 온 지배적인 결정인들로부터의 탈중심화를 가능케 할 것이라고 주장한다.[24]

카티비는 마그렙 지역의 독립 이후 그 지역의 일부 지식인들이 마르크스 사상을 단순하게 재생산해 온 것, 그리고 또 다른 부류의 지식인들이 아랍 민족주의와 이슬람 근본주의 신학을 재생산해 온 것 모두를 비판한다. 그것들은 옥시덴탈리즘과 오리엔탈리즘에 의해 구성되어 온 지식들의 지정학적 재분배일 뿐이라는 것이다. 그는 푸코나 데리다와 같은 서구의 포스트구조주의자들의 근대성 비판을 수용하여 그들과 동맹하지만, 동시에 그들의 근대성 비판을 식민성의 관점에서 비판하면서 그들로부터 벗어난다. 다시 말해, 그는 글로벌화한 서구의 로고스 중심주의logocentrism와 자민족중심주의ethnocentrism를 "탈식민적으로 탈구축decolonizing deconstruction" 함으로써 푸코와 데리다를 보충함과 동시에, 탈식민적 탈구축의 관점에서 이슬람과 아랍 사회들이 생산한 지식과 담론들을 비판한다. 그의 이 같은 "이중적 비판"은 그의 또 다른 개념인 "다른 사유"를 보충한다.

그가 말하는 "다른 사유"란 그동안 헤게모니적인 식민 담론과 민족 담론에 의해 은폐된 진실을 말하기 위한 것이 아니라 "다른 논리other logic"로 이동하기 위한 것, 두 담론과의 대화의 내용이 아니라 대화의 조건을 바꾸는 것이다.[25] 마그렙의 역사가 서구적인 것과 이슬람/아랍적인 것 양자에 의해 구성되어 왔다는 것을 인정하지만, 그 두 가지 전통 어느 것 안에서도 사고하지 않는 "이중적 비판"은 카티비의 "다른 사유"의 필수적 조건이 된다. 따라서 "다른 사유"의 장소는 서구의 형이상학과 이슬람/아랍 사상의 경계지borderland, 그 둘 모두의 안에 있지만 그 둘 어디에도 위치하지 않는 그런 곳이다. 그 둘의 경계 혹은 한계에 위치하는 "다른 사유"는 동일자와 타자의 이분법적 구분에 기초하는 사유 방식이 아니라 타자가 없는 사유 방식이다. 그것은 타자를 지배하거나 굴복시키려고 하지 않으며, 주변적이고 파편적이다. 또한 그것은 무언가를 성취하려고 하지 않는 사유 방식이기에 "타민족의 문화를 말살하지 않는다."[26]

카티비는 특히 마그렙에서의 지식 생산과 언어의 문제에 주목한다. 그는 오래 전 마그렙에서의 지식 생산은 아랍어로 이루어져 왔으나 15세기 이후엔 스페인어와 라틴어가 아랍어 역할을 대신하게 되었고, 18세기 이후엔 프랑스어가 그 자리를 차지하게 되었다고 말하면서, 그 과정에서 아랍어를 주변적인 것으로 만들고 아랍어로 생산된 지식을 단절시킨 것은 바로 마그렙 지역의/에 대한 권력의 식민성이었다고 주장한다. 이로 인해 마그렙과 같은 식민 지역들은 "침묵당한 사회들"이 되었던 것인데, 카티비는 이 침묵당한 사회들에서도 말하기와 글쓰기는 행해지지만, 그 사회들의 목소리는 그 사회들을 "침묵시키는" 발전된 사회들의 언어들이 통제하는 글로벌한 지식들의 생산 과정 안에서는 들리지 않았으며, 심지어 그 사회들은 스스로 말할 수 있을 때조차도 자신들의 차이를 들려주지 못했다고 주장한다. 이렇게 침묵당한 사회/언어들과 침묵시키는 사회/언어들이 교차하는 지점에서 생산되는 로컬 역사들의 지식은 주변으로 밀려나버렸다는 것이다.[27]

미뇰료는 서구의 근대성을 비판하는 프랑스 철학자들처럼 서구의 형이상학에 머물면서 그것을 탈구축하는 것과, 카티비처럼 침묵당한 사회이자 침묵당한(서발턴화된) 지식들의 장소인 마그렙이라는 장소에서 탈구축의 방식으로 서구의 형이상학을 탈식민화하는 것은 전혀 다르다고 언급한다. 또 특정한 민족-국가에 머물면서 지식과 국가 권력의 공모를 비판하는 것과, 하나의 지역사의 경험인 근대적이고 유럽적인 국가의 경험 위에서 구축된 보편적 국가 관념의 '역사적 외재성'으로부터 지식과 국가의 공모를 비판하는 것은 전혀 다른 것이라고 말한다.[28] 프랑스 철학자들의 근대성(의 역사)에 대한 비판은 하나의 지역사에서 유래하는 보편적 진술 혹은 하나의 지역사 안에서 말해질 수 있는 보편적인 역사라고 할 수 있다면, 카티비의 "다른 사유"와 거기에 기초한 새로운 로컬 역사들은 권력의 식민성에 의해 서로 얽혀 있는 두 개의 지역들(프랑스와 아랍/이슬람의 마그렙)의 과거에서 유래하는 낯선 진술이다. 그러므로 카티비에게는 프랑스/서구라는 한 지역의 경험에서 진술되는 보편성이 중요한 것이 아니라, 마그렙이라는 지역의 '독특한' 식민 경험의 역사성과 인식론적 위치가 중요한 것이다.

(3) 글리상과 마르티니크

프랑스 식민지였던 카리브해 지역의 마르티니크Martinique에서 태어난 시인이자 소설가이자 문예 비평가인 글리상 역시 근대성의 관점에서 구축된 지식의 지역사가 아니라, 식민성의 관점에서 구축되고 보편사로 환원될 수 없는 지식의 로컬 역사들로부터 서구의 근대 인식론을 비판한다.

글리상이 지식의 로컬 역사들과 관련하여 주목하는 것은, 카티비의 경우와 마찬가지로, 언어와 번역이다. 19세기 프랑스가 내세운 문명화 사명은 프랑스어 텍스트들을 식민지 언어로 번역할 것을 요구했고, 따라서 번역은 인식론적 제국주의의 확산의 중요한 기제였다.

이러한 기능을 발휘해 온 번역은 1945년 이후 미국의 지역 연구와 짝을 이룬 사회과학과 결합되었고, 그 사회과학은 세계의 모든 지역의 사회들과 역사들을 단일한 언어로 번역할 수 있다고 믿은, 또한 그렇게 함으로써 근대 서구에서 기원하는 인식론 안에서 그 사회와 역사들을 이해할 수 있다고 확신하는 분과 학문이 되었다.

글리상에 따르면, 사회과학에서의 그 같은 단일언어주의monolingualism는 언어의 순수성을 전제하고, 또한 인식 가능한 대상을 묘사하고 설명하는 인식 주체의 '투명성transparency'을 전제한다.[29] 그는 "우리가 여러 사람들과 여러 관념들을 서구 사상의 관점에서 이해하는 과정을 검토하면, 그 기초에는 '투명성'에 대한 요구가 있음을 알게 된다. 그것은 타자를 이해하기 위해서는 이상적인 척도ideal scale로 타자를 측정해야 한다는 요구이다. 그러나 '척도'라는 바로 그 통념을 끝장내야 한다"고 말한다.

글리상에게 "언어는 국가가 위임한, 그리고 '사회적' 세계와 '자연' 세계의 현실을 반영하기 위해 과학/학문의 언어의 투명성에 대한 형이상학적 신념이 위임한 사명 이외에 어떤 사명도 갖고 있지 않은" 것이다. 그는 "언어의 통일성, 그리고 그에 상응하는 문화의 순수성을 꿈꾸는 민족이 도달하는 지점은 제2근대성의 헤게모니적 언어들에 맡겨진 서구의 분과 학문적 지식의 확신이지만, 그 확신은 시대착오를 열어젖히게" 되므로 프랑스 식민지였던 마르티니크에서 "프랑스어를 가르치고 프랑스어로 번역하는 것은 일종의 인식론적 시대착오인데, 사람들은 그 시대착오를 통해 언어의 '불투명성opacity'을 이해하지 못하게 되거나, 불투명하지 않은 것을 고전적인 것, 영원한 것이라고 생각하게 되었다"고 주장한다.[30]

글리상에게 중요한 것은 (인식론적) 언어의 투명성과 불투명성 사이의 변증법이다. 그는 "차이의 권리에 대해서만 동의할 것이 아니라,

이를 더 밀고 나가… 환원 불가능한 독특성irreducible singularity 안에서의 실존인 불투명성의 권리에 대해서도 동의해야 한다. 불투명성들은 공존할 수 있고, 수렴될 수 있으며, 직물로 짜여질 수 있다. 이 불투명성들을 진정으로 이해하기 위해서는 직조의 짜임새texture of the weave에 주목해야지 직조의 소재의 성격nature of its component에 주목해서는 안 된다"고 말한다.[31]

이러한 관점에서 그는 단일언어주의와 그것이 요구하는 언어/인식의 투명성을 비판하면서 세계 언어들의 크레올화, 인식론의 크레올화를 주장한다. 그가 말하는 크레올화는 하나의 종합synthesis이 아니며, 상이한 것들을 조야하게 혼합하는 단순한 기제도 아니다. 그것이 창조하는 것은 "새로운, 전대미문의, 예기치 않은new, unheard-of and unexpected 것"이다. 글리상은 마르티니크의 로컬 역사를 언어의 크레올화 혹은 인식론의 탈식민화를 통해 새롭게 구성할 것을 제안하면서, 근대 자본주의 세계체제의 보편사 외부에서 새롭게 구성되는 로컬 역사들의 복합체는 자본이 만들어 내는 세계성과는 다른 세계성을 지닐 것이라고 기대한다.[32]

4. 로컬 역사들의 대항적 세계성

전 지구적 자본주의 체제 하에서 과거 유럽의 식민 지배를 받았던, 그리고 현재 미국의 패권에 종속되어 있는 비서구 지역들의 역사를 인식하고 서술하는 문제는 단순히 더 많은 사료를 발굴하여 더 구체적으로 서술하는 것의 문제가 아니다. 중요한 것은 오랜 식민주의가 남긴, 혹은 제국주의의 헤게모니가 여전히 강제하는 역사인식론적 통념들과 거기에 기초한 담론적 구성물들에 어떻게 맞설 수 있는가 하는 점이다.

물론 그 같은 서구 중심적 통념들과 담론적 구성물들로부터 완전히 자유롭기란 불가능할지 모른다. 그러나 그 헤게모니적 인식론과 담론 구성을 포스트식민적 트리컨티넨탈리즘의 맥락에 재위치시켜 그것들이 작동하는 방식을 어긋나게 하고, 그것들이 지정하는 위치를 전위시키고, 그것들에 필수적인 구성 요소들의 배치를 교란시킴으로써, 그것들이 포획하지 못하는 타자성과 차이를 드러낼 필요가 있다.

인도의 서발턴 역사가 처음엔 식민/엘리트 담론에서 삭제된 서발턴 민중의 외재적 주체성을 복원하려는 데에서 출발했으나, 나중엔 지배 담론의 인식론적 경계에 대한, 그리고 어떤 의미에선 그것의 작동의 지정학적 한계에 대한 재사유로 확장된 것도 그 같은 필요성의 소산이라고 할 수 있다. 서발턴 연구가 이론적으로 로컬 역사로서의 성격을 갖게 되고 또한 서발터니티가 로컬리티로 치환될 수 있는 곳은 바로 그 경계 또는 한계의 장소일 것이다.

따라서, 서발턴 연구는 라틴아메리카 대륙과 카리브 지역과 북아프리카의 마그렙 지역 등, 저 트리컨티넨탈 세계에서 글로벌과 로컬을 다르게 사유하고자 하는 많은 포스트식민 이론가들과 문제의식을 공유하고 있다. 그런 의미에서 이들 모두의 작업은 지정학적 공간의 차원에선 독특성을 지니지만, 로컬 역사와 로컬리티의 인식론적, 이론적 차원에서는 세계성을 띤다고 할 수 있다. 이 세계성은, 글리상이 말했듯이, 자본주의 세계체제의 근대성/식민성이 강요하는 글로벌화와는 다른 세계성, 타자성과 차이 혹은 혼종성과 융합에 대한 강조를 통해 그 체제의 자기 통합적 단일성의 구조를 내파하려는 대항적 세계성이다.

트리컨티넨탈리즘과 역사
Tricontinentalism and History

제3부
역사 II
라나지트 구하의 서발턴 연구

라나지트 구하에 대하여

라나지트 구하Ranajit Guha는 1923년 벵골 동부에 있는 싯다카티Siddhakati 촌락의 지주 집안에서 태어났다. 1938년에 캘커타의 프레지덴시 칼리지Presidency College에 입학한 후 마르크스주의자가 된 구하는 인도 공산당에 가입했고, 당시 젊은 역사학도들에게 큰 영향을 주고 있던, 그리고 인도의 진보적 연구자들에게 처음으로 그람시를 알리고 소개하게 될 수소반 사르카르Sushobhan Sarkar에게서 역사학을 배웠다. 구하는 1946년엔 캘커타 대학교Calcutta University에서 벵골의 역사를 전공하여 석사 학위를 받고 박사 과정에 진학했으나 학위 논문은 제출하지 않았다. 공산주의 운동에 진력하고 있었기 때문이다.

석사 논문을 끝낸 구하는 인도 공산당 신문인 『스와디나타Swadhinata』와 뭄바이에서 발간되고 있던 『인민의 전쟁People's War』을 위해 일하거나 글을 썼고, 1947년에는 세계민주청년동맹World Federation of Democratic Youth의 인도 대표로 파리에 파견되었는데, 내친김에 동유럽, 중동, 북아프리카 등지를 여행했고, 중국 혁명이 성공한 직후에는 시베리아를 거쳐 중국의 베이징을 방문하기도 했다. 1953년 캘커타로 돌아와 잠시 노동 운동에 참여한 후 몇몇 대학에서 강의를 시작한 구하는 1956년 소련의 헝가리 침공에 항의하여 공산당을 탈당했고, 1958년부터 1년간은 그의 스승 수소반 사르카르가 있는 자다브푸르 대학교Jadavpur University의 사학과에 적을 두기도 했으나, 1959년에 영국으로 건너가 그곳에서 21년간 머무르게 된다.

영국에 간 구하는 처음에는 맨체스터 대학교에서, 나중에는 서식스Sussex 대학교의 '아프리카·아시아 연구소'에서 강의와 연구에 전념하다가 1970년부터 1년간 안식년을 위해 인도로 돌아왔다. 이 무렵 그의 관심은 간디에게 있었다. 하지만 그는 인도에 머물고 있는 동안 델리의 마오주의 학생 운동가들과 접촉하면서 결국 간디에 대한 연구를 포기하고 농민 봉기를 연구하게 된다. 아마도 구하의 그 같은 전환에는 인도 공산당과 인도 마르크스주의 공산당을 중심으로 하는 반反국민회의당 연합 정부가 수립된 직후인 1967년 3월에 벵골 북부의 낙살바리Naxalbari에서 벌어진 농민 봉기의 여파도 작용했을 것이다.

1971년에 구하가 영국으로 돌아왔을 때, 서식스 대학교는 그람시와 알튀세르 등 유럽 대륙의 마르크스주의자들을 영국에 소개하고 '문화적' 마르크스주의의 조류를 형성하는 주요 근거지가 되고 있었다. 서식스 대학교의 그 같은 지적 분위기 속에서 구하는 식민 인도에서의 농민 봉기에 관한 연구에 몰두하는 한편, 1979년과 1980년 사이에 인도사를 공부하는 젊은 연구자들과 함께 식민 인도에 관한 일련의 세미나를 이끌었다. 1982년에 창간된『서발턴 연구Subaltern Studies』저널은 구하가 젊은 연구자들과 함께 지속해 온 그 세미나 모임의 소산이었다.

국제적으로 주목을 받게 된『서발턴 연구』의 편집위원회 — 흔히 '서발턴 연구집단'으로 불리는 — 를 이끌던 구하는 1980년대 후반에 영국을 떠나 오스트레일리아 국립 대학교에 있는 '태평양 연구소

Research School of Pacific Studies'의 석좌 연구원이 되어 캔버라에 머물게 된다. 그곳에서 『서발턴 연구』 6호(1989)까지의 편집을 책임진 구하는 7호부터는 그 임무를 후학들에게 물려주고 현역에서 은퇴하여 지금은 부인과 함께 오스트리아의 푸커스도르프에 거주하고 있다.

사실 구하는 그다지 많은 저작을 남기지 않았다. 구하가 『서발턴 연구』의 편집을 그만둔 후 그의 동료들은 『서발턴 연구』 제8호(1994)를 그에게 헌정했는데, 거기에는 당시까지의 구하의 저술 목록도 실려 있다. 가우탐 바드라 Gautam Bhadra가 정리한 구하의 저술 목록을 보면, 본격적인 논문은 20여 편이고 단행본 저작은 두 권에 불과하다. 지난해인 2010년에 서발턴 연구집단의 멤버인 파르타 차터지 Partha Chatterjee가 그동안 발표된 구하의 논문과 짧은 평론들을 모으고 구하의 저서들 중 일부를 발췌하여 『역사의 작은 목소리 The Small Voice of History』라는 제목으로 구하 전집을 출간하기도 했으나, 그 전집의 분량도 많은 편은 아니다.

구하의 첫 저서이자 서발턴 연구집단이 결성되기 20년 전인 1963년에 발행된 『벵골을 위한 소유권의 지배: 영대永代 도지 소유제의 이념에 관한 에세이 A Rule of Property for Bengal: An Essay on the Idea of Permanent Settlement』는 구하가 1956-1957년 동안 벵골에서 발간된 『파리챠 Parichya』라는 저널에 발표한 논문들을 모아 단행본으로 출간한 것이다. 그리고 그로부터 꼭 20년 후, 『서발턴 연구』 창간호가 나온 이듬해인 1983년에 델리 Delhi에서 출간된 『식민 인도에서의 농민 봉기의 기초적 측면들 Elementary Aspects of Peasant Insurgency in Colonial India』(국내에서는 『서발턴과 봉기』라는 제목으로 번역되었으므로 이하에서는 『서발턴과 봉기』로 표기하겠음)은, 앞에서 말했듯이, 원래 간디에 관한 저서를 구상하고 있었던 구하가 그 계획을 미루고 영국에서 인도사 연구자들과 세미나를 하면서 식민 인도의 농민들과 그들의 정치를 연구한 끝에 나온 것이다.

자신의 저술 목록이 발표된 후 구하는 그동안 주로 『서발턴 연구』에 게재했던 논문들을 모아 1997년에 『헤게모니 없는 지배: 식민 인도에서의 역사와 권력 Dominance without Hegemony: History and Power in Colonial India』을 출간했고, 2002년에는 2000년 10월과 11월 두 달 동안 미국 컬럼비아 대학교에 있는 '미국에서의 진보적인 연구를 위한 이탈리아 아카데미 Italian Academy for Advanced Studies in America'에서의 강연들을 토대로 『세계-사의 한계에 있는 역사 History at the Limit of World-History』를 출간했다.

구하의 네 권의 저서들의 주제는 외견상 상이하지만, 그가 수행해 온 서발턴 연구 작업의 전반적 문제의식을 이해하고 확인해 준다.

그람시로부터 차용한 서발턴 개념을 인도사의 맥락에서 재전유하고, 전통적인 마르크스주의 이론을 비판적으로 계승하면서 탈식민화시킨 그의 작업은 1960년대 이후 역사주의와 후기 계몽사상의 보편 주체를 비판해 온 포스트마르크스주의/포스트구조주의의 문제의식과 공명하며, 아시아와 아프리카와 라틴아메리카에서 현지의 조건에 맞게 마르크스주의를 수정하면서 근대성/식민성에 관한 새로운 이론들과 정치적 실천들을 전개해 온 '트리컨티넨탈 마르크스주의'의 계보에 속한다. 이 점에서 그의 서발턴 연구는 이론적, 정치적으로 트리컨티넨탈리즘의 지형 위에 서 있다.

그리고 이 같은 지형 위에서 구하는 자신의 전공 분야인 역사학과 긴장 관계를 맺어 왔고, 그 분과 학문의 경계에서 서발턴 역사 연구를 수행해 왔다. 따라서 구하의 서발턴 연구는 우리에게 근대 역사학이라는 담론 형식과 지식 체계에 대한 새로운 성찰의 기회를 제공해 준다.

제6장

영국의 식민 정책과 인도에서의 농민 봉기

 구하의 첫 번째 저서『벵골을 위한 소유권의 지배: 영대永代 토지 소유제의 이념에 관한 에세이』[1](이하에서는『소유권의 지배』로 줄임)는 그가 서발턴 연구에 착수하기 훨씬 전에 집필된 것이기 때문에 그의 다른 저서들과 동떨어진 것으로 보일 수 있다. 게다가 그 저서는 벵골의 영국인 관료들이 '영대 토지 소유제Permanent Settlement'라 불리는 토지 소유권 제도의 법제화 과정을 다루고 있는 것이어서, 그 주제 면에서도 이후의 그의 서발턴 연구와는 다소 거리가 있는 것으로 보인다. 하지만『소유권의 지배』에서 구하가 보여 준 포스트식민적 문제의식은 20년 후의 서발턴 연구를 예비하고 있었다.

 구하의 두 번째 저서『서발턴과 봉기』[2]는, 악덕 자민다르zamindar(지주)인 데비 싱하Deby Sinha의 수탈에 맞서 그의 라이어트ryot(소작인)들이 봉기를 일으킨 1783년부터 비르사Birsa가 이끈 문다Munda 부족의 봉기가 발생한 1900년까지, 인도의 각지에서 일어난 110개의 농민 봉기들을 다루고 있다. 따라서, 영대 토지 소유제에 의해 자민다르의 토지 소유권이 안정되고, 이를 바탕으로 자민다르들이 사르카르sarkar(식민 정부 혹은 식민 행정 체제), 사후카르sahukar(고리대업자) 등과 함께 이른바 권력의 "삼각편대triumvirate"[3]를 형성하면서 농민들을 지배하던 시기에 발생한 봉기들을 다루는 그의 두 번째 저서는 연대기상으로 『소유권의 지배』의 후속편이라고 할 수 있을 뿐만 아니라, 『소유권의 지배』의 문제의식을 발전시켜 영대 토지 소유제가 낳은 파멸적 효과에 저항했던 농민들의 역사, 즉 영국식 경제 개혁을 '위로부터' 추진한 식민 엘리트들 및 그 개혁 정책의 최대 수혜자들인 자민다르들과 사후카르들에 저항했던 농민들의 역사를 트리컨티넨탈 포스트식민주의의 관점에서 서술한 것이다.

1. 식민주의적 지식과 인도의 현실

(1) 토지 소유제의 근대화

1793년 3월에 영국인 벵골 총독이었던 콘 월리스Corn Wallis가 포고한 영대 토지 소유제 법령은 이후 약 160여 년간 인도의 토지 소유 제도의 근간을 이루는 법적 토대로 존속하면서 식민 인도 사회에 지대한 영향을 미쳤다. 그 법령의 핵심적인 내용은, ① 영국의 식민 정부가 벵골을 포함하여 그 인근의 비하르Bihar와 오릿사Orissa 지역의 자민다르들과 탈룩다르들talookdars[4] 그리고 여타의 실제 토지 소유자들other actual proprietors of land이 보유하거나 관리하고 있는 토지의 가치를 일정한 규정에 따라 평가한다는 것, ② 그 평가에 기초하여 산정된 조세 총액, 즉 줌마jumma를 세액의 변동 없이 영속적으로 부과한다는 것, ③ 그들이 식민 정부에 줌마를 납부하는 대가로 그들에게 토지에 대한 소유권 — 토지를 상속하거나 판매하거나 임대할 수 있는 법적 권리 — 을 항구적으로 보장해 준다는 것 등이었다.[5] 요컨대 이 법령은 토지에 대한 사적 소유권을 제도적으로 확립하고, 이를 토대로 자민다르들을 영국에서와 같은 근대적 지주들로 변신시키려 한 것이었다.[6]

구하는 『소유권의 지배』에서 이 영대 토지 소유제 법령이 착상되고 논의되고 제정되기까지의 과정을 영국인 관리들의 행적을 중심으로 세밀하게 추적하고 있다. 그 법령의 내용 중에서 핵심적인 사항은 토지에 부여하게 될 세액에 대한 "항구적인 평가assessment for ever"였다. 이것은 1770년 동인도회사의 관리 알렉산더 다우Alexander Dow에 의해 처음 착상되어, 헨리 패털로Henry Pattallo, 필립 프랜시스Philip Francis, 토머스 로Thomas Law, 콘 월리스 등에 의해 동의를 받았다.

이들은, 1757년 플라시Plassey 전투에서 프랑스에 승리한 영국이 인도에 대한 단일한 지배권을 확립했지만 그 지배권은 '우연히' 혹은 점진적으로 확장되었고, 이에 따라 인도에 대한 영국의 정책 집행은 지체되고 있다고 진단했다. 그 결과, 영국 정부를 대리하여 인도를 관리하고 있는 동인도회사의 조세 정책은 일관성, 안정성, 확실성, 방향성 등을 결여하게 되었다는 것이다. 동인도회사의 권력의 허약함과 정책의 불확실성을 입증해 주는 것은 매년마다, 심지어 계절마다 바뀌고 수정되고 취소되곤 하던 법규들이었고, 그중에서도 특히 조세에 관한 법규였다. 따라서 이들에겐 인도에 대한 영국의 지배를 안정시키고 강화시키기 위해 무엇보다도 그 지배의 물적 토대를 확고하게 다지는 것이 필요했다. 영대 토지 소유제 법령에 관한 착상은 이 같은 배경에서 이루어졌다.

구하는 먼저 1769년부터 1772년까지의 법령의 전사前史를 다루면서 벵골의 총독 워렌 해스팅스Warren Hastings가 추진했던 '농장제farming system'에 대한 다우와 패털로의 평가를 검토한다.

영대 토지 소유제 도입 이전에 이미 토지 소유자들을 위해 정액 조세 납부제를 실시한 해스팅스는 벵골 농촌을 상대로 "통일적인 정책을 성공적으로 수행한 최초의 영국인 총독"으로 알려져 왔다. 그러나 다우와 패털로는 정액 조세 납부 기간이 만료된 토지들을 경매에 붙여 최고 입찰자에게 5년 이내의 기한으로 임대해 주는 농장제가 시행되는 과정에서 자민다르들의 토지가 몰수되는 "소유권의 전복subversion of property"이 발생하고 있다고 주장했다. 구하는 영대 토지 소유제 옹호자들을 결집시킨 것은 농장제에 대한 그 같은 반감이었고, 그 반감의 근저에는 "사적 소유권에 대한 공통적인 숭배common veneration of private property" 경향이 있었다고 말한다.[7]

농장제가 아닌 영대 토지 소유제를 인도에서 토지의 사적 소유권이 확립되기 위한 필수적 수단으로 간주했던 그들은 "벵골 사회가 휘그 영국Whig England의 이미지에 따라 형성되어야 하는 것"[8]으로 생각하고 있었다. 그리고 그러기 위해선 "토지 소유권은 토지에 대한 견실한 이해관계를 갖고 있고 정치적으로도 믿을 만한 토착 사업가 계급class of native entrepreneurs에게 맡겨져야만 하며… 그것만이 [인도에 대한 영국의] '지배의 영속permanence of dominion'을 확립할 수 있을 것"[9]이라고 믿었다.

그러나 인도와 벵골은 영국이 아니었다. 영국과는 다른 역사와 문화와 관습을 갖고 있는 인도를 근대적인 토지 소유권의 확립을 통해 휘그화시키고, 이를 토대로 지배의 영속을 이루어 내겠다는 것은 결코 달성하기 쉬운 목표가 아니었다. 영대 토지 소유제를 법제화하기 위한 예비적 조치로 구상된 이른바 '1776년 플랜'을 둘러싸고 영국인 관리들 내부에서 갈등이 발생한 것은 그 곤경을 잘 보여 주는 것이었다.[10]

이들의 갈등과 관련하여 구하는 특히 존 쇼어John Shore라는 인물에 주목한다. 쇼어는 원래 영대 토지 소유제에 호의적이었으나, 그것이 추진되는 과정에서 점차 의구심을 갖기 시작했고 프랜시스와 갈등을 빚었다. 당시 작은 농장을 경영하고 있던 쇼어는 프랜시스와는 달리 벵골인들의 전통적인 토지 경작법과 토지 보유 관습은 물론 지대와 조세를 산정하는 데 사용된 복잡한 페르시아 수학 계산법을 잘 알고 있었다. 그는 토지에 대한 소유권 관념은 인도와 영국에서 동일한 것으로 이해되어선 안 된다고 주장하면서, 1776년 플랜의 기초에 있는 토지 소유권에 관한 기본적인 역사적 개념에 의문을 제기했다.

프랜시스가 그 플랜을 통해 인도 농촌의 봉건적 생산관계를 종식시키고 자민다르들을 근대적이고 개혁적인 지주로 만들 수 있다고 본 것과 달리, 쇼어는 토지 소유와 권위/권리의 관계가 임의적이고 복합적인 성격을 띠고 있는 인도 농촌에 영대 토지 소유제가 실시되면 자민다르들이 최대의 권위/권리를 갖게 될 것이라고 판단했다. 따라서 그 플랜은, 근대적인 토지 경영에 무지하고 경영 능력도 없고 토지와 생산물의 거래 양식도 모르는 자민다르들을 근대적인 지주로 변모시키기는커녕, 라이어트들에 대한 자민다르들의 자의적 착취를 강화시킬 것이며, 그렇게 되면 인도 농촌은 오히려 혼란과 소요에 빠질 것이라는 것이 쇼어의 예상이었다. 그는 영국의 식민 정부가 자민다르들과 라이어트들의 관계에 개입할 수 있는 권리를 가져야 하며, 자민다르들에게 안정적인 토지 소유권을 부여하기보다는 차라리 토지를 소소유자들에게 분할하는 것이 더 신중하고 더 경제적이고 더 공정한 토지 경영을 가능케 할 것이라고 주장했다.

물론 이러한 쇼어의 주장에 프랜시스는 반대했다. 특히 프랜시스는 자민다르가 라이어트를 어떻게 취급할지는 자민다르가 할 일이고, 자민다르가 라이어트에 부과하는 지대는 지주와 소작농의 거래이지 정부의 거래는 아니므로, 그들의 관계에 정부가 개입해선 안 된

다고 주장했다.[11]

구하는 『소유권의 지배』 마지막 장에서 이들의 대립을 소개한 후, '1776년 플랜'과 관련하여 쇼어가 지적한 문제들은 "1793년 포고령의 잉크가 거의 마르기도 전에 시작된 영대 토지 소유제에 관한 대논쟁에서 정말로 자주 재론되었고," 쇼어가 프랜시스의 교의教義 — 당시 영국의 엘리트 관리들을 사로잡고 있었던 자유방임주의의 교의 — 와 결별한 것은 "사실 19세기 내내 동인도회사의 인도 경영 전통에 반대하는 반란이 도래할 것임을 보여주는 하나의 신호였다"는 말로 책 전체를 마무리하고 있다.[12]

구하가 그 같이 마무리한 것은 영대 토지 소유제가 시행된 이후 쇼어가 예견한 문제들이 실제로 빈번하게 발생했기 때문이다. 19세기 벵골 농촌에서는 영국의 경우처럼 근대적 지주제에 기초한 토지 경영이 이루어지기보다는 자민다르와 농민들 간의 봉건적 권력관계가 강화되었고, 그러한 권력관계 하에서 일정한 세액을 식민 정부에 납부하는 대신 식민 정부로부터 영속적인 토지 소유권을 확보한 자민다르들은 농민들에게 자의적으로 고율의 지대를 부과하는 전횡을 일삼았다. 게다가 사후카르들은 농민들에게 고율의 이자로 돈을 빌려주면서 재산을 늘려갔다. 18세기 말부터 19세기가 지나도록 인도 농촌에서 농민 봉기가 지속적으로 빈발했던 것은 그 때문이었다.[13]

(2) 식민 정책의 역설

그렇다면, 『소유권의 지배』는 인도를 영국으로 착각한 영대 토지 소유제 추진자들을 비판하면서, 당시 인도 농촌의 현실을 이해하고 있었기 때문에 그 제도의 시행이 가져올 문제들을 미리 예상하고 있었던 쇼어를 옹호하는 저술인가?

『소유권의 지배』에서 구하는 토지 소유제의 개편과 농업 개혁을 중심으로 하는 식민 정책의 역사를 검토하고 있다. 그러나, 아마르티야 센Amartya Sen이 말하고 있듯이, 구하의『소유권의 지배』가 인도에 대한 영국의 식민 정책을 다루는 표준적인 저작들과 가장 의미 있게 구별되는 점은, 그 저작이 식민 정책을 둘러싼 사회경제적 '이해관계interests'를 해명한 것이 아니라 그 정책을 추진한 엘리트들의 '이념들ideas'에 주목했다는 점에 있다. 하지만 구하가 엘리트 식민주의자들의 이념들을 다룬다고 해서, 그리고 특히 쇼어를 우호적으로 서술하고 있다고 해서, 그 저작을 "친엘리트적"인 것으로 보아선 안 된다. 『소유권의 지배』는 오히려 인도에서 경제 개혁을 추진한 엘리트 식민주의자들의 사고방식이 지닌 부적절성과 곤경을 드러내는 저작, "의도는 좋았으나 결국 헛물을 켠 엘리트, 실수를 해서 사태를 망쳐버린 엘리트에 관한 저작"[14]이다.

『소유권의 지배』가 어쨌든 엘리트에 관한 저작이고, 따라서 구하는 아직 서발턴 연구에 진입하지 않은 것으로 보인다. 하지만 그의 작업에는 이후의 서발턴 연구와 연계되는 점이 있다. 즉, 그는 식민 권력Raj과 공모하고 그것을 위해 봉사했으면서도 영국에 반대하는 민족주의 운동을 수행했다는 이유로 인도의 엘리트주의 역사학으로부터 신뢰를 얻고 있는 신흥 중간 계급 — 도시에 거주하는 부재不在 지주로서 근대 교육을 받은 엘리트들[15] — 이 영대 토지 소유제의 산물이라는 것을 밝혀냈고, "'서발턴 연구'의 반反영웅들"[16]인 저 토착 엘리트들의 역사적 뿌리를 끄집어냈던 것이다.[17]

그렇다면 서발턴 연구의 창설자인 구하에겐 어떤 문제의식이 있었기에 영대 토지 소유제라는 역사적 주제를 선택했던 것일까?

구하로 하여금 『소유권의 지배』를 저술하게 만든 의문 중의 하나는 영대 토지 소유제의 옹호자 중의 한 명인 프랜시스가 프랑스의 앙시앙 레짐ancien régime을 비난하고 프랑스 혁명을 찬양한 반反봉건주의 자이자 중농주의자였음에도 불구하고 어째서 의사擬似봉건적quasi-feudal인 영대 토지 소유제를 추진했는가 하는 점이었다.[18] 이 의문과 관련하여 구하는 "정치경제학의 선구인 중농주의 사상은 본토[프랑스: 필자]에서는 봉건제에 대한 가차 없는 비판이자 앙시앙 레짐을 손상시키는 현실적 힘"을 발휘했지만, "그 시대의 가장 진보적인 자본주의 권력[영국: 필자]에 의해 인도에 선사된 그것은, 아이러니하게도, 신新봉건적 토지 소유권 체제를 구축하는 도구, 식민 정권에서 전前자본주의적 요소들을 흡수하고 재생산하는 도구가 되었다"고 말한다. 다시 말해, 당시 유럽에서는 전형적으로 부르주아적인 진보적 지식이 인도에서는 퇴행적으로 굴절되어 반半봉건 사회의 권력관계에 적응하게 되었다는 것이다. 구하가 18세기 후반기에 벵골이라는 지역과 그 지역에 대한 영국 지배자들의 정책이 어떻게 상호작용했는가를 밝혀내고 설명하려 했던 것은 바로 그러한 "인식론적 역설epistemological paradox"이었다.[19]

요컨대 『소유권의 지배』에서 구하가 설정한 문제는 영대 토지 소유제가 어떤 시대적 배경 하에서, 어떤 내용으로, 어떤 과정을 거쳐 법제화되었는지를 규명하는 문제가 아니라, "인도의 역사학과 사회과학이 조만간 성찰하지 않으면 안 될 '식민주의적 지식colonialist knowledge'의 문제"[20]였다. 따라서 다음과 같은 구하의 언급은 이미 『소유권의 지배』가 20년 후의 (그의) 서발턴 연구를 예비하고 있었다는 점을 보여 준다.

> 서구의 부르주아는 자신들의 사회에서 주도권을 잡은 시기에 봉건제에 맞선 투쟁에서 다른 사상 체계들을 지속적으로 활용했지만, 아시아 대륙의 정복지에 권력의 사회적 근거지를 구축하기 위해서 그 사상체계들을 기꺼이

수정했고 굴절시켰다. 대문자 이성Reason의 날카로운 칼끝을 휘둘러 유럽에서 헤게모니를 구축한 자본주의는 그 무딘 머리를 사용하여 동양의 민중을 종속시켰다. 이는 토착 엘리트를 도왔을 뿐만 아니라, 식민주의와 공모했고, 탈식민화 이후에 독립적이 된 그들의 권위를 항구화시키는 데 기여했다. 인도의 경우처럼 식민주의의 공식적 종결 그 자체로는 식민주의적 지식의 통치를 좀체 끝장내지 못한다. … 나의 의도는 저 노예상태의 최초의 계기들의 일부를 포착하려는 것이었다.[21]

2. 인도 농민의 봉기와 정치의식

(1) '아래로부터의 역사'의 탈식민화

『서발턴과 봉기』는 그동안 주류 마르크스주의 역사학에서 소홀히 취급되어 온 농민들을 역사의 전면에 등장시켰다는 점에서 일찍이 E. P. 톰슨Thompson이니 에릭 홉스봄Eric Hobsbawm과 같은 영국의 마르크스주의적 사회사가들이 시도한 '아래로부터의 역사'와 유사하다고 할 수 있다.[22] 하지만 동시에 그 책은 '아래로부터의 역사'가 강조하는 계급 개념과 유럽의 역사적 경험에서 기원하는 마르크스주의적인 정치 관념이 드러내는 근대성 논리를 비판하고 있다.

물론 『서발턴과 봉기』에서 구하가 계급 개념 자체를 포기하거나 폐기하는 것은 아니다. 그는 과거의 모든 사회의 역사는 시대마다 다른 형태들을 취한 계급 적대들의 발전으로 이루어졌고, 따라서 계급 적대의 전면적 소멸을 통하지 않고는 한 사회를 지배하는 통념과 일반적 의식이 제거될 수 없다는 마르크스의 명제에 동의한다.[23] 그럼에도 불구하고 구하가 인도의 농민들을 계급이라기보다는 '서발턴'으로 부르는 이유는, 비유하자면 "낙타의 등골을 부서지게 하는 지푸라기the straw that breaks the camel's back"와 같은 계급 개념, 다시 말해 조금이라도 그 한계를 넘으면 무너지는 "계급 개념의 불충분함에 대한 불만을 표시하는 것"이라고 할 수 있다.[24]

구하에 따르면, 인도의 서발턴 농민들은 권력관계 안에서 계급의 층위만이 아니라 카스트, 부족, 에스니시티ethnicity, 젠더, 연령, 직위 등 모든 측면에서 엘리트들의 지배에 종속되어 있는 민중people이다.[25] 그는 생산관계에 의해 규정되는 계급들이 서로 외재外在하면서 대립하는 구조의 한계, 혹은 계급 개념이 수반하는 경제 결정론과 본질주의적 정체성의 문제점을 피하기 위해 생산관계보다 폭넓은 권력관계 안에서 다층적으로 종속적인 위치에 있는 농민들을 "서발턴-으로서의-민중the people-as-(the) subaltern"[26]으로 정의한 것이다.

계급이 생산관계에 의해 결정된다면, 근대 자본주의적 생산관계의 발전은 근대적 계급으로서의 프롤레타리아 계급과 계급 정치의 근대성을 낳게 된다. 따라서 자본주의가 발달하지 못한 전근대 사회의 계급들의 정치의식은 정치적 목표와 조직화에 대한 자각을 수반하지 못하는 전근대적 의식이 될 수밖에 없고, 그런 의미에서 지배에 대한 이들의 저항도 자연발생적인 것이 될 수밖에 없다. 이러한 역사주의적 사고는 곧 정치와 권력의 문제를 자본의 서사에 통합시키는 근대성의 논리라고 할 수 있다. 구하는 홉스봄이 이러한 논리 위에서 전前근대/전자본주의 사회에서 반란을 일으킨 농민들에게는 정치적 목표와 조직이 부재했다고 주장함으로써 목적의식 없는 전근대적 = 전정치적pre-political 농민 반란의 이미지를 선구적으로 만들어 냈다고 비판한다.[27]

구하에게 전근대적, 전정치적 농민은 인도와 같이 근대성의 영역 외부에 있는 비유럽으로 유비될 수 있는 것이었다. 따라서 구하는 정치적인 것에 관한 홉스봄의 근대성 논리는 인도사에 그대로 적용될 수 없다고 강조하면서, "다른 나라들에게 전정치적 농민 봉기라는 통념이 얼마나 타당성이 있는지는 모르겠지만, 그 통념은 식민 인도의 경험을 이해하는 데에는 별로 도움이 되지 않는다"고 말한다. 왜냐하면 인도의 "농민은 반란을 일으켰을 때, 자기가 하고 있는 것이 무엇인지를 분명히 알고 있었"고, "비록 그 성숙함이나 세련됨의 면에서 역사적으로 더 발전한 20세기의 운동들과 비교될 수는 없겠지만, 지도부나 목표, 심지어는 강령의 어떤 기초라도 결여된 봉기는 별로 없었"기 때문이다.[28] 이렇게 인도 농민들의 봉기가 결코 자연발생적인 것은 아니었다고 주장하는 구하는 농민들이 지배 집단에 저항했던 자신들의 행위를 권력에 맞서는 정치적 행위로서의 봉기를 의미하는 딩dhing, 비드로하bidroha, 훌hool, 휘투리fituri, 울굴란ulgulan 등과 같은 다양한 이름들로 부른 것 자체가 서발턴 농민의 정치의식을 보여 주는 것이라고 말한다.[29]

그렇다 하더라도 농민의 정치의식은 '부정적negative'인 것이었다고 구하는 지적한다. 그 이유는 무엇보다도 농민들이 "자신의 사회적 존재의 특성과 속성들에 의해서가 아니라 자기 상급자들의 특성과 속성들을 부정하는 것을 통해서, 부정하는 것이 아니라면 감손減損시키는 것을 통해서 자신을 인식하는 법을 배웠기 때문"[30]이다. 뿐만 아니라 농민들의 봉기의 목적은 세계의 질서를 '재구성'하려는 것이라기보다는 현존 질서를 '전복'하려는 데에 그치는 부정적인 것이었다.[31] 게다가 봉기가 진행되는 동안 농민들 사이에는 초자연적인 능력을 지닌 구원자들이 세계의 종말을 이끌어낼 것이라는 루머가 널리 퍼지기도 했는데, 구하는 그 같은 예언적인 루머들이 유포된 것은 "반란자 농민의 자기소외의 징후"이자 "자기 자신의 저항 행동을 다른 이의 의지의 표명으로 간주하게 만든 저 허위의식을 입증하는 것이었다"[32]고까지 말한다.

그러나 구하는 이러한 한계 혹은 부정성이 농민 봉기를 정치의 영역 바깥에 두게 하는 것은 아니라고 주장한다. "그와는 반대로, 봉기의 정치적 성격을 확인해 준 것은 봉기의 바로 그 같은 부정적이고 전복적인 공정工程"[33]이었고, 그것이 봉기 행위의 한계를 밝힘으로써 농민의 정치와 그들의 정치의식의 특성을 규정해 주었다는 것이다.[34] 따라서 구하는, 봉기 농민들의 그 같은 부정적인 의식은 계급 의식처럼 통일적이거나 전국적이거나 세속적인 의식이 아니라 "파편화된 fragmented" 의식이었지만, "그 모든 한계에도 불구하고 이러한 파편화된 봉기 의식에서가 아니라면 그 어디에서… 아대륙 전역에서 들끓었던 저 전투적인 대중운동들의 시작을 찾을 수 있겠는가?"[35] 하고 질문하는 것이다.

이렇듯 구하에게 식민 인도의 농민은 결코 전정치적(=전근대적)인 존재가 아니라 자신들을 억압하고 있는 정치 체제와 권력의 문제를 인식하고 거기에 의식적으로 대항했던, 그런 의미에서 그 권력과 동시대적인 존재였다. 따라서 『서발턴과 봉기』는 유럽의 정치적 근대성을 기준으로 아직 산업화되지 못한 사회에서의 농민 반란을 전정치적인 행위로 간주해 온 마르크스주의적인 '아래로부터의 역사'를 탈식민화시키고 '정치적인 것'에 대한 마르크스주의의 통념들의 한계를 드러낸 기획이다.[36] 또한 그것은 인도의 식민화를 반봉건 상태에서 자본주의적 종속 상태로의 이행으로 보면서 그 변화를 생산 양식에 관한 서사로 설명하고, 또 그것이 낳은 근대적 계급 주체들의 형성을 서술해 온 기존의 역사학적 통념에 반기를 든 저작이다. 스피박 Gayatri C. Spivak이 말했듯이, 구하는 식민 인도의 근대사를 자본주의 이행의 관점에서가 아니라 동시대의 권력관계 내에서 식민·토착 엘리트들과 민중 간의 '충돌confrontation'이라는 관점에서 보면서,[37] 저 엘리트 정치와 구조적으로 분리되는 서발턴으로서의 "민중의 정치politics of the people"가 역사적으로 실재했음을 논증한 것이다.[38] 그렇다면 구하는 『서발턴과 봉기』에서 민중의 정치로서의 농민 봉기(의 과정)를 어떻게 서술하고 있는가?

(2) 농민 봉기의 기호학/언어학

『서발턴과 봉기』는 어떤 의미에서는 대단히 실증적인 저작이다. 구하는 18세기 말부터 19세기 말까지의 농민 봉기들에 관한 방대한 사료들을 섭렵하고, 그것들에 기초하여 농민 봉기의 역사를 구성했다. 그러나 그 사료들은 대부분 식민 관리들이 남긴 공적 문서들, 봉기 농민들을 처벌하기 위해 열린 재판의 기록물들, 봉기를 진압하기 위해 나선 군대와 경찰의 보고서들, 농민들의 공격 대상이 된 영국인과 자민다르 등이 남긴 메모들이었다. 따라서 구하는 봉기에 적대적인 그 사료들을 '거꾸로' 혹은 '결을 거슬러' 읽지 않을 수 없었다.

하지만 그러한 읽기를 통해 구하가 드러내려고 한 것은 농민의 관점에서 본 봉기의 원인과 같은 것이 아니었다. 사실 식민 시기 농민 봉기의 '기초적' 원인 혹은 '항상적' 원인은 영국의 식민 정부와 자민다르와 사후카르들이 근대적·(반)봉건적 권력관계 하에서 농민에게 가하는 수탈과 억압이라고 할 수 있다. 그 같은 원인이 아니고서야 어찌 농민 봉기가 일어나겠는가? 물론 그러한 원인이 늘 존재한다는 것만으로 봉기가 발생하는 것은 아니며, 특정한 계기가 주어져야만 비로소 농민이 봉기라는 행동으로 나서는 것이지만, 어쨌든 구하에게 인과성의 문제는 (봉기 자체가 이미 원인으로서의 권력관계에 대한 저항이므로, 또한 그 문제 자체가 역사 연구의 인습적인 통념에서 벗어나지 못하는 것이어서) 특별히 해명해야 할 과제가 아니었다. 구하에게 역사 연구 대상으로서의 농민 봉기는 그 원인이 혹은 그 원인에서부터 유래하는 진행 과정이 실증적으로 묘사되어야 하는 사안이 아니라, 그 의미가 혹은 그 의미화의 과정이 읽혀져야 하는 '텍스트'였던 것이다. 따라서 그는 텍스트 읽기와 관련된 언어학/기호학 이론들을 갖고 농민 봉기에 접근한다.[39]

구하는 봉기를 일으킨 농민들이 처음에는 말(언어 기호)이나 몸짓, 장소, 복장, 집, 운송 수단 등과 같은 '기호들'이 상징하는 차이로 자신들과 적을 구분했고, 적(의 것)으로 간주된 특정한 대상을 향해 선택적으로 공격했지만, 그 공격은 농민 의식 안에서의 유비類比와 전이轉移를 거쳐 식민 정권과 연관되거나 자민다르의 권위를 상징하는 모든 것들에 대한 일반적인 공격으로 확산되었다고 말한다. 구하는 그 변화를 낳게 한 것을 ― 산스크리트어 문법에서 원래의 범위를 넘어 환유換喩적으로 확장되는 언어 작용(의 효과)을 아티데샤atideśa로 부르는 것에 따라 ― 농민 의식의 "아티데샤 기능"이라고 부른다.[40]

그러한 공격은 곧잘 봉기로 전환되곤 하는데, 구하는 이 전환의 계기를 농민들이 처해 있던 특수한 상황의 "리미널리티liminality"에서 찾으면서,[41] 실제적으로 세상을 전도시키려는 봉기를 "기호의 단절semiotic break"이 이루어져 "모든 특정한 사회에서 지배와 종속의 관계를 역사적으로 통제하고 있는 저 기본적인 코드의 침해"가 일어나는 순간으로,[42] 말하자면 "권위의 형상들이 조롱당하고 도전 받고 또는 비웃음거리가 되는 바로 그 순간"[43]으로 읽는다.

언어 기호의 경우, 그 같은 순간은 봉기를 일으킨 농민들이 상층 카스트와 하층 카스트가 사용하는 말들이 엄격히 구분되어 있던 상황 ― 예컨대 힌디어를 사용하는 인도 북부의 촌락들에서 상층 카스트들은 사프 볼리saf boli(세련된 말)를, 하층 카스트들은 모티 볼리moti boli(거친 말)를 사용했듯이 ― 을 발화의 전복을 통해 깨뜨린 순간일 것이다.[44] 구하는 인도의 수많은 언어 공동체의 전통적 특징이었던 이 디글로씨아diglossia[45]의 구조를 전복시키는 언어/기호의 단절을 통해 인도 농민들은 언어 체계와 발화 질서가 상징하는 권위 구조를 전복시켰다고 말한다.

역사의 변화를 보여 주는 봉기가 기호학적 단절이라면, 혹은 농민들이 만들어 내는 역사에서의 변화라는 것이 "기호-체계sign-system의 기능의 변화"[46]라면, 봉기의 과정은 여러 기호/코드들이 일정한 맥락에 의해 (재)의미화되거나 그것들의 전위가 발생하는 일련의 과정으로 볼 수 있을 것이다. 그 과정을 구하는 이렇게 설명한다.

봉기에는 일반적 범죄의 경우와 마찬가지로 폭력이 수반되는데, 그 두 폭력의 형태를 작동시키는 서로 다른 코드들 ― 봉기의 경우에는 공적public이고 공동(체)적communal인 코드, 범죄의 경우에는 사적이고 개별적인 코드 ― 은 현실에서 중첩되거나 혼재하므로 모호성을 띠게 마련이다. 그래서 그 둘을 구별할 수 없는 법과 질서의 수호자들은 봉기 농민을 범죄자로 취급하면서 이들의 폭력 행위를 부도덕하고 '끔찍하다terrible'고 비난한다.

그러나 로드리게스Ileana Rodríguez가, 민중이 최소한의 생존을 위해 무언가를 훔쳤을 때 범죄의 코드가 무엇이든 도덕성은 민중에게 있는 것이며, 빈민과 박탈당한 자들로 하여금 범죄를 삶의 방식으로 만들게 하는 것은 사회적 억압이므로 범죄는 봉기의 선구가 될 수 있다고 말하고 있듯이,[47] 구하도 "범죄는 새로운 사회적 맥락 안에서 포괄적인 도전 체계의 필수적인 부분 ― 새로운 언어 체계langue 안에서의 하나의 발화parole ― 을 의미하는 것이 된다"고 말한다. 요컨대 봉기는 코드를 변화시켜 범죄와 폭력을 '근사하다fine'고 여기게 만든다는 것인데, 그 이유는 인도 농민들의 봉기가 "범죄를 통합하면서 또한 일종의 사회적 저항 형식으로서의 그 범죄를 폐지하고" 그것에 "총체적이고도 새로운 맥락을 부여"하기 때문이다.[48] 구하는 이렇게 폭력의 코드에서 비가역적非可逆的인 전환/비약이 일어나 범죄와 봉기의 단절이 이루어지고, 그렇게 됨으로써 두 코드의 중첩에서 비롯되는 모호성이 사라지고 봉기의 양상은 정치적 성격을 띠게 된다고 말한다.

또한 농민은 연대를 통해 봉기의 정치적 주체가 된다. 구하는 이 연대가 두 가지 면에서 농민 의식의 중요한 기표라고 말한다. 다시 말해, 그것은 한편으로는 봉기를 일으킨 농민의 자기의식의 상징 혹은 형상이며, 다른 한편으로는 농민의 의식을 적들의 의식과 분리시키는 기표인 것이다.[49]

그러나 봉기에는 연대만이 있는 것이 아니라 적에의 협력, 즉 배신도 있는 법이다. 구하는 농민이 봉기를 일으켜 지배와 종속의 결합 관계에서 벗어나 농민-노예가 농민-반란자로 변형될 때, 역으로 그러한 전위displacement는 상대적으로 후진적 의식을 지닌 농민들에게도 효과를 미쳐 그들을 적과 협력하게 만들어 또 다른 전위, 즉 농민-반란자의 농민-노예로의 복귀를 낳는다고 말한다. 그런 의미에서 봉기의 안티테제인 협력 혹은 배신은 "전위된 전위displacement displaced"라고 할 수 있는데, 봉기 농민들은 이 이중적 전위에 대한 인식으로 인해 모든 배신자들과 협력자들에 대해 강한 적대감을 갖게 된다는 것이다.

구하에 따르면, 그 적대감은 '일반적' 성격에서 볼 때 일종의 계급의식의 표명이다. 그렇지만, 봉기에 참여한 농민이 배신자들에 대해 강도 높은 폭력을 행사한 것은 그들이 타락한 의식을 전달하는 자들이기 때문이다. 구하는 배신자에 대한 농민들의 폭력을 "연대를 위해선 어떤 형제가 희생되어야만 하는 일종의 필요불가결한 정신적 형제 살해 행위"이자 "자신의 계급 내에서 자신의 알터-에고alter-ego에 대항하여 벌이는 전쟁을 상징"하는 것으로 읽으면서, 그 폭력은 "카인의 기호 아래에서, 자기-증오를 지닌 계급 증오로 작동"하므로 "달콤하거나 너그러울 수 없는" 것이었다고 말한다.[50]

농민 봉기를 신속하게 전파시키는 데 중요한 역할은 한 것은 무엇보다 루머였다. 불분명함·모호성·익명성·개방성·자발성·전이성·자유로움·융통성·즉흥적인 변조 가능성 등등의 속성을 지닌 루머는 그 어떤 '최종적인 기의final signified'로도 폐쇄되지 않는 '발화된 언설spoken utterance'이었다. 구하는 농민 봉기가 진행되는 동안 초자연적이고 불가사의한 현상들이라든가 세계의 종말이나 메시아의 도래 같은 예언적 언설들이 "봉기의 기호학의 일부"로서 언어로 실현되곤 했는데, 루머는 "발화자의 드높은 지위에서 유래하는 권위를 그 언설들에 귀속시켰으며, 또 진리의 의미를 그 언설들에 부여했다"고 말한다. "요컨대 루머는 그것들을 텍스트화했다"는 것이다.[51]

구하는 그 루머를 통해 봉기가 도달한 공간을 공동 혈통에의 소속감과 공통 거주지에의 소속감이라는 "두 가지 원기적原基的 지시 대상들의 교차"[52]를 의미하는 '영토성' 개념으로 설명한다. 카스트·종교·에스니시티·계급·공동체 등의 계기들이 겹치거나 엮이면서 구축된 그 영토성은 지배자들이 설정한 행정적·지리적 단위와는 다른 서발턴의 고유한 봉기 의식의 처소였고, 지금까지 들려지지 않았던 농민들의 말이 발화되고 들려지는 서발턴적인 기호의 세계였다.

또한 그것은 외지인의 침입이 없었던 행복하고 정의로운 '그때then,' 외지인의 침입으로 타락한 '지금now,' '그때'가 다시 도래하게 될 '현실적 미래real future,' 이 세 가지 시간 코드가 함께 작동하는 공간이었다. 구하는 그 같은 영토성 의식이 "모든 농촌 주민에게 공통적인 의식의 한 요소였고, 세속적일 뿐 아니라 종교적인 그들의 사회관과 정치관과 문화관에 깊숙이 배어 있었다"[53]고 말하면서, 농민 봉기와 의식에는 늘 편협한 국지성이나 지방주의localism가 붙어 다닌다는 종래까지의 통념 — 트로츠키Leon Trotsky나 마오Mao 같은 혁명가들조차 갖고 있던 통념 — 을 극복하고자 했다.

이렇게 구하는 『서발턴과 봉기』에서 농민 봉기를 언어/기호 체계의 기능 변화를 실현하고자 하는 것으로 읽었고, 이를 통해 역사학의 '언어학적/기호학적 전환'을 실행했다. 구하가 서발턴 농민들의 봉기와 의식을 전정치적인 것이 아니라 정치적인 것으로 간주할 수 있었던 것도 어떤 의미에서는 바로 그 같은 읽기와 전환 덕분이었다고 할 수 있다.[54]

물론 『서발턴과 봉기』에서의 구하의 문제의식과 연관된 몇몇 측면들은 비판을 받기도 했다. 특히 그가 서발턴을 엘리트와 이원적으로 분리시키면서 엘리트 의식과 무관하거나 그것에 외재하는 순수한 상태의 서발턴 의식을 상정하고 있다는 점은 많은 논평가들로부터 공격 대상이 되었다. 뿐만 아니라 서발턴 농민을 역사의 변화를 만들어 낸 주체로 '재현'하는 문제에 관해서는 특히 스피박에 의해 강한 비판을 받았고,[55] 그녀의 비판은 서발턴 연구 자체의 문제의식의 전환과 확장에도 중요한 영향을 미쳤다.[56]

그럼에도 불구하고 구하는 『서발턴과 봉기』를 통해 식민주의 역사학에서 단순한 행정 처리 대상으로 취급되어 왔고 민족주의 역사학에서 단순한 동원의 대상으로 간주되어 왔던, 그리고 유럽의 전통적인 마르크스주의 역사학에서 전정치적인 집단으로 규정되어 왔던 서발턴 농민을 능동적인 역사적, 정치적 주체로 재현함으로써 트리컨티넨탈리즘의 지형에서 역사(적인 것)와 정치(적인 것)를 어떻게 다시/새롭게 사유할 것인가 하는 과제를 우리에게 남겨주었다고 할 수 있다.

제 7 장

헤게모니와 서발턴 민중

　라나지트 구하가 『서발턴 연구』를 창간한 이유 중의 하나는 오랫동안 인도의 정치와 역사학을 지배해 온 식민주의와 민족주의를 비판하기 위해서였다. 구하에 따르면, 식민 시기에 등장한 민족주의 역사학은 — 자유주의적 민족주의 역사학이든 전통적인 마르크스주의 요소를 지닌 급진적(혹은 좌파적) 민족주의 역사학이든 — 인도의 (식민) 근대사를 주로 민족주의 엘리트들의 "정신적 자서전"으로 구성해 왔다.[1] 그 민족주의 역사학에서 정치는 엘리트들의 전유물로 간주되어 왔고, 인도의 서발턴 민중은 그저 엘리트 정치를 위해 동원되는 대상적 존재들로 묘사되어 왔다. 그리고 이 점에서 민족주의 역사학은 식민주의 역사학과 다를 게 없었다.

　『서발턴 연구』 창간에 맞춰 1983년에 출간된 구하의 두 번째 저서 『서발턴과 봉기』는 그 같은 민족주의적, 식민주의적인 엘리트주의 역사학에 맞서 인도의 서발턴 농민들을 식민 권력과 거기에 기생하고 있던 토착 엘리트들의 지배에 저항한 정치적 주체들로 재현함으로써 18세기 말부터 19세기 말까지 식민 인도의 역사에는 엘리트 정치 영역과 명확히 구분되는 서발턴 민중의 정치 영역이 실재했음을 입증한 것이었다.

  이 두 번째 저서가 보여 주듯이, 서발턴 연구집단이 결성되었을 무렵 구하의 서발턴 연구는 기본적으로 민족주의와 식민주의 역사학에서 배제되거나 대상화되어 온 농민, 노동자, 하층민 여성 등과 같은 서발턴 민중을 역사의 무대에 올려 주인공으로 (재)배치하는 것이었다. 이는 기존의 지배적인 역사 담론 '외부'에서의 수정 작업이었다.

  그리고 이제 구하는 자신의 세 번째 저서『헤게모니 없는 지배: 식민 인도에서의 역사와 권력』²(이하『헤게모니 없는 지배』로 줄임)에서는 지배 담론 '내부'로 눈을 돌려, 식민 지배 담론의 구성과 작동 원리의 모순 혹은 역설을, 거기에 대항한 간디의 민족주의 담론과 서발턴 민중의 거리 등을 규명한다.³

1. 식민 국가와 헤게모니

(1) 영국 식민주의의 역설

  구하는『헤게모니 없는 지배』의「서문」에서, 인도를 식민화한 영국은 헤게모니적 국가였지만 영국이 인도에 수립한 "식민 국가는 비헤게모니적non-hegemonic이었기 때문에 식민지민들의 시민 사회를 국가로 통합시킬 수 없었다"고 말한다. 그래서 "그 식민 국가의 특징을 헤게모니 없는 지배로 규정"하겠다고 선언한다.⁴

  그렇다면 구하는 헤게모니를 어떻게 정의하고 있으며, 그가 말하는 헤게모니 없는 지배란 무엇인가?

  그람시는『옥중수고』에서 이탈리아 (서발턴의) 역사를 설명하는 가운데 (정치적) '헤게모니'를 (정신적이고 지적인) '지도leadership'의 동의어로, 그리고 '지배dominance'의 반의어로 사용했다.[5] 또한 한 사회(구성체) 내에서의 '상부구조'를 사적인 '시민 사회'의 층위와 '국가/정치 사회'의 층위로 구분했다. 그리고 "이 두 층위는, 지배 집단이 한편으로는 사회를 통해 행사하는 '헤게모니'의 기능에, 다른 한편으로는 국가나 '사법적juridical' 통치/정부를 통해 행사하는 '직접적 지배direct domination'나 명령에 조응한다"[6]고 말했다.

베네데토 폰타나Benedetto Fontana가 언급했듯이, 이 구분은 로크와 홉스의 자유주의 정치학으로 소급되는, 국가와 사회의 고전적 이분법에 따르는 것이라고 할 수 있다. 그 이분법적 구도 안에서 정치 사회로서의 국가가 '강제력'을 행사하면 독재 국가가 되지만, 시민 사회로부터 '합의consensus'를 얻게 되면 헤게모니적 국가가 되어 시민 사회를 국가에 통합시킬 수 있게 된다.[7]

그러나 구하는 권력관계와 관련하여 그람시의 헤게모니 개념을 다르게 변용하여 헤게모니 없는 지배로서의 식민 국가/식민주의를 설명한다.

구하에 의하면, 모든 사회 내의 계급들과 신분들과 개인들 간의 불평등한 권력관계는 '지배Dominance'와 '종속Subordination'이라는 일반적 관계로 표현할 수 있고, 그 둘은 권력관계 내에서 서로를 전제하면서 함축하므로, 지배 없는 종속은 없고 종속 없는 지배도 없다. 그리고 지배는 상호작용하는 '강제Coercion'와 '설득Persuasion'이라는 요소에 의해, 종속은 역시 상호작용하는 '협력Collaboration'과 '저항Resistance'이라는 요소에 의해 결정되고 구성되는데, 강제 없이 설득만 있는 지배는 없고 협력 없이 저항만 있는 종속은 없으며, 그 역도 마찬가지다. 권력(=지배/종속)관계의 성격은 지배 층위에서의 강제와 설득, 종속 층위에서의 협력과 저항의 상대적 비중에 따라, 다시 말해, 일정한 역사적 조건과 상황 하에서 그 네 가지 요소들이 어떻게 결합되고 구조화되는가에 따라 달라진다.[8]

이렇게 권력관계를 설명하는 구하는 "헤게모니란 지배의 한 조건, 즉 지배의 유기적 구성에서 설득이 강제보다 우세한 조건을 의미한다. … 헤게모니는 가장 설득력이 있는 지배의 구조를 유지하지만, 지배는 언제나 반드시 저항에 열려 있다"[9]고 말한다.

따라서 구하의 정의는 헤게모니를 지배와 대립적인 것으로 본 그람시의 입장과 다르다. 구하의 정의에 의하면, 설득이 압도적이어서 강제가 불필요한 헤게모니 체제, 따라서 협력만이 남아 저항이 사라진 권력은 없게 된다. 저항이 없는 종속은 없고, 종속이 없으면 지배도 없게 되어, 결국 권력(의 모든 형식들)은 사실상 부재하게 되는 것이다. 그러므로 인도에 수립된 식민 국가 혹은 식민주의의 성격이 "헤게모니 없는 지배"였다는 그의 주장은 식민 국가의 지배에는 늘 설득의 요소보다 강제의 요소가 우세했음을 강조한 것이라고 할 수 있다.

앤드류 웰스Andrew Wells는 이러한 구하의 주장을 비판한다. 구하의 헤게모니 개념은 그람시로부터 멀리 벗어난 결과 초역사적이고 단순한 것이 되어버렸을 뿐만 아니라, 구하의 개념에서는 '동의'와 '강제'가 도식적으로 분리되고 있다는 것이다. 구하와 달리 웰스는 영국의 제국주의가 식민 인도에서 "지배적 헤게모니dominative hegemony"를 만들어 냈다고 주장한다. 영국은 강제를 통해 인도인들로부터 제한적이나마 식민 지배에 대한 동의를 얻을 수 있었다는 것이 웰스의 판단이다.[10]

그러나 웰스의 비판은 구하의 헤게모니 개념이 오히려 권력관계를 구성하는 요소들의 복합적 상호성과 (역사적 구체성까지는 아니더라도) 이론적 구체성을 강조하고 있는 것임을 충분히 이해하지 못한 것이라고 할 수 있다. 인도에서 식민 국가의 강제가 제한적이나마 식민

지배에 대한 동의를 만들어 냈다는 그의 주장도, 그람시의 헤게모니 개념을 수정한 구하의 문제의식에 대한 비판이라기보다는, 여전히 강제＝지배, 동의＝헤게모니라는 그람시적 공식에 입각한 통념적 주장이다. 또한 식민 국가를 어떻든 헤게모니적 지배로 규정하고 있는 웰스의 입장은, 구하의 문제의식에 비추어 볼 때, 본의는 아니겠지만 식민주의 역사학의 논리를 따르고 있는 셈이다.

구하는 식민 국가라는 것 자체가 근원적으로 폭력적, 강압적 성격을 띨 수밖에 없다고 말한다.

유럽에서 근대 국가는 시민 사회로부터 출현했고 또한/동시에 시민 사회와 분리됨으로써 국가로서 현존하게 되었다. 따라서 국가와 시민 사회 혹은 정치적 지배 집단과 사회의 피지배 집단들 사이/내부에는 그 둘을 매개할 수 있는, 혹은 시민 사회를 국가에 통합시킬 수 있는 조건이 역사적으로 존재한다. 하지만 영국령 인도에서 식민 국가의 성립은 정복과 점령 등 외부로부터의 강제에 의한 과정이었다. 그런 의미에서 "일종의 절대적 외재성an absolute externality으로서의 식민 국가는 어떤 매개적 상황도 존재하지 않는 상태에서 지배자들의 의지와 피지배자들의 의지 사이의 거래를 위한 어떠한 공간도 갖추지 못한 전제정despotism과 같은 것으로 구조화되었던 것"이며, "그 무매개성immediacy이 지배의 구성과 정치 영역의 구축 양쪽에서 모두 본질적 요소"였다고 구하는 말한다. 따라서 "지배의 유기적 구성에서 그것이 발휘한 효과는 식민주의의 계기moment 내에서 강제의 크기와 관련하여 설득의 크기를 감손시켰고… 메트로폴리스 유럽에서 멀리 떨어진 영역들에서의 권위의 행사는 동의보다는 공포에 의지하게 되었다"는 것이다.[11] 요컨대 영국에서와는 다른 식민적 조건 하에서 수립된 인도 식민 국가의 경우, 권력관계의 한 항목으로서의 지배는 헤게모니 없는 지배일 수밖에 없(었)다는 것이 구하의 주장이다.

그렇다면 헤게모니 없는 지배로서의 식민주의 하에서 인도의 식민적 권력관계는 어떠한 모습이었나?

구하는 당시 세계에서 상대적으로 가장 민주적인 국가인 영국이 자본주의 경제 체제와 시민 사회의 이식이라는 보편주의적 프로젝트를 실행하기 위해 식민 인도에 전제정을 수립하고 유지하려 한 것은 일종의 "역사적 일탈"[12]이었다고 말한다. 영국이 일탈할 수밖에 없었다는 것은 영국의 식민주의가 역사와 문화가 다른 인도에 영국적인 것을 이식하기 어려웠음을, 그 이식에 대한 인도인들의 저항이 강했음을 의미한다. 그리고 그 역사적 일탈은 영국의 식민주의자들로 하여금 본국에서 유래하는 정치 패러다임에만 의존하여 식민 권력을 유지할 수 없게 만들었고, 그래서 '근대적인' 영국과 '전근대적인' 인도 양쪽에서 유래하는 두 개의 패러다임이 식민 인도에서의 권력관계의 유기적 구성 요소들로 혹은 정치 문화의 결정 요소들로 '공존'하게 되는 역설paradox을 낳았다고 구하는 분석한다.

그 두 개의 패러다임이란 당시 메트로폴리스의 자유주의적 혹은 공리주의적 정치 문화/담론에서 유래하는 영국적 패러다임과 식민화되기 이전의 전자본주의적이고 힌두적인 전통적 정치 문화/담론에서 유래하는 인도적 패러다임을 말한다. 이 두 패러다임은 권력관계에서 지배를 구성하는 요소들인 강제와 설득, 종속을 구성하는 요소들인 협력과 저항, 이 네 가지 요소의 범주들에 속하는 고유한 이디엄idiom들을 갖고 있었다. 구하가 추출해 낸, 영국과 인도 두 지역에서 유래하는 고유한 이디엄들은 다음과 같은 것이었다.[13]

① 강제의 범주: [영국] 근대적인 관료 기구와 사법 기구, 군대와 경찰 등과 같은 국가 장치를 통해 가해지는 "명령Order" / [인도] 정치적, 종교적, 카스트적 상급자들이 종속민들에게 가하는 처벌인 "단다

제7장_헤게모니와 서발턴 민중 **183**

Daṇḍa." [14]

② 설득의 범주: [영국] 전근대적인 인도의 불합리한 제도와 관행을 개선하고 유럽식 교육 제도를 도입하는 등 인도의 문명화와 관련된 "개혁Improvement" / [인도] 종속민들을 보호하고 양육하고 지원해야 하는 상급자들의 도덕적 의무 혹은 덕성을 가리키는 "다르마Dharma."

③ 협력의 범주: [영국] 합법적인 권위 또는 공적 의무에의 "복종Obedience" / [인도] 상급자에 대한 하급자의 종속과 헌신을 의미하는 "박티Bhakti." [15]

④ 저항의 범주: [영국] 법이 허용하는 권리에 입각한 "정당한 반대Rightful Dissent" / [인도] 지배자나 상급자들이 '다르마를 어긴 것adharma'에 대해 다르마의 회복을 요구하는 "다르마적 저항Dharmic Protest."

구하는 영국과 인도에서 유래하는 두 패러다임 안의 네 가지 이디엄들을 위와 같이 구분하지만, 인도의 식민 현실에서 그 네 가지가 서로 독립적으로 또는 구분 가능하게 기능한 것은 아니었다고 말한다. 두 패러다임에서 파생된 이디엄들이 섞여서 작동했던 인도의 정치적 사례들은 매번 "오래전 사멸한 갈등"과 "현재의 갈등"을 동시에 표출하고 있었고, 그 사례들이 지니고 있던 "이중적 의미"가 낳은 "과잉 결정의 효과들overdetermining effects"은 "응축condensation과 전위displacement의 과정을 통해 식민 이전 시기 인도의 사회적 모순들과 근대 영국의 사회적 모순들의 이데올로기적 계기들을 살아 있는 식민 지배의 모순들과 섞이게 하면서 지배/종속 관계를 독특하게 구조화했다." [16]

식민 시기 인도의 정치 문화에 이 과잉결정 과정의 산물이 아닌 것은 없다. 그 결과… 역설들의 뒤범벅이 생겨났다. 그 문화에 토착적인 것 대부분은 과거에서 나온 것이고, 이국적인 것 대부분은 동시대적이다. 과거의 요소는, 비록 빈사상태에 있다 해도, 아직 죽지 않고 있다. 동시대적 요소는, 원래 메트로폴리스의 토양에서는 생기 있는 것이라 해도, 하나의 접목接木으로서는 뿌리내리기 어려워 여전히 얕게 묻혀 있고, 그래서 새로운 터전 안에 파고들어가기엔 한계가 있다. 그 시기 인도 정치의 독특성은 바로 그 같은 역설들에 있고, 그 역설들은 권력관계의 스펙트럼 전체에 가득 차 있다.[17]

역설로 가득 찬 식민 인도에서의 권력관계의 독특성은 곧 영국의 식민 국가/식민주의가 인도 사회를 영국 사회의 일부로 '동질화homogenizing' 시키는 데에 실패했고, 실패했기 때문에 설득보다는 강제에 의존할 수밖에 없었음을 의미한다. 구하의 말대로, 영국의 "식민주의는 식민 부르주아가 그들의 보편주의 프로젝트를 실행하는 데에서 실패할 수밖에 없다는 조건 위에서만 인도에서 권력관계로 지속될 수 있었던 것이다."[18]

(2) 협력의 정치와 저항의 정치

영국은 1757년 플라시 전투에서 프랑스를 패퇴시키고 인도에 대한 패권을 차지했다. 이후 영국 정부를 대신하여 인도를 지배한 동인도회사의 지식인 관리들이 정복자이자 역사학자라는 이중의 역할을 하면서 인도의 역사를 쓰기 시작한 이래, 영국의 (신)식민주의 역사학은 영국의 식민주의가 헤게모니적이었던 것처럼 간주하면서 인도의 역사를 서술해 왔다고 구하는 비판한다.

이른바 "최초의 인도사가"로 불린 제임스 밀James Mill은 전前식민 시기 인도는 문명화된 무슬림의 지배로부터 이익을 얻었지만, 무슬림의 뒤를 이어 더 문명화된 영국이 인도를 지배하게 됨으로써 더 큰 이익을 얻고 있다고 주장하면서, 인도사를 "영국사의 대단히 흥미로운 일부highly interesting portion of British History"로 취급했다. 밀 이후 19세기 중반에 매콜리Thomas B. Macaulay, 20세기 전반에 더드웰H. H. Dodwell 등도 식민 시기 인도에서는 영국이 선사한 서구식 근대 교육 덕분에 근대적인 정치와 법의 지배가 실현되었다고 보았다. 최근에 들어와 애닐 실Anil Seal이라든가 존 갤러거John Gallagher 등 이른바 '케임브리지학파'의 신식민주의 역사학자들 역시 인도인들은 영국이 마련해 준 근대 정치 체제의 틀 안에서 대의제 정치를 학습했고, 인도에서 등장한 민족주의 정치는 그 학습의 산물이었다고 주장하고 있다.[19]

이러한 식민주의 역사학의 오랜 계보 안에서 인도사의 주체는 제국주의 국가로서의 영국이었고, 또 개혁의 이디엄을 중심으로 인도사가 서술됨으로써 영국 식민주의의 정당성을 위한 "위조 헤게모니의 직조fabrication of a spurious hegemony"가 지속적으로 이어져 왔다고 구하는 공격한다.[20]

영국의 식민주의를 헤게모니적인 것으로 전제하면, 식민 국가에서의 권력관계, 즉 정치는 주로 설득과 협력의 요소로 구성될 수밖에 없다. 그리고 애닐 실의 말처럼 인도의 근대 정치의 시작을 가능케 한 주요한 결정 요인 중의 하나가 식민 국가의 서구식 교육이라면,[21] 영국의 식민주의는 그 같은 교육을 받은 "인도인들의 협력을 통한 영국의 지배British rule through Indian collaboration"[22]가 된다.

물론 인도에서 식민 국가의 권력관계가 두 개의 패러다임에서 유래하는 이디엄들의 모순적 '접합articulation'을 통해, 모순들의 응축과 전위를 통해 구성되고 작동한 데에는 인도의 토착 엘리트들(지주들과 부르주아들)의 '협력'이 있었다. 전식민 시기 인도의 전통적인 정치 문화에서 상급의 권위가 신의 의지를 대리하여 가하는 응징으로 여겨진 '단다'와 그것의 신성성은 인도의 봉건적인 토착 지배자들의 협력을 통해 영국의 '명령' 이디엄과 섞여 식민 권력인 라즈Raj[23]의 '강제'적 지배를 도덕적으로 정당화하는 데 활용되었다. 또한 인도의 토착 엘리트들은 라즈에 의한 인도의 근대화 개혁이 권위를 지닌 상급자가 수행해야 하는 도덕적 의무인 '다르마'라고 주장함으로써 식민 지배자들과 인도인들의 관계를 비적대적인 것이 되도록 하는 데에, 식민주의가 낳고 있는 모순적 갈등을 완화시킴으로써 식민 지배의 엔진이 원활하게 작동하도록 하는 데에 기여했다. 그리고 인도의 대표적인 민족주의 소설가이자 시인이자 역사학자인 반킴찬드라 차토파댜이Bankimchandra Chattopadhyay(1838-1894)와 같은 지식인 엘리트들은 박티에 내포되어 있는 가부장제적 성격 혹은 상급자와 하급자 간의 위계화된 거리는 그대로 인정하면서 단지 박티를 세속화시키거나 근대화시킴으로써 식민 지배의 요구에 적합한 것으로 만들었다.[24]

하지만 구하는 식민 인도의 권력관계를 협력(설득)을 중심으로 서술하는 (신)식민주의 역사학은 식민주의자와 피식민 인도인들의 관계를 협력이 실질적으로 저항을 이긴 관계로 표상하려는 전략, 식민 국가의 통치와 그에 대한 토착 엘리트들의 대응 ― 이 대응에는 개혁의 이디엄에 동의하면서 처음에는 인도의 자치를, 나중에는 인도의 독립적 주권을 주장한 민족주의 엘리트들의 '반식민주의적' 대응도 포함된다 ― 만을 '정치'로 간주하고 서발턴 민중의 저항은 정치의 '외부'에 두기 위한 전략이라고 비판한다.[25] 정치를 행정부라든가 의회라든가 사법부와 같은 통치 제도들의 매개를 통한 라즈와 토착 엘리트들의 협력으로 규정함으로써 정치에 협력 이외에는 아무것도 남은 것이 없을 때, 서발턴 민중의 저항은 자연히 정치에서의 '탈선'으로 삭제되는 것이다. 구하가 말했듯이, 저항이 없으면 종속도 없고 종속이 없으면 지배도 없는 것임에도, 또 지배는 항상 저항에 열려 있는 것임에도, 식민주의 역사학은 협력으로 지배를 닫아버렸고, 그렇게 함으로써 어떤 의미에서는 인도에서의 식민적 권력관계/식민주의 자체의 알리바이를 입증하고자 한 것이다.

그러나 구하는 서발턴 민중의 저항은 식민 인도의 권력관계의 역사에서 산발적이지만 지속적으로, 단기적이었지만 빈번하게 실재했다는 것은 지울 수 없는 역사적 사실이며, 그 역사적 저항들은 정치에 대한 식민주의자들의 사고방식 ― 영국적이고 근대적인 ― 으로는 가장 이해하기 어려운 다르마적 저항이었다고 말한다.[26]

비록 "농민 반란자들의 눈에는 법정의 서기처럼 글을 쓸 줄 아는 백인이 신으로 보였고, 하층 카스트들은 상층 카스트의 보수주의를 모방함으로써 자신들의 격을 높이려 했고, 더 나은 임금을 위한 노동계급의 투쟁은 진리를 위한 운동으로 수행되었고, 전자본주의적 소유관계들에 대한 저항은 그 관계들을 법과 행정적 수단으로 영속화하려 했던 바로 그 정권에 도움을 요청하는"[27] 역설들을 보여 주었지만, 서발턴 민중들의 저 다르마적 저항은 종교적, 윤리적 성격을 지니는 정치적 전복 행위였다. 그들은, 신민을 보호하지 못하는 지배자는 다르마를 파괴한 것이므로, 그 지배자를 제거함으로써 아다르마 adharma를 교정하는 것이 신민의 윤리적 의무이자 신의 섭리에 따르는 정의라고 생각했다.

그러므로 애당초 권리 개념이 부재하는 카스트제와 힌두의 종교 공동체 전통에서 유래하는 이 저항의 이디엄은 '권리에 입각한 정당한 반대'라는 자유주의적, 공리주의적 이디엄에 익숙해 있던 식민주의자들에게는 물론, 식민 국가에 협력하면서 그 이디엄을 내면화했던 토착 엘리트들에게도 이해 불가능한 것이었고 오독誤讀 가능한 것이었다. 게다가 무엇보다 식민주의자들과 토착 엘리트들로 하여금 이다르마적 저항을 통제하기 어렵게 만든 것 중의 하나가 그것의 "유연성plasticity과 휘발성volatility"이었다.[28]

구하는 서발턴 민중들의 저 '종잡을 수 없는' 정치적 저항의 역사적 실재를 강조하면서 그것을 삭제하거나 정치 외부에 추방한 (신)식민주의 역사학을 비판한다. 구하가 간디를 비롯한 인도의 민족주의자들을 비판하는 것도 이 같은 맥락에서라고 할 수 있다.

2. 간디의 민족주의 운동과 규율

(1) 민족주의자 간디의 양가성

로버트 영은 간디가 서로 다른 정치적 분파들을 조종해 내는 일에는 너무 까다롭게 대처했기에 성공하지 못했으나, 민족주의 운동을 위한 대중의 지지를 이끌어내는 데에는 탁월한 능력을 갖고 있었다고 말한다.[29] 하지만 구하는 대중의 지지와 동의를 얻기 위한 간디의 동원 전략에서 오히려 간디의 곤경을 읽어낸다.

사실 간디에 대한 (포스트)마르크스주의 역사학자인 구하의 평가는 부정적이다. 그는 간디가 남아프리카에서 활동하던 무렵인 1899년 10월부터 1900년 4월 사이에 쓴 글들이 "식민 주체가 어떻게 자신을 충성주의 담론으로 구성했는지를 보여주는… 협력주의적 민족주의의 고전적 텍스트classic text of collaborationist nationalism"[30]라고 공격한다.

구하에 따르면, 인도의 전통적인 박티 이디엄 안에서 작동한 간디의 충성주의는 식민 지배에 대한 협력을 이데올로기적으로 정당화하는 데에만 그친 것이 아니다. 간디는 식민 모국에 대한 충성을 행동으로 증명함으로써 협력의 자발성, 진정성, 유용성을 인정받으려고 했다. 거기에는 제국의 지배자들이 제국에 봉사하는 신민을 인정해주는 것을 특권으로 생각하는 식민지민의 종속 의식이 있었다고 구하는 지적한다. 간디의 태도는 하인이 노예 상태를 인정할 테니 주인은 자신에게 경의를 표해 달라고 애원하는 어리석은 짓이었다는 것이다.[31]

물론 간디가 그런 태도만을 보인 것은 아니다. 간디는 인도인들에게 하나의 민족으로 통일을 이루어야 한다고 요구하면서, 동시에 식민 지배자들에게는 협력의 대가로 영국인들과 마찬가지로 시민으로서의 권리를 인도인들에게도 부여해 줄 것을 요구했다. 하지만 이 점과 관련해서도 구하는 비판적이다. 간디는 영국처럼 인도에도 국가와 시민 간의 법적 평등이 수립되기를 원했으나, 현실에서 존재하는 인도인들의 카스트적, 계급적 차이는 바꾸려고 하지 않았다는 것이다. 따라서 간디가 제기한 권리 요구는 박티 이디엄과 단절된 것이 아니라 오히려 "박티 이디엄의 꼬리를 허겁지겁 뒤쫓은 것," 식민 주체의 반란의 권리는 주장하지 못하면서 영국이 만든 법의 통치 안에서의 권리만을 주장한 타협적인 것에 불과하며, 바로 여기에 간디와 같은 엘리트 민족주의자들의 딜레마 혹은 인도의 자유주의적 민족주의의 특징이 있다고 구하는 비판한다.[32]

그러나 데이비드 제프리스David Jefferess는 구하와는 다르게 간디를 이해한다. 제프리스는 구하가 간디를 식민 권력에 직접 도전하지 않은 채 그저 인도인의 시민권 획득이라는 환상적인 희망을 갖고 있던 "흉내 내는 인간mimic-man"으로 간주한 것은 간디에 대한 일면적 해석이라고 비판한다. 간디의 그 같은 요구 자체가 영국의 식민 지배의 실행을 변혁시키려는 담론적 저항이었고, 더 전면적인 반식민 저항 양식들의 필수적인 부분이었다는 것이다. 또한 제프리스는 간디가 영국 제국주의와 충돌했던 많은 사례들이 있음에도 구하는 그것들을 누락시키고 있다고 지적한다. 그 같은 누락은 간디의 시민권 요구가 노예 혹은 열등한 자로서의 인도인들의 위치에 대한, 혹은 영국이 부여한 식민지민의 정체성에 대한 거부의 표현으로 해석될 수 있는 여지를 봉쇄한다는 것이다.[33]

제프리스는 구하가 20세기 초 민족주의 운동 과정에서의 간디의 태도를 비판하는 것에 대해서도 이의를 제기한다. 구하는 그 운동 기간 중 간디가 다르마 이디엄을 사용하여 힌두의 종교성을 애국적 의무와 혼합시킨 결과, "다르마 이디엄은 저 특수한 종류의 엘리트 정치 담론, 즉 제국주의에 반대하는 투쟁의 필수적이고도 중요한 도구로서의 계급투쟁을 인정하지 않는 정치 담론에 지속적으로 영향을 미쳤"고, 또 "이 기간 중 간디주의는 민족주의 운동 내의 계급 협조의 이데올로기들 중에서 가장 중요한 것이었고, 다르마 개념에 가장 정교하고 가장 빈번하게 의지한 것 역시 간디주의였다"고 비판한다.[34] 하지만 제프리스는 간디의 다르마 이디엄을 단순히 토착적인 봉건적 이디엄으로 볼 수 없다고 간디를 옹호한다. 그는 간디가 다르마 이디엄으로 의무를 강조한 것은 정치적 항의와 개인의 도덕적 의식을 결합시키려 한 것, 불평등 체제를 구조화하고 유지시키는 것을 개인의 책임으로 여겨온 통념을 깨뜨리고 인간들의 상호의존적인 행동 양식을 실현하려 한 것으로 평가한다.[35] 이상과 같은 제프리스의 평가와 비교해 보면, 구하의 간디 해석은 다소 경직된 것일 수 있다. 어떤 의미에서 그 같은 구하의 경직성은, 베니타 페리Benita Perry처럼 구하도 반식민 저항을 모든 지배적 지식/담론 형식과 인식론적으로 단절하는 것, 식민주의의 물적 토대인 자본주의를 완전히 파괴하는 것으로 상정하는 데에서 비롯된다고 유추할 수 있다.[36]

간디는 인도를 지배한 영국인들이 자신들의 이상적인 규범들을 인도에서 펼치긴 했으나 그 규범들을 정치적 이디엄으로는 제대로 실현시키지 못했다고 하면서 대영제국을 "비-영국적un-British"이라고 비난한 적이 있었다. 구하는 이러한 태도를 보인 간디를 그저 어리석은 인물로 간주하고 있지만,³⁷ 이러한 구하의 시각은 간디가 직면했던 식민 지배 담론/이디엄들의 이상과 실천 간의 모순 혹은 양가성ambivalence에 대한 이론화는 물론 반식민 저항(의 담론과 실천)에 대한 폭넓은 사유를 가로막는 것일 수 있다.

구하와 달리 호미 바바Homi Bhabha는 식민지민의 '흉내 내기'는 식민 지배자들에게 위협적인 것이 될 수도 있다고 말한다. 식민 지배 담론의 양가성과 그 효과로서의 식민 지배의 모순적 작동은 타자를 '차이' 혹은 '결핍lack'의 관점에서 구성하는 방식을 반영하는 것인데, 그 모순적 작동이 드러내는 '안-사이in-between'의 공간은 반식민 저항에서 전략적 중요성을 가질 수 있고, 이론적으로도 식민 지배와 저항의 문제를 더 복합적으로 사유할 수 있게 한다는 것이다.[38] 앞서 언급한 제프리스도, 바바와 유사하게, 식민 담론의 그 "발화의 균열split in enunciation"은 식민 권력의 불안정성만을 반영하는 것이 아니라 더 신중한 저항 형식들이 발아할 수 있는 공간을 가리킨다고 말하고 있다.[39]

요컨대 바바와 제프리스는 구하가 비판한 간디의 한계를 식민 담론의 양가성에 대응하는 양가적인 반식민 저항 전략으로 평가하고 있다. 따라서 구하의 간디 비판은 식민 권력이 이디엄/담론들의 혼융이나 과잉 결정의 효과로 작동한다는 자신의 문제의식에서 오히려 후퇴한 것처럼 보일 수 있다.

이렇듯 간디에 대한 구하의 비판은 몇 가지 논란의 여지를 안고 있지만, 『헤게모니 없는 지배』에서 간디의 민족주의 운동에 관한 그의 주요한 문제의식은 간디와 서발턴 민중의 정치적 동원이라는 문제이다. 구하는 이 문제를 간디가 남긴 글들이나 담론들을 통해 어떻게 분석하고 있는가?[40]

(2) 간디와 서발턴 민중의 간격

간디는 남아프리카에서 인도로 돌아온 후, 1885년에 출범한 인도 국민회의 지도부와 함께 영국 상품 배척과 경제적 자립을 위한 스와데시Swadesh 운동을 전개했고, 이어서 비협력Non-Cooperation 운동(1920-1922)을 이끌었다. 구하는 간디를 포함하여 인도의 민족주의 지도자들에게 이 두 운동의 핵심적인 문제는 대중을 설득하여 동원하고 그들로부터 동의를 이끌어내어 권위를 얻는 문제, 즉 헤게모니 문제였다고 말한다.[41]

스와데시 운동 초기의 지도자는 타고르Rabindranath Tagore였다. 하지만 타고르는 그 운동이 대중을 동원하기 위해 활용했던 강제의 방식, 특히 '사회적 강제social coercion'의 방식에 반대하면서 운동에서 물러났다.

타고르가 비판한 사회적 강제란 일종의 '카스트 제재caste sanction'였다. 오래 전부터 인도인들은 다르마를 위배하거나 아카라acara[42]를 위반한 행동을 파타카pataka(죄)로 보고, 위반자들을 위한 종교 의식에 봉사하는 것을 거부하거나, 그들의 혼인 의식과 장례 의식에 불참하거나, 그들과 식사하는 것을 거부하거나, 심지어 그들을 지역 사회에서 추방하는 등의 제재를 가해 왔다. 스와데시 운동의 참여자들은 라즈에 봉사하는 경찰이나 법률가나 검사 측 증인, 혹은 자신의 영토에서 외국 상품을 판매하도록 하는 지주 등을 다르마 파괴자로 간주했고, 스와데시를 위한 맹세 의식을 거부하거나 라키rakhi[43]를 두르지 않은 자들은 아카라 위반자로 취급했다.

민족주의 지도자들은 스와데시 운동 집회에서 그 범죄자들을 인도 민족의 순결함을 해치고 있는 불순한 자들이라고 비난했고, 힌두 성직자와 이발사와 세탁부washerman들에게 이 범죄자들에 대한 봉사를 거부하라고 지시했다. 그 세 전문가 집단은 전통적으로 힌두 사회에서 불순물들을 제거하여 사회를 정화시키는 대리인들로 간주되어 왔다. 따라서 이들의 봉사 거부는 힌두 공동체로부터의 파문을 의미했다. 뿐만 아니라 집회를 이끈 민족주의자들은 의사와 법률가들에게도 스와데시 반대자들에 대한 봉사 거부를 요구했다. 이 세속적이고 근대적인 전문가 집단들도 사회적 강제 형식의 카스트 제재를 가할 수 있는 권위를 갖고 있다고 여겼기 때문이다.[44]

스와데시 운동에서 낡고 보수적인 카스트주의가 진보적이고 근대적인 민족주의와 접합되면서 가해진, 다섯 개 직업 집단들에 의한 제재는 이들의 봉사에 의존하고 있던 모든 지역 사회의 인도인들을 '민족'이라는 거대 사회를 위해 동원하려는 애국적 수단이자, 거기에 동참하지 않는 불순한 자들을 그 사회에서 추방시키겠다는 "사회적 보이콧social boycott"이었다.[45] 하지만 타고르는 이러한 카스트 제재 형식의 사회적 보이콧의 실행은 민족주의나 애국주의의 근거를 설득이 아닌 위협과 강제에 두려는 것일 뿐만 아니라, 민족의 대의에 자멸적 결과를 가져다주게 될 것이라고 생각했기 때문에, 그리고 무엇보다도 사회적 강제의 사용 자체를 스와데시 운동이 대중을 설득하는 데에서 실패한 증거라고 보았기 때문에, 그 운동에서 이탈했다.[46] 그렇다면 간디의 입장은 어떠했는가?

간디도 1920년부터 시작된 비협력 운동에서 사회적 보이콧을 구사하는 것에 반대했다. 구하에 따르면, 간디는 주로 토착 부르주아 엘리트들로 구성된 국민회의를 모든 인도인들을 대표하여 말할 수 있는 자격을 지닌 유일하고도 진정으로 민족적인 정치 조직으로 생각하고 있었고, 이 국민회의가 이끄는 비협력 운동을 통해 식민 정부의 지배를 헤게모니적인 것으로 만드는 데 기여하고 있던 협력 구조를 파괴하여 라즈의 위신을 손상시키려는 의도를 갖고 있었다. 즉, 간디와 국민회의 지도자들에게 비협력 운동은 일종의 "대항-헤게모니 전략"으로 구상된 것이고, 그래서 간디는 이 운동에 대중들을 동원하기 위해서는 강제가 아닌 설득이 필요하다고 판단하여 처벌적 제재를 수반하는 사회적 보이콧에 반대했다는 것이다.[47]

그 대신 간디가 내세운 것은 "정치적 보이콧political boycott"이었다. 정치적 보이콧이란, 강제 전술인 사회적 보이콧과 달리, 운동에 참여하지 않은 자들과의 '교류association'를 거부함으로써 그들이 사회에서 자발적으로 분리되어 나가기를 의도한 전술이었다. 간디는 전자가 '증오'에 입각한 "비시민적uncivil 보이콧"인 반면, 후자는 '사랑'에 입각한 "시민적civil 보이콧"이라고 주장했다.

하지만 구하는 정치적 보이콧의 실행 — 운동을 반대하거나 거부하는 자들을 결혼 연회에 초청하지 않거나, 그들을 손님으로 접대하지 않거나, 그들과의 선물 교환을 거절하는 것 등 — 은 사회적 보이콧의 실행과 구분하기 어려웠을 뿐만 아니라 사회적 보이콧만큼이나 강제적인 것이었고, 또 전통적인 힌두 사회의 카스트주의와 결코 분리될 수 없는 것이었다고 말한다. 그랬기 때문에 정치적 보이콧을 내세워 사회적 보이콧을 추방하려 했던 간디의 의도에도 불구하고, 사회적 보이콧은 비협력 운동 기간 내내 지속되었고, 따라서 정치적 보이콧을 내세워 대중을 설득하고 대중에게서 헤게모니를 얻고자 한 그의 시도는 성과가 없었다고 구하는 주장한다.[48]

비협력 운동 기간 중 설득으로 헤게모니를 얻으려 한 간디의 시도가 성공하기 어려웠던 또 다른 이유는 간디를 위시한 엘리트 민족주의자들의 계급적 한계 때문이었다. 헤게모니를 얻고자 한 국민회의의 지도자들은, 프랑스 혁명 초기에 국민회의의 부르주아 의원들이 그러했듯이, 특히 농민들로부터 지지를 얻어야만 했다. 하지만, 식민주의자들에 의해 양육된 전근대적 지주제[49]의 자식들이자 공모자들이었던 그들로서는 두드러지게 비협력 운동에 참여하고 있던 서발턴 농민들의 반反지대 투쟁 요구를 받아들일 수 없었다.[50] 그 때문에 민족주의자들은 운동에 참여한 농민들을 대표할 수 없었고, 농민들로부터 권위를 인정받지 못했던 것이다. 이 점에 관해 구하는 다음과 같이 말한다.

> 서구의 부르주아는, 권력을 얻기 위해 투쟁했을 때, 혹은 권력을 막 잡았을 때조차, 누구나 인정할 정도의 헤게모니적인 목소리로 사회의 모든 이들을 대표할 수 있었던 반면, 인도에서는 항상 다른 목소리, 서발턴의 목소리가 있었고, 그것은 부르주아가 재현할 수 없는 사회의 거대한 부분을 대표했다. 합법적 정치와 아카데믹한 학문의 폐쇄적인 도시 안에 살고 있던 자들이 오랫동안 듣지 않은 그 목소리는 저 심원한 자율적인 정치 영역에서 들려왔고, 엘리트 민족주의는 오직 부분적으로만 거기에 끼어들었을 뿐이다. 그 영역은 재현되지 않은, 동화되지 않은 서발턴 영역이었으며, 거기에서 민족주의는… 엘리트 영역에서 이루어진 것과는 아주 다른 권력의 화학 작용에 따라 움직였다.[51]

따라서 간디가(그리고 네루를 비롯한 국민회의 지도부가) "규율discipline" 이디엄을 강조한 것은 설득으로는 얻지 못하고 있던 권위 혹은 헤게모니를 다른 방식으로 얻기 위한 시도였다.[52] 그 시도는 성공할 수 있었을까?

로버트 영이 지적했듯이, 간디의 민족주의는 영국의 식민주의만이 아니라 서구의 물질주의적이고 남성 중심적인 근대성까지 공격하는 것이었다. 간디는 근대 서구의 '물질의 정치' 대신 '샥티shakti'(영적 힘)에 근거하는 '영성靈性의 정치spiritualized politics'를, 남성적 '폭력' 대신 여성적 '아힘사ahimsa'(비폭력)를 강조하면서 비협력 운동을 '사티야그라하Satyagraha'(진리의 힘)를 실현하는 비폭력적인 '수동적 저항 운동'으로 설정했다.[53]

그런 간디에게 자신의 충고를 따르지 않은 채 집회와 시위 과정에서 고함을 지르거나 떠들어대는, 거칠고 사납게 행동하면서 때로는 폭력을 행사하는 서발턴 민중들은 운동을 방해하는 "내부의 적"으로 보일 수밖에 없었다. 구하는 서발턴 민중들의 그 같은 행동들이 그들의 생산 활동과 공동체적 문화에서 유래하는 것이었고, 그들에게는 익숙하고 습관적인 것들이었다고 말한다.[54] 그 행동들은 서발턴 민중 스스로가 자신들에게 부여한 '규율'이자 자신들만의 정치적 언어/기호들이었다. 하지만 간디는 민족주의 정치 집회에 참석한 서발턴 민중들의 '종잡을 수 없는' 행위를 "군중정群衆政(mobocracy)"으로 부르면서, 그 군중정을 "민주정democracy"으로, "군중의 법mob-law"을 "인민의 법people-law"으로, 무규율적인 "혼돈chaos"을 규율화된 "질서order"로 전환시키고자 했다.[55]

구하에 의하면, 간디는 서발턴 민중에게 집회에 참석한 민족주의 지도자들과 여성들을 보호하고 민족주의적 구호를 외치도록 명령했으며, 민족주의적인 요구에서 벗어난 언설을 하거나 별도의 집회를 갖는 것을 금지했다. 간디는 이러한 명령과 금지 사항이 지켜질 수 있도록 자원봉사자들volunteers을 집회 안에 투입해 집회 규율을 다잡기 위한 "조련사들handlers"로 활용했다. 또한 간디는 다른 한편으로는, 영성의 정치를 강조하는 민족주의자답게, 서발턴 민중에게 인도의 힌두 전통에서 유래하는 아트마수디ātmasuddhi[56]를 요구했다. 욕망으로 가득 차 있고 유혹에 쉽게 넘어가는 불순한 서발턴 민중들이 자기 절제와 자기 부정, 그리고 영혼의 정화를 통해 아트마의 "내적 순수성inner purity"에 도달할 때, 비로소 비협력 운동은 성공할 수 있고, 나아가 인도의 자치, 즉 스와라지Swaraj도 가능하다는 것이 간디의 믿음이었던 것이다.[57]

그러한 믿음을 가졌기에 간디에게는 서발턴 민중들의 거친 행동들이 무규율로 보였겠지만, 그 행동들은 서발턴 민중들이 자신들의 집단적 의지를 서발턴 영역 외부에 있는 어떤 것의 매개 없이 직접 행동으로 전환시키고자 하는 데에 필수적이고도 고유한 규율이었고, 그 "무매개성"이 지속되는 한 서발턴 민중들은 다른 정치 영역에의 동화에 저항하는 것이라고 구하는 말한다.[58]

구하에 따르면, 사실 간디는 서발턴 민중들의 그 같은 저항을 인식하고 그들의 동원 에너지를 자신이 주도하는 운동에 이용하려 했던 최초의 부르주아 민족주의 지도자였다. 간디는 비협력 운동 초기에는 시위에 참가한 민중들을 통제할 수 없어 그들을 "저능한 대중moronic mass"이라고 비난했지만, 곧 "대중들은 어리석거나 멍청하지 않다. … 대중들은 자신들이 무엇을 원하는지 알지만, 왕왕 자신들이 원하는 것을 어떻게 표현할지 모르며, 그보다는 덜하지만 자신들이 원하는 것을 어떻게 얻어야 할지 모른다. 그래서 지도leadership의 유용성이 생겨난다"고 말을 바꾸었다. 구하는 그 같은 간디의 말 바꿈을 서발턴 민중들을 민족주의 운동에 동원하기 위한 전략적 수정으로 보면서, 간디가 내세운 지도는 서발턴 정치 영역에서의 대중 동원의 무매개성을 해체하여 민족주의 엘리트의 의지와 주도권이 관철되고 엘리트 조직이 구성될 수 있는 공간을 열어젖히는 것, 그렇게 함으로써 서발턴 민중들의 정치 행동이 부르주아가 설정한 정치적 목표를 향하게 하려는 것이었다고 해석한다.[59]

간디의 규율 이디엄은 그 둘 — 서발턴 민중들의 정치 행동과 부르주아 민족주의자들의 정치적 목표 — 을 매개하는 기능을 가진 것이었다. 하지만 구하는 간디가 그 이디엄을 구사했어도 그의 지도 전략은 결코 성공하지 못했다고 규정한다. 예컨대, 1921년 11월 뭄바이에서의 대중 집회, 그리고 특히 1922년 2월에 우타르 프라데시Uttar Pradesh 동부의 아잠가르Azamgar 지방에 있는 고락푸르Gorakhpur 지구 내의 차우리 차우라Chauri Chaura에서 열린 대중 집회가 전투적인 농민 봉기로 확대되어 민족주의 지도부가 설정한 한계를 넘어서게 되었을 때, 간디가 집회의 해산을 명령하고 민중이 저지른 폭력에 대한 속죄의 표시로 단식에 돌입한 것을 그 실패의 역사적 증거로 언급한다.[60] 단식과 같은 자기 부정의 제스처는 민중을 설득으로 동원하려 한 간디의 욕망과 그렇게 하지 못하는 무능력 사이의 격차가 만들어 낸 "일종의 역사적 미흡historic shortfall"의 표현이었다는 것이다.[61]

구하는 간디를 비롯한 민족주의 지도부가 식민 국가의 권위를 파괴하고 자신들의 권위를 구축하기 위해, 한편으로는 서발턴 민중의 고유한 동원 양식을 제압하면서, 다른 한편으로는 그들의 대중 동원 에너지를 민족주의 프로젝트에 투입하고자 한 바로 그 순간부터, 민족주의 엘리트들의 강제/규율은 설득과 배치될 수밖에 없었다고 지적한다. 간디에게 서발턴 민중들의 '군중' 행동과 영혼을 통제하기 위해 규율이 필요했던 것 자체가 엘리트 정치 영역과 서발턴 정치 영역 사이의 날카로운 모순의 징후이자 헤게모니를 향한 엘리트의 길이 "울퉁불퉁한 길bumpy road"이었음을 보여 주는 증거라는 것이다. 결국 민족주의 엘리트들은, 식민 국가가 그러했듯이, 서발턴 민중에 대한 지배/통제에서 헤게모니에 도달하지 못했다고 구하는 선언한다.[62]

이렇게 구하는 식민주의의 지배는 물론 간디의 민족주의(운동)마저 "헤게모니 없는 지배"였다고 단언하지만, 인도의 근현대사가 식민주의 엘리트 지배에서 민족주의 엘리트 지배로 이어지는 과정이라면 인도의 헤게모니 없는 엘리트 지배가 유럽 국가의 헤게모니적 지배의 경우처럼 오랫동안 지속성을 가질 수 있었던 역사적 조건 혹은 권력 작동 기제의 동학은 무엇인가 하는 문제는 여전히 남아 있다. 또한 엘리트와 서발턴의 관계의 층위에서가 아니라 서발턴 민중 '내부'에서의 권력관계와 헤게모니 문제도 복잡한 성찰이 필요하다.[63]

제8장

헤겔의 역사 철학과 식민주의

라나지트 구하는 네 번째 저서 『세계-사의 한계에 있는 역사 *History at the Limit of World-History*』[1] (이하에서는 『세계-사의 한계』로 줄임)를 출간했다. 이 저서의 「서문」에서 구하는 서발턴 연구를 시작했던 당시 자신의 주요 관심사는 인도 역사학의 '엘리트주의'에 대해 비판하는 것이었다고 말한다.[2] 구하는 그 같은 비판을 진전시키는 가운데, 식민 엘리트들과 토착 엘리트들에 맞서 봉기를 일으킨 인도의 서발턴 농민들을 분명한 정치의식을 지닌 역사의 주체로 복원시켰다.[3] 또한 영국의 식민주의를 "헤게모니 없는 지배"로 규정함으로써 모순과 역설들로 가득 찬 영국 식민주의를 헤게모니적인 지배 체제로 간주해 온 영국의 (신)식민주의 역사학이(뿐만 아니라 인도의 민족주의 역사학도) 인도의 정치를 오직 식민주의에 대한 토착 엘리트들의 협력의 정치로만 구성해 왔음을, 그래서 인도의 역사에서 엄연히 실재했던 서발턴 민중의 정치 영역을 삭제해 왔음을 입증했다. 특히 구하는 식민 권력에 맞서기 위해 서발턴 민중을 민족 운동에 동원했던, 간디를 비롯한 인도의 민족주의자들이 민중들로부터 헤게모니를 얻어 내는 데 실패했음을 드러냈다.[4]

하지만 여전히 문제는 남아 있었다. 인도의 과거가 (신)식민주의 역사학으로 구성되든, 그것과 대립하고자 하는 민족주의 역사학으로 구성되든, 또는 그 둘을 비판하는 전통적인 마르크스주의 역사학으로 구성되든, 그 여러 역사적 구성물들이 유럽에서 기원하는 근대 역사학이라는 서사 양식 혹은 담론 형식에 입각한 것들이라면, 그것들은 "세계 내 인간의 진정한 역사적 현존으로서의 역사성historicality"[5]을 어떻게/과연 구현해 온 것일까?

식민주의 극복이라는 과제를 수행해야 할 인도 역사학은 "대문자 이성의 주서朱書 아래에서under the rubric of Reason" 여전히 식민주의적 지식과 '철학적으로' 공모해 왔다고 말하고 있는[6] 구하는 이제 이 같은 질문에 응답하기 위해 그의 네 번째 저서에서 헤겔의 역사 철학과 세계사 담론에 비판적으로 개입하여 인도의 역사학을 사로잡아 온 대문자 이성이라는 철학적 추상에 도사리고 있는 식민주의와/혹은 국가주의를 드러내고, 그것들의 한계 안에 폐쇄된 근대 역사학의 빈곤한 '역사성'이라는 문제를 제기하게 된다. 요컨대 구하는 그 저서에서, 일레나 로드리게스Ileana Rodríguez가 언급하고 있듯이, 포스트식민적 관점에서 역사학이라는 분과 학문과 국가의 관계에 비판적으로 개입하고자 한 것이다.[7]

1. 헤겔의 세계사: 국가주의와 역사의 산문

헤겔의 철학에서 역사/세계사는 가장 중요한 테마 중의 하나였다. 헤겔은 1830년에 작성한 세계사에 관한 두 번째 강의록 초고(이 초고의 원제목은 「철학적 세계사The Philosophical History of the World」였다)에서 세계사의 일반적 개념에 관해 다음과 같이 말한다.

> 철학이 제시하는 유일한 사상은 이성reason의 단순한 관념이다 — 이성이 세계를 지배하며, 따라서 세계사는 합리적 과정이라는 관념. 역사에 대한 그 같은 관점에서 볼 때, 이 신념과 통찰은 하나의 전제 조건이다. 하지만 그것은 철학 그 자체에서는 전제 조건이 아니다. 왜냐하면 이성 — 우리는 이성과 신의 관계를 자세히 논의하지 않고 잠시 이 표현을 채택할 수 있다 — 이 실체substance이며 무한한 힘이라는 것은 성찰적 인식을 통해 철학으로 입증되기 때문이다. 이성은 그 자체가 자연적이고 정신적인 모든 삶의 무한한 물질적 요소이며, 이 물질적 요소의 내용을 움직이게 하는 무한한 형식이다. 그것은 실체, 즉 그것을 통해 그리고 그것 안에 모든 실재가 존재하고 현존하는 실체이다. … 세계사는 합리적 과정이며 세계정신의 합리적이고 필연적인 진화이다. … 이 정신[이] 역사의 실체이다; 그것의 본성은 항상 동일하다. 그것은 세계의 현존에서 이 본성을 드러낸다(세계정신은 절대 정신이다).[8]

이 같은 언급에서 알 수 있듯이, 그리고 이 언급으로부터 널리 알려져 왔듯이, 헤겔에게 철학적으로 사유된 세계사는 세계 내에 존재하는 모든 것들의 실체이자 형식이기도 한 이성, 즉 (세계)정신(Geist, Spirit)의 합리적이고도 필연적인 진화 과정이었다. 헤겔의 이러한 역사주의적 세계사 인식의 문제는 여러 관점에서 비판을 받아 왔지만,[9] 구하가 자신의 네 번째 저서에서 새삼 헤겔을 불러낸 것은 단순히 헤겔 철학의 역사주의에 대한 기왕의 비판에 동참하고자 한 것만은 아니었다.

구하의 문제의식은, 헤겔이 인간들의 역사적 삶의 구체성을 '세계사'라는 개념을 통해 철학적으로 추상화하면서 '초월transcend'하고자 했을 때, 헤겔의 철학적 세계사는 어떻게 '역사성'을 억압했고, 또 어떻게 인도와 같이 식민지 경험이 있던 비유럽 지역의 역사학에서 식민주의적 지식 양식으로 작동했는가를 드러내는 데에 있었다. 구하는 이러한 문제의식 하에서 헤겔이 글쓰기로서의 시詩와 산문散文의 관계를, 그리고 '산문'과 '세계'와 '역사'의 관계를 어떻게 사유하고 있는가를 추적한다.

헤겔은 글쓰기가 정신의 노동이고, 시는 그 노동에서 출현한 최초의 글쓰기 형식으로서 시간적으로 뿐만 아니라 논리적으로도 산문에 우선하는 것이라고 보았다. 왜냐하면 시는 원초적이고 자연적인 미분화된 통일성을 보여 주는 언어 형식이며, 산문은 시간과 함께 진행하는 정신의 진보에 의해 그 같은 통일성의 종말을 보여 주기 때문이다.[10] 이 시의 뒤를 이어 산문이 등장하는 것은 시가 노래해 온 원초적 통일성과 총체성의 세계가 해체되어 독특하고 유한有限하고 가변적可變的인 개체들의 세계로 변한다는 것을 의미한다. 그 변화된 세계는 '일상日常'의 세계이며, 이 일상 세계에 관한 산문이 바로 '세계의 산문prose of the world' 이다.[11]

하지만, '세계의 산문'은 여전히 자연과 엉켜 있고, 아직 자유롭지 못한 정신, 독특성들과 개체성들, 개인들 간의 갈등과 우발성偶發性 등이 지배하는 일상 세계에 관한 낡은 산문이다. 헤겔은 그 낡은 산문 안에 있는 정신은 무엇보다 자유가 필요하다고 말한다. 즉, 정신은 자유를 통해 혼란스러운 '세계의 산문의 세계'에서 스스로를 객관화시킴으로써 자기-의식을 성취하며, 또한 그렇게 함으로써 개인적 갈등들을 해소함과 동시에 필연성과 보편성과 합리성을 실현한다고 말한다.

헤겔에게 그 정신의 자기 대상화를 개념화하고 서술하는 새로운 산문이 바로 '역사의 산문prose of the history' 곧 '세계사'였다. 따라서,

헤겔이 앞의 인용문에서 말했듯이, 세계사의 과정은 자유의 필연적인 발전 과정, 정신이 자기의식을 획득하여 그 본질인 이성에 도달하는 과정이 된다.[12] 그래서 헤겔은 "정신은 즉자적으로나 대자적으로in and for itself 이성이므로… 세계사는 정신의 자유 개념으로부터 이성의 계기들의 필연적 발전, 따라서 정신의 자기-의식과 자유의 필연적 발전이다. 세계사는 보편적 정신의 드러냄이자 현실화이다"[13]라고 말했던 것이다. 이렇듯 헤겔에게 세계사는 정신이 합리적으로 현실화되는 무대였다. 계몽사상이 구축한 역사의 중심에는 '인간'이 있었으나, 계몽사상을 계승한 헤겔은 이제 '역사의 산문'(=세계사)에서 인간보다 더 위대한 주체인 '정신'을 내세운 것이다.[14]

구하가 주목하는 것은 헤겔이 "그것[정신의 현실화 과정]은 '본질적으로 일련의 개별적 단계들a series of separate stages'로 구성되며, … 세계사에서 그 목적을 실현한다. 그것은 일련의 결정적 형식들a series of determinate forms로 스스로를 생산하는데, 그 형식들이란 세계사의 민족들nations이다. 그 민족들 각각은 발전의 특정한 단계를 표상하고, 따라서 그것들은 세계사의 시대들에 일치한다"[15]고 언급한 부분이다.

헤겔에 따르면, 정신이 "사언적 식섭성"으로부터 해방되어 현실화되는 과정에서 정신의 자기-의식은 민족적 형상들national configurations을 취하게 되는데, 역사상에 존재한 민족적 형상들은 네 가지 — '오리엔트,' '그리스,' '로마,' '게르만' — 였다. 이 형상들을 "네 개의 세계-사 영역들four world-history realms"이라고도 부른 헤겔은 그것들의 세계사 내에서의 위치는 그것들 각각이 자연 상태에서 얼마나 벗어났는지, 그리고 어느 정도의 자유를 누리고 있는지에 따라 정해진다고 말한다.[16] 그렇다면 이 조건은 어떻게 충족되는가?

여기에서 헤겔은 '국가state'를 끌어들인다. 즉, 헤겔은 국가의 출현을 앞에서 말한 두 조건 모두가 충족되었다는 증거로 간주했고, 각 지역 민족들의 국가 상태statehood의 정도 혹은 여부가 세계사에서의 그것들의 위치를 결정한다고 주장했다.[17]

구하에 따르면, 헤겔에게 국가는 개별 시민들의 자유와 동일시되는 일반 의지general will였고, 인간의 의지와 자유로 외화外化된 정신의 이데아Idea였다. 헤겔은 세계사에서의 모든 역사의 변화는 본질적으로 국가에 의존하며, 이데아의 계기들은 국가 안에서 나타난다고 생각했다. 또한 인간은 국가 안에서만 합리적으로 현존할 수 있고, 인간의 가치와 실재는 모두 국가에 빚지고 있고 국가에 의해서만 자기 것이 된다고 보았다. 그러므로 국가의 성립은 세계사의 특수한 목표가 되며, 세계사 범주에는 국가 형성이라는 목표를 인식한 민족들, 즉 이성의 자기실현 단계에 진입한 민족들만 포함되고, 그것을 인식하지 못한 민족들은 세계사의 외부에 혹은 전사前史(pre-history) 영역에 배제/배치된다는 것이었다.[18] 그러므로, 릴라 간디Leela Gandhi도 지적했듯이, 헤겔에게 진정한 자유는 역사/세계사 안에서만, 그리고 국가 안에서만 실현되는 것이었고, 자율적인 것이라기보다는 통일적인 것이었다.[19]

각 민족이 국가로 표현되는 정신의 현실화(=대문자 이성의 실현)라는 일정한 목적을 향해 단계를 밟아 진보하는 과정으로서 세계사를 사유하는 헤겔의 저 '역사주의적' 사고방식은 이제 지리적 차원에서 변용變容된다. 헤겔의 사고 안에서 오리엔트는 지리적으로 세계를 구성하는 영역이기는 하되, 아직 자연 상태에서 벗어나지 못했고 1인의 전제군주 이외에는 아무도 자유를 성취하지 못했기에 국가 이전 상태에 있는 공간이었다. 따라서 오리엔트는 역사적으로 세계사 도정의 외부이거나 전사에, 즉 시의 단계이거나 세계의 산문의 단계에 머물러 있는 것으로 배치된다. 반면에, 다수의 자유가 실현된 그리스와 로마, 그리고 모든 이의 자유가 실현된 게르만은 세계사의 내부에서 각각 정신적으로 청년 상태, 성인 상태, 장년 상태의 발전 단계를 보여 주는 것으로, 즉 역사의 산문으로의 합리적인 이행과 필연적인 진보를 보여 주는 것들로 배치된다.[20]

비유럽 지역에 대한 유럽의 식민 정복이 본격화되기 시작한 르네상스 시기에 유럽인들은 "글쓰기가 없으면 역사도 없다no writing, no history"고 하면서 식민지에서의 역사의 존재를 부정했었다.[21] 그러나 구하는 헤겔이 이 정식定式을 바꿨다고 말한다. 즉, 헤겔은 역사를 결여한 사람들이나 민족들은 글쓰기를 모르거나 문자가 없어서 역사가 없는 것이 아니라, 문자를 갖고 글쓰기를 할 수 있어도 '국가'를 갖지 못해 쓸 것이 없기 때문에 역사가 없는 것이라고 생각했다는 것이다.[22] 가령, 헤겔의 눈으로 볼 때, 인도인들이 문자와 글쓰기를 포함하여 화려한 문명은 갖고 있지만 역사를 갖지 못한 이유는 다름 아니라 국가를 형성하지 못했기 때문이었다.[23] 요컨대 헤겔에게 역사 쓰기의 필요충분조건은 바로 국가였다. 헤겔은 국가를 확립하지 못한 민중을 '역사 없는 민중'으로 간주함으로써 역사와 국가의 경계를 겹쳐버렸던 것이다.[24]

헤겔은 이 국가가 '역사의 산문'에 적합한 내용을 제공해 주며, 동시에 '역사의 산문'을 생산하기도 한다고 말한다. 헤겔에게 국가를 건설한 민족들은 세계사로서의 '역사의 산문'의 주인공들, 정신의 자기실현을 성취한 문명화된 민족들이었다. 그 주인공들은 국가를 갖지 못한 민족들을 야만으로 취급할 자격이 있고 정복할 권리가 있었다.[25] 이렇게 헤겔은 저 르네상스의 정식을 "국가가 없다면 역사도 없다no state, no history"로 바꾸면서,[26] 그리고 '역사의 산문'인 세계사의 주체를 정신에서 지역으로 전위시키면서, 동양에 대한 서양의 승리, 전사에 대한 세계사의 승리를 확인하는 식민주의의 '정식定式'을 마련했던 것이다.

이에 대해 구하는, 유럽이 근대 민족 국가를 형성함과 동시에 그 국가가 행위 주체가 되어 비유럽 지역을 정복하면서 팽창해 나가던 그 시기에, 세계사의 추진 에너지를 세계사의 기관차인 국가에 주입注入했던, 그리고 제국주의적 지정학을 수반하면서 '역사의 산문'에 지리적 함의를 덧붙였던 헤겔의 국가주의적 세계사는 유럽 제국주의 프로젝트의 도구였다고 비판한다.[27] 헤겔의 세계사의 철학적 기능은 "항상 유럽의 타자들의 창출, 예속, 그리고 최종적 전유"였던 것이다.[28]

2. 역사와 이티하사: 경험과 경이로움

헤겔은 시간의 흐름에 따른 발전과 진보의 단계들을 획정하고 그것을 지역화 했으면서도 시간 자체는 부정성negativity의 성질을 갖고 있다고,[29] 다시 말해 과거를 파괴하고 소멸시키고 부식腐蝕시키는 속성을 지닌다고 생각했다. 따라서 헤겔에게 시간은 과거의 적이었다. 반면에, 기억memory은 이러한 시간으로부터 과거를 보존하는 것이었다. 그렇다면 그 기억의 주체는 누구/무엇인가?

헤겔은 저 파괴적인 시간 권력을 제어할 수 있는 주체 역시 국가라고 말한다. 그는 그리스 신화에서 크로노스Chronos와 제우스Zeus의 경합의 상징적 의미를 시간과 국가의 대립으로 설명한다. 시간의 신 크로노스는 자기 자식을 잡아먹지만, 다시 말해 자신이 생명을 부여해 준 모든 것들을 절멸시키지만, 정치의 신 제우스는 "의식적인 윤리적 제도, 즉 국가를 창안함으로써" 시간 권력과 그것의 지속적 파괴 작용을 제어할 수 있었다는 것이다.[30] 헤겔은 국가가 과거에서부터 "자신을 이해하고 통합된 의식을 발전시킬" 수 없다면 "불완전한 현재" 안에 정지한 상태에서 떠돌게 된다고 말한다. 그러므로 국가가 시간에 대항하는 방법은 국가의 권위와 연관되는 사건들과 행동들에 관한 (과거의) 모든 공적 문서들을 수집하고 기록하고 저장하는 것이라고 헤겔은 생각했다.[31]

헤겔은 시간 = 파괴/기억 = 보존이라는 등식 위에서 시간을 국가와 대립시켰고, 또 과거를 생존케 할 수 있는 기억의 힘의 제도화를 국가 형식에 부여해 주었다. 이로써 헤겔의 역사 철학에서 "역사학과 국가는 시간의 부정성을 극복하기 위해 세계사로 알려진 전략적 동맹을 형성하게 된 것"이라고 구하는 지적한다. 헤겔에게 시간과 국가의 대립은 비역사적인 것과 역사적인 것의 대립이었고, "역사의 산문"의 세계는 역사 이전의 자연적인 삶의 세계 ― 시의 세계 혹은 "세계의 산문"의 세계 ― 가 아니라 세계사의 단계에 올라선 국가의 삶의 세계, 이성이 국가를 통해 자기를 실현하는 세계였다. 이렇게 헤겔에게 세계사는(혹은 분과 학문으로서의 역사학은) 그런 국가의 삶에 관한 기록물 혹은 담론이 되었고, 또 역으로 역사(학)는 자기 재생산의 토대로서 국가가 필요하게 되었다.[32]

구하가 주목하는 것은 국가와 동맹한 "역사의 산문 = 세계사"로서의 국가주의적 역사학이 역사성에 미친 식민적 지배 효과이다.

구하는 헤겔식의 근대 역사학이 제국주의 국가 영국에 의해 식민 인도에 이식되어 과거에 관한 인도의 서사들을 제압했고, 그렇게 함으로써 오히려 역사성을 축소시키고 역사학을 "추상화"시켰다고 주장한다. 또한 구하는, 영국이 인도를 지배하는 동안 유럽식 근대 교육을 받은 인도의 엘리트 역사가들은 유럽의 국가주의 역사학 모델로 인도의 과거를 역사화했고, 식민 권력에 의해 양성된 이들 덕분에 이른바 "역사 없는 사람들"이었던 인도인들은 문명화된 유럽과 세계사에의 종속의 대가로 역사를 얻게 되었다고 말한다.³³ 그렇다면 인도인들이 식민 종속의 대가로 '역사'를 얻은 대가는 무엇인가?

구하에 따르면, 인도에는 『마하바라타Mahābhārata』와 『라마야나Rāmāyana』와 같은 고대 서사시들에서 찾아볼 수 있는 '이티하사itihāsa'라는 서사 양식이 있었다. 그런데, 동인도회사의 영국인 관리들로부터 지원을 받아 인도인 람카말 센Ramkamal Sen이 1834년에 편찬한 영어-벵골어 사전에 이티하사는 '스토리story'와 근대적 의미의 '역사history' 두 가지 모두에 해당되는 용어로 등재되었다.³⁴

그러나 19세기 중반 이후 유럽식 교육을 받은 인도의 엘리트 역사학자들은 역사라는 것을 전적으로 과거에 대한 근대적 지식 체계 혹은 글쓰기 양식으로 생각하게 되었다. 따라서 그들은 이티하사를 전통적인 '푸라나purāṇa'³⁵와 같은 것으로 간주하면서 인도의 과거를 신화적인 이티하사나 푸라나에서 역사로, 종교적 판타지와 순환적 시간관념에 사로 잡혀 있는 서사법에서 합리적 인과성과 직선적 시간의식이 지배하는 이성적 글쓰기로 대체하고자 했다.³⁶ 이 대체가 의미하는 바는 무엇인가?

역사가 하나의 스토리라고 한다면, 스토리로서의 역사와 인도의 이티하사, 두 서사 양식 혹은 패러다임 사이에는 차이가 있었다. 바흐친M. M. Bakhtin이 분석했듯이, 유럽에서 고대부터 존재해 온 스토리는 근대에 들어와 소설 형식으로도, 역사 형식으로도 발전했다. 그리고 소설이건 역사건 유럽의 스토리에서 중요한 것은 바로 '경험'이며, 이 경험을 스토리의 중심에 두는 것은 소설의 경우에는 리얼리즘의 이름으로 진리를 주장하는 것이고, 역사의 경우에는 진정성authenticity이나 정확성veracity의 이름으로 진리를 주장하는 것이라고 구하는 말한다.³⁷

구하에 따르면, 이 경험의 진리성은 그것의 직접성으로 확인되므로, 어떤 스토리가 진리라고 주장하기 위해선 그 스토리의 발화자가 마치 자신이 직접 목격한 것처럼 스토리 속의 경험들을 그대로 정확히 재현하는 것, 즉 재현과 그 재현 대상의 일치가 중요하게 된다. 유럽의 지성사에서는 그 같은 의미에서의 경험주의적 진리관이 고대 이래 지속되어 왔다. 즉, 진리란, 아리스토텔레스에 따르면 세계의 사물과 그것의 영혼의 경험 간의 동일성이나 유사성이었고, 아퀴나스에 따르면 외부의 사물과 그것에 대한 인지認知(intellect)의 일치였으며, 칸트에 따르면 지식/인식과 그것의 대상과의 합일合—이었다.[38] 이러한 지적 전통 위에서 헤겔은 유럽만이 경험에 기초한 역사의 산문을 생산할 수 있을 뿐, 훌륭한 예술의 보고를 갖고 있는 인도와 같은 지역은 역사를 가질 수 없었다고 주장한 것이다.[39]

그러나 경험은 사물이나 세계와 만나 그것에 대한 진리로서의 지식을 가져다줄 수 없다고 구하는 주장한다. 경험은 경험하지 못한 것은 알게 하지 못하므로, 또한 세계와 사물의 모든 것을 경험하게 하지는 못하므로, 더구나 경험한 것을 모두 이해할 수 있게 하는 것은 아니므로, 나아가 실체가 없는 비가시적인 것들은 경험의 한계/영역 외부에 있는 것으로 간주하여 아예 배제하므로, (경험된 세계와 사물에 관한 지식을 낳는 것이 아니라) 지식과 실재의 차이, 인식과 현실의 틈새, 불가해不可解한 세계에 관한 지식의 좌절을 낳는다는 것이다.[40]

하지만, 구하는 고대 이래로 세대를 이어 계승된 이야기들tales의 저장고이자 과거에 관한 담론적 장인 인도의 이티하사에서 중요한 것은 경험(의 직접성)이 아니라 '경이로움wonder'이었다고 말한다. 구하는 그 경이로움을, 중세 인도의 철학자이자 시인인 아비나바굽타 Abhinavagupta(약 950-1020)의 미학 이론을 분석한 라미에로 그놀리 Ramiero Gnoli의 설명을 빌어, 특정한 경험에 묶이지 않으면서 인간의 삶의 모든 형식에 현존하는 미학적 감성, 혹은 기원과 인과성에 의지하지 않으면서 세계와 관계를 맺게 하거나 세계를 성찰하고 이해하게 만드는 성벽disposition이라고 해석한다.[41]

경이로움의 서사로서의 이티하사는 이야기를 누가 시작하는가 하는 문제에서도 경험 서사로서의 유럽의 스토리/역사와 대조적이다. 구하는 유럽의 스토리는 경험을 강조하므로 경험 주체인 화자話者(storyteller)에게 이야기를 시작할 수 있는 권위를 부여해 주고 있고, 그래서 유럽의 스토리는 화자의 주도로 시작되지만, 인도의 이티하사 양식에서 이야기는 화자의 주도가 아니라 청자聽者(listener)의 주도로, 청자의 요청에 의해 시작된다고 말한다. 이럴 경우, 화자의 경험의 직접성보다는 화자와 화자가 말하는 사건들 간의 거리와 대화자가 중요한데, 그 거리와 대화자의 중요성이 화자에게 발화 시작의 권한을 부여하지 않게 한다는 것이다.

이티하사의 이야기는 화자에게서 시작되는 것이 아니라 청자의 요구에서 시작되므로, 그 내용도 화자의 특정한 경험들에 속하는 것들이 아니라 신화에서부터 사람들의 세속적인 일상사에 관한 것까지 매우 다양하며, 또 그 이야기들은 이미 말해진 것들의 반복인 경우가 많다. 그러나 이 반복은 먼저 말해진 것을 원본으로 삼는 재생이나 복사가 아니다. 왜냐하면 이티하사 이야기에는 기원이 되는 원본이 없기 때문이다. 그러므로 이미 말해진 것이 반복될 때에는 이전의 것과 동일하지 않으며, 또 반복의 과정에서 이전에 말해진 것이 탈락되기도 하고 수정되기도 하면서 지속적인 변종이 생겨난다. 요컨대, 이티하사 양식의 서사 구조는 "이야기들 안에 이야기가 있는, 수많은 다양한 목소리들이 이어지는 구조, 자꾸 옆길로 빗나가서 회로를 이탈하지만 조만간 몸통과 재접합하는 일종의 동맥動脈 운동arterial movement"[42]과 같은 것이다.

그렇기 때문에 이티하사의 이야기는 매번 말해질 때마다 경이로움을 낳게 되는 것이라고 구하는 말한다. 이티하사 서사는 근본적으로 과거에 관한 이야기들이지만, 그 이야기들에 권위나 생명력을 부여하는 것은 유럽의 역사/세계사에서와 같이 이성적 주체 — 제도화된 추상적 주체로서의 국가 혹은 그 국가에 결박된 시민적 주체로서의 개인 — 의 경험의 진리성이 아니라, 바로 그 이야기들의 반복성, 가변성, 무한성, 개방성이며, 특정한 틀 안에 폐쇄되지 않고 판타지와 세속적인 일상을 포괄하면서 매번 다시 말해질 때마다 스스로를 갱신하면서 흔해 빠진 이야기를 흔해 빠진 것이 아닌 경이로운 이야기로 만드는 저 폭넓은 역사성이다.[43]

하지만, 식민 시기 인도에서는 과거 이야기의 두 패러다임인 스토리/역사와 이티하사의 경합에서 결국 스토리/역사가 승리했다. 구하는 그것을 경험이 경이로움에 승리한 것, 이야기하는 데에서 화자의 주도권이 청자의 주도권에 승리한 것, 헤겔이 말한 '역사의 산문'으로서의 세계사가 세계의 산문으로서의 이티하사에 승리한 것으로 해석한다. 이 승리를 통해 "인도는 자신의 역사가들에 의해 전사에서 구출되었고, 경계를 넘어 세계사 안으로 밀려들어"[44] 갔다. 그리고 이와 함께 국가주의적인 경험 서사로서의 세계사 너머에 있는 풍부한 역사성과 경이로움의 세계는 잊혀졌다.

그 세계사는 국가의 지배권을 놓고 제국주의와 경합한 엘리트주의적 민족주의자들에게 식민지 민중의 파토스pathos를 배제하도록 만들었으며, 역사 연구를 국가의 삶을 기록하는 행정 절차로, 역사가들을 행정 기록관으로 만들어버렸다. 구하는 이 국가주의적 경험 서사이자 역사의 산문으로서의 세계사가 발휘한 효과를 이렇게 말한다.

> 세계의 산문은… 하나의 열림opening이었다. 그것은 모든 역사성을 초대하여, 즉 시간 속에 있고 타자들과 공존하는 모든 인간 존재를 초대하여 저 산

문 안에 기입하는 것, 그 같은 존재의 복수성과 독특성, 복잡성과 단순성, 규칙성과 예견불가능성 모두를 들여보내는 것이었다. 역사의 산문은 과거에의 배타적이고 선별적인 접근으로 그 문을 닫아버린다. 그것은 세계 내 인간의 중심적 장소로서 국가에 집중하는 봉쇄 전략으로 작동한다.[45]

국가주의적 서사의 관구管區 너머에 있는 역사성의 넓은 개방 평원은 역사가들에 의해 잊혀졌다. … 역사성을 인간의 조건 그 자체와 공존케 하려는 희망은 물질화되지 않았다. 다른 산문 — 역사의 산문, 즉 국가상태가 권력을 쥐게 만든 역사학 — 이 들어서서 역사성을 세계-사의 바로 그 주변으로 밀어버렸다. … 세계-사의 소음과 그것의 국가주의적 관심사는 역사학을 일상생활의 한숨들과 속삭임들에 무관심하게 만들었다.[46]

3. 일상의 담론과 역사성

헤겔의 역사 철학과 국가주의적 세계사에 대한 구하의 비판은 결국 역사(학)이라는 분과 학문 자체에 대한 비판적 성찰이다. 물론 구하가 역사학을 거부하거나 폐기해야 한다고 주장하는 것은 아니다. 그가 모색하는 것은 유럽의 역사적 경험을 보편화하여 국가(로 귀속되는 정치)를 중심으로 서술되는 역사, 인간 이성의 합리적이고 필연적인 현실화 과정을 객관적인 사실로 입증하고 구성하는 헤겔식의 역사가 아닌 '다른' 역사의 가능성이다.

구하는 그 가능성을 인도의 대표적 시인이자 역사가인 타고르Rabindranath Tagore에게서 얻고자 한다.[47] 타고르는 근대 역사학이 기본적으로 세계를 국가주의적 서사 안으로 축소시켜 '공적' 공간으로 환원하고 있다고 비판하면서, 그 같은 공간에서 배제된 풍부한 역사성의 세계를 담아내기 위해선 문학과 결합된 역사가 필요하다고 주장했다.[48] 그것은 유럽의 근대 서사로서의 경험적 소설도 아니고 국가주의적 역사학도 아닌, "일상의 만족과 불행을 동반한 채 항상 농민들의 논밭과 촌락 축제들에 존재했던 인간의 삶의 행복과 비애의 이티하itiha들"[49]로서의 역사, 요컨대 '역사의 산문'이 아닌 ('세계의 산문'으로서의) 민중의 일상에 관한 담론이었다.

타고르는 국가와 관련된 정치사의 역사성을 의미 있게 여기지 않았다고 구하는 말한다. 왜냐하면 그 같은 정치사에서 민중은 항상 권력 — 인도의 경우, 그 권력이 식민 이전의 무굴 제국이든, 영국의 식민 제국이든, 식민 이후의 민족주의 국가든 — 의 신민들로 구성되기 때문이다. 또한 국가주의적 도구로서의 정치사는 그러한 신민으로서의 특정한 경험을 대상화하는 역사이며, 그런 의미에서 그 경험은 인도 시민/민중의 삶에 외재하는 것이기 때문이다. 따라서 국가주의적인 정치사는 국가 권력의 헤게모니에 완전히 병합되지 않은 시민/민중의 일상적 삶과 내재적 의식을 형성하는 역사성을 꿰뚫지 못하기 때문이다.

타고르가 비판한 것은 역사(학) 자체가 아니라, 헤겔식 세계사로는, 혹은 국가(의 정치)에 몰두하는 근대 역사학의 서사 양식으로는 그 같은 역사성을 담아내지 못한다는 점이었다. 그는 그러한 역사(학)의 실패와 한계를 보충하거나 넘어설 수 있게 해주는 것이 창조적 글쓰기로서의 문학이라고 생각했다.

그렇다면, 민중의 일상에서 역사성을 어떻게 포착할 수 있는가? 하이데거M. Heidegger는 "일상성(Alltäglichkeit, everydayness)은 분명히 그 안에서 현존재가 '매일' 머물고 있는 그런 실존함의 양식을 의미한다. … 일상성이라는 표현은 일차적으로 '일생 동안' 현존재를 두루 지배하는 실존의 특정한 어떻게[방식]를 의미한다. 일상성은 현존재가 — 그의 모든 행동 관계에서든, 오직 서로 함께 있음에 의하여 앞서 윤곽 잡힌 일정한 행동 관계에서든 — 그것에 맞추어 '나날을 살아가는' 방식의 '어떻게'이다. … 일상성은 존재함의 한 방식이다. 그리고 이 방식에는 어쨌거나 공공의 개방성도 속한다"[50]고 말하고 있다. 이렇게 일상성을 인간의 현존재의 특정한 시간성으로 해석하고 있는 하이데거처럼, 구하도 일상이란 달력에 적혀 있는 특정한 매일의 평균적 시간이 아니라 인간의 현존 방식을 규정하는 "시간의 특수한 현상"[51]으로 간주한다.

물론 일상 자체는 날마다의 단조로움을 보여 준다. 하지만 구하는 일상의 단조로움이란 '이전에 있었던' 어떤 것, 그러므로 '모든 과거의' 어떤 것의 반복recurrence이라고 하면서, 따라서 "일상성은, 역사성 그 자체와 마찬가지로, 필연적으로 과거 의식sense of past에 의해 형성"되는 것이라고 해석한다.

이 일상성을 형성하는 과거는, 하이데거가 말했듯이, 일상을 살아가는 인간들의 "서로 함께 있음"으로 인해 '공유된 것'이자 "공공의 개방성"을 갖는 것이다. 그러므로 일상의 시간은 국가주의적 역사가 취급하는 공적인 것과는 다른 의미에서의 '공적인 것'이다. 따라서 '하나의 존재 방식으로서의 일상성'이란 "서로가 인정하는, 과거에 대한 관념에 기초하는 사회적 시간 안에서 타자와 공존하는 것"을 의미한다고 구하는 말한다. 이러한 통념이 없다면, 한 공동체 사회에서 공적인 것을 형성케 하는 어떤 규칙이나 행동의 코드에 관한 합의는 불가능하며, 그 사회의 고유한 전통이나 역사는 불가능하다는 것이다.[52]

그러나, 설령 이 같은 공적인 역사의식으로 인해 일상이 역사가 되고 역사성을 갖게 된다 하더라도, 일상의 단조로움은 결국 일상의 역사성을 평균적이거나 생기 없는 것으로 만들지 않을까? 이러한 우려에 대해 구하는 일상을 '창조적 방식'으로 포착하면 그러한 위험에서 벗어날 수 있다고 말한다. 타고르에 따르면, 창조적인 이야기와 글쓰기란 일상의 낡은 것들, 전통에 의해 케케묵은 일상의 흔해 빠진 것들을 역사성을 지닌 살아 있는 것으로 만드는 글쓰기, 즉 프라티아이크 수크두카pratyahik sukhduhkha(일상의 행복과 불행)에 관해서 쓰는 것이다.

벵골어로 만족이나 행복을 의미하는 수크sukh와 그것의 반의어로서 불행이나 슬픔을 의미하는 두카duhkha가 합성된 복합어 수크두카는 행복과 불행이라는 두 가지 의미의 단순한 총합을 넘어서 삶의 모든 경험들을 지시한다.[53] 그렇다면, 역사학에서 창조적인 문학적 글쓰기로서 수크두카와 같은 것들을 쓴다는 것은 민중들이 말하는 일상의 다양한 행·불행의 이야기들을 있는 그대로 전하는 것이거나 눈에 보이는 민중들의 일상생활의 외양을 묘사하는 것일까? 앙리 르페브르Henri Lefebvre가 일상생활에 관한 지식은 일상생활의 표면이나 외양이 아니라 결코 신비스럽지 않은 그 깊은 곳을 통찰하는 데에서 읽을 수 있다고 말했듯이,[54] 구하는 "특정한 경험에 묶이지 않으며, 따라서 다시 말하기로 소진되지 않는"[55] 이야기에서, 즉 민중들이 함께 나누면서 공유하는 과거와 현재의 삶에 관한 담론에서 민중들의 '연대'를, 겉으로는 보이지 않으나 일상생활의 저 깊은 곳에서 존재하는 '연대'를 통찰한다.[56]

구하가 말하는 연대란 무엇인가? 예컨대 수크두카가 지루하고 고된 가사에 지친 촌락의 여성들이 오후의 짧은 휴식 시간에 만나 나누는, 혹은 들녘의 농민들이 주인을 위해 경작하는 과정에서 함께 나누는 신산한 삶에 관한 갖가지 이야기들이라면, 그 수크두카에는 다가올 축제의 준비라든가 이웃집의 혼사와 같은 즐거운 이야기만이 아니라, 오래 전의 농민 봉기에 관한 놀라움과 그 좌절에 따른 분노, 현재의 촌락 지주들의 착취나 남성들의 억압이 가하는 고통, 고리대업자들의 횡포에 대한 증오, 지방 관리들의 행태에 대한 경멸 등에 관한 이야기들도 있을 것이다. 이 같은 이야기들은 일정한 순서가 있는 것도 아니고, 특정한 기원을 갖고 있는 것도 아니며, 합리적인 인과성에 의해 전개되는 것도 아니다. 따라서 무매개적이고 우발적이며 즉흥적이고 가변적이다. 그런 이야기들이 전하는 공동체 구성원들의 삶의 모든 시간, 즉 공유된 과거와 현재의 시간을 통해 민중들은 공동체적 연대감을 형성하며, 이 연대를 기초로 민중들은 장차 있을지도 모를, 따라서 아직은 비가시적으로 또는 가능성으로만 존재하는 ― 하지만 과거에 봉기를 일으킨 농민들이 실행했듯이 ― 권력에 대한 저항을 준비하고 시작하는 것이다.

따라서 구하가 말하는 민중들의 일상은 민중의 (정치적) 연대가 형성되는 "시간의 특수한 형식"이며, 그 일상에서의 구체적인 민중의 이야기는 어떤 외재적인 힘에 의해 매개되지 않는 직접성을 갖는 것이며, 그 일상의 역사성은 과거와 현재만이 아니라 가능성으로서의 미래를 향해 개방되어 있는 것이다.

이렇게 구하는 저 헤겔의 식민주의적 세계사가 빈곤하게 만든 역사성의 문제를 거론하면서, 타고르가 말하고 있는 문학적 역사로서의 일상 세계의 산문을 다음과 같이 요구한다.

> 라빈드라나드 타고르에 따르면, 역사성은 문학적 재현에서 국가주의적 관심사에 동화되어 오지 않았다. … 아카데믹한 역사학은 역사 서사가 공적 사안들에 단단히 묶여 있어야 한다고 강조하지만, 이와 달리 그는 문학에서는 과거가 스스로를 창조적으로 갱신한다고 믿는다. … 역사학의 빈곤에 관한 그의 비난은 역사학 장르의 실패에 대한 논평만이 아니다. 그것은 역사

가라면 일상 세계에서의 인간의 존재에 관한 이야기로서의 과거와 창조적으로 대면하라는 요구이기도 하다. 요컨대, 그것은 세계-사가 봉쇄한 역사성을 구출하라는 요구이다.[57]

4. 역사학의 한계지점 혹은 더 넓은 역사성의 평원

구하는 헤겔 역사 철학의 제국주의적 성격을 드러내면서 헤겔의 식민적 세계사 개념과 연루되어 있는 국가주의적인 역사학을 탈식민화시키고자 했다. 이러한 구하의 작업은 우리에게 국가와 연루된 '공적' 사건들과 제도들에 묶여 있는 근대 역사학의 근원적인 식민성을 폭로하는 것, 근대 국가의 역사적 발전 과정 자체가 식민주의와의 불가분한 접합을 통해서 진행된 것임을 상기시켜 주는 것, 따라서 우리에게 국가가 무엇인가를 (마르크스주의에서 오랫동안 성찰해 온 계급적 관점만이 아니라) 포스트식민적 관점에서 성찰할 필요가 있음을 상기시켜 주는 것이라고 할 수 있다.

그런 관점에서 본다면 근대 역사학은, 구하가 주장하고 있듯이, 국가의 혹은 국가를 지배하거나 국가 권력을 장악하려는 엘리트들의 삶에 관한 이야기이자 (국가 권력이 국민을 '민족'이라는 바로 그 이름으로 호명하는) 민족의 생애에 관한 서사가 된다. 이른바 아카데믹한 역사학은 사실상 그 같은 국가/국민/민족이라는 개념의 한계 안에서 생존해 왔고, 그렇게 함으로써 역사성의 빈곤을 드러냈다. 역사학은 이러한 한계를 어떻게 넘어설 것인가?

구하는 역사와 문학의 접합을 제안한다. 그것은 단순히 역사가 인문학의 다른 분야와 교류하라는 제안도 아니고, 역사를 서술할 때 문학적인 수사를 적극적으로 이용하라는 권유도 아니며, 분석적 해서보다는 이야기체의 묘사가 중요하다고 말하는 것도 아니다. 구하가 꺼내든 문학이란 민족-국가와 엘리트들의 역사 담론에서 거듭 삭제된 다른 이야기, '공적인' 담론으로 거듭 덧씌우려 해도 끝내 덧씌워지지 않는 다른 담론들을 찾아낼 수 있는 통찰력과 창조적 관찰의 다른 이름이다. 그 같은 통찰과 창조성으로 도달하게 되는 담론적 공간 — 지배 담론의 작동의 한계와 모순을 드러내는 빈틈, 혹은 지배 담론이 포획할 수 없는 차이의 영토 — 이 바로 서발턴 민중들의 발화의 공간으로서의 '일상'의 공간인 것이다.

그러므로 구하가 말하는 일상의 역사는 국내에서 흔히 유행하는 일상(생활)사와는 다르며, 이른바 민중사라든가 민중 생활사와도 다르다. 구하의 일상의 역사는 어떤 의미에서는 역사이기도 하고, 어떤 의미에서는 역사가 아니기도 하다. 그런 의미에서 역사학의 한계지점에 있는 역사라고 할 수 있다. 이곳은 바로 서발턴 연구집단의 창설자인 구하의 헤겔 역사 철학 비판(= 세계사/역사 비판)이 시작되는 지점이기도 하고, 그의 역사학적 서발턴 연구가 현재 도달한 지점이기도 하다.

물론 일상의 세계에 대한 창조적 관찰과 그것을 토대로 한 역사 서술은 쉬운 일은 아니다. 저 일상의 세계는 아카데믹한 역사학의 세계가 아니며, 역사 연구자의 세계도 아니다. 따라서 그 세계에 대한 문학적인 역사적 재현은 '낯선' 민중의 일상을 기존의 '익숙한' 역사학적 언어로 '대상화'하는 것에 그칠 수 있다. 사실, 모든 역사적 재현이 수반하는 대상화의 문제 — 달리 말하자면 외재적 재현이 수반하는, 재현과 재현 대상의 간극의 문제 — 는 구하만이 아니라 모든 역사 연구자들이 쉽게 해결할 수 없는 곤경일 것이다. 하지만 그 곤경을 인식하고 인정하느냐, 아니면 그러한 곤경이 마치 없는 것처럼 여기거나 하찮게 생각하느냐의 그 차이에 따라 역사학은 다른 길을 갈 것이다. 편협한 국가주의적 역사학의 길로, 또는 더 넓은 역사성의 평원으로.

주

제1장_트리컨티넨탈리즘으로서의 포스트식민주의

1. Anne McClintock, "The Angel of Progress: Pitfalls of the Term 'Post-Colonialism'," *Social Text* 31/32 (1992), pp. 86-93.
2. Ella Shohat, "Notes on the 'Post-Colonial'," *Social Text* 31/32 (1992), pp. 105-10.
3. Bart Moore-Gilbert, *Postcolonial Theory: Contexts, Practices, Politics* (London and New York: Verso, 1997)[이경원 옮김, 『탈식민주의! 저항에서 유희로』(한길사, 2001)], p. 17.
4. Aijaz Ahmad, *In Theory: Classes, Nations, Literatures* (London and New York: Verso, 1992) 중 특히 서문("Introduction: Literature among the Signs of Our Time"), 2장("Languages of Class, Ideologies of Immigration"), 4장("Salman Rushdie's Shame: Postmodern Migrancy and the Representation of Women"), 5장("Orientalism and After: Ambivalence and Metropolitan Location in the Work of Edward Said").
5. 이런 식의 포스트식민주의에 대한 비판은 대만의 문화 비평가 천광싱陳光興에게서도 찾아볼 수 있다. 그는 "탈식민주의 이론의 주창자들은 대개가 제3세계에서 제1세계로 유학을 떠나고 거기서 자리 잡은 지식인들이다. … 그들이 자기 자신을 탈식민화시켰는지는 몰라도 세계를 〈제국주의자의 눈〉으로 보면서 종래에는 자신들의 작업이 〈모국문화〉에 달려 있다는 점을 망각하게 한다"는 이유로 포스트식민주의를 거부한다. 천광싱, 「아직은 탈식민주의 시대가 아니다」, 『현대사상』 1997년 겨울호, p. 140.

6. Bart Moore-Gilbert, *Postcolonial Theory*, pp. 17-22.
7. Arif Dirlik, "The Postcolonial Aura: Third World Criticism in the Age of Global Capitalism," Padmini Mongia ed., *Contemporary Postcolonial Theory: A Reader* (London and New York: Arnold, 1996), pp. 294-5, 303-5. 312.
8. 이경원, 「탈식민주의의 계보와 정체성」, 고부응 편, 『탈식민주의: 이론과 쟁점』(문학과 지성사, 2003), p. 24.
9. 같은 글, pp. 29-30.
10. 고부응, 『초민족 시대의 민족 정체성: 식민주의, 탈식민 이론, 민족』(문학과 지성사, 2002), p. 14.
11. 이경원, 「탈식민주의의 계보와 정체성」, p. 24.
12. 같은 글, p. 30.
13. 이경덕, 「탈식민주의와 마르크시즘」, 고부응 편, 『탈식민주의: 이론과 쟁점』, pp. 179-80, 186.
14. 이경원, 「탈식민주의의 계보와 정체성」, pp. 38, 42, 56, 57.
15. Bill Ashcroft, Gareth Griffiths and Helen Tiffin, *Key Concepts in Post-colonial Studies* (London and New York: Routledge, 1998), pp. 186-7.
16. Ania Loomba, *Colonialism/Postcolonialism* (London and New York: Routledge, 1998), p. 7.
17. 이성형, 「라스 카사스: 정의를 위한 투쟁」, 이성형 편, 『라틴 아메리카의 역사와 사상』(까치, 1999), pp. 75-97을 볼 것.
18. 이에 관해서는 Robert J. C. Young, *Postcolonialism: An Historical Introduction* (London: Blackwell, 2001)[김택현 옮김, 『포스트식민주의 또는 트리컨티넨탈리즘』(박종철출판사, 2005)], pp. 73-87을 볼 것.
19. 같은 책, pp. 88-95를 볼 것.
20. 역설적이게도 차크라바티A. Chakrabarti와 차우더리A. Chaudhury는 대표적인 포스트구조주의적 포스트식민 이론가 스피박을 비판하면서 그녀가 "제3세계주의"에 빠져 있다고 공격한다. Anjan Chakrabarti and Ajit Chaudhury, "Can the Sa(va)ge Speak?," *Rethinking Marxism*, vol. 9, no. 2, (1996/97), pp. 113-30.
21. 앨런 토마스Alan Thomas 등은 19-20세기의 200년 동안 전개된 아시아, 아프리카, 라틴아메리카에서의 수많은 반식민 투쟁들을 ① 정복에 맞선 저항(유럽의 침입에 대응하여 벌인 전쟁), ② 유럽의 통치에 맞선 반란(제국의 권위를 착근시키려는 데에 대한 폭력적 대항), ③ 종교적 복벽주의 운동(종교적 불만의 표현), ④ 게릴라 급진주의(해방 투쟁들), ⑤ 탈식민화를 위한 입헌 운동 등 다섯 가지 범주로 유형화한다. Alan Thomas et. al., *Third World Atlas* (Washington D. C.: Taylor and

Francis, 1994), p. 44.

22. 이석구,「탈식민주의와 탈구조주의」, 고부응 편,『탈식민주의 : 이론과 쟁점』, p. 218.

23. Karl Marx, "The Future Results of British Rule in India," *Collected Works* 12, (Moscow: Progress Publishers, 1979), p. 221.

24. Karl Marx and F. Engels, "Manifesto of the Communist Party," *Collected Works* 6, p. 488.

25. Karl Marx, "The Future Results of British Rule in India," pp. 217-8.

26. Karl Marx, "The British Rule in India," *Collected Works* 12, p. 132.

27. V. I. Lenin, "Imperialism, The Highest Stage of Capitalism: A Popular Outline," *Collected Works* 22 (Moscow: Progress Publisher), pp. 185-304.

28. 바쿠 총회에 관해서는 Hélène Carrière d'Encause and Stuart R. Shram, *Marxism and Asia* (London: Allen Lane The Penguin Press, 1969), pp. 31-8, 170-8을 볼 것

29. 유럽에서 파시스트 세력이 성장하자 좌파 진영과 진보적 부르주아의 반파시즘 계급동맹 전술로 채택된 '통일전선' 전술은 좌파의 힘이 미약하거나 존재하지도 않은 비서구의 식민지에서는 오히려 부르주아가 주도하는 민족주의 운동을 강화하게 되었다. 공산당이 아닌 좌파 정당들을 배제하면서 부르주아 계급에 대한 프롤레타리아 계급의 공격을 강조한 극좌적인 '계급 대 계급' 전술은 진보적인 부르주아와의 동맹을 차단하면서 공산당을 고립시키게 되었다. 또한 유럽 파시즘의 명백한 위협에 직면하여 영국과 미국을 비롯한 서구 국가들 및 부르주아를 포함한 반파시즘 세력과의 연대를 도모한 '인민전선' 전술은 비서구 식민지에서 서구의 제국주의 국가들에 대한 지지를 초래하였다. 가령 인도에서는 부르주아 민족주의자들이 이끌던 국민회의가 영국의 인도 철수Quit India 운동을 펼쳤으나 코민테른의 지시에 충실한 인도 공산당은 영국을 오히려 지지했고, 라틴 아메리카의 공산당들도 미국을 지지했다. 게다가 소련의 스탈린은 1939년 독일의 히틀러와 불가침협정을 맺었으나, 독일은 1941년 소련을 침공했다.

30. Sultan-Galiev, "Social Revolution and the East," *Marxism and Asia*, pp. 178-80; Alexandre Bennigsen, "Sultan Galiev: The USSR and the Colonial Revolution," Walter Laquer ed. *The Middle East in Transition* (London: Routledge & Kegan Paul, 1958), pp. 398-414.

31. 코민테른은 1922년 제4차 총회에서 채택된 '통일전선' 전술에 따라 중국 공산당에게 쑨원孫文이 이끄는 부르주아 정당인 국민당과의 협력을 지시했고, 이에 따라 공산당원들이 국민당에 들어가 1923년에 '제1차 국공합작'이 이루어졌

다. 소련은 국민당을 위해 군사고문단을 파견하였으나, 1925년 쑨원의 사망 이후 국민당의 혁명군 총사령관 지위에 오른 장제스蔣介石는 소련 고문관들을 체포하고 국민당 내의 공산당원들을 추방하였다. 그런데도 스탈린은 코민테른에게 국민당에 대한 지속적인 지원을 요구했다. 장제스는 1927년 4월 중국 공산당의 세력이 강했던 상하이를 점령하고 수많은 공산주의자들을 처형했는데, 이로써 제1차 국공합작은 붕괴되었다. 하지만 코민테른은 인도의 마르크스주의자 로이M. N. Roy를 중국 공산당에 파견하여 '통일전선' 정책의 이행을 재차 확인받으려 했고 국민당 내에 공산당원이 잔류할 것을 요구했다. 그해 8월 중국 공산당원들이 우한武漢에서 봉기를 일으키자 마침내 스탈린은 1928년에 '통일전선' 정책을 철회했지만, 무모하게도 공산당에게 광저우廣州의 점령을 지시했다. 결국 이 점령은 실패로 돌아갔고, 공산당원들이 장제스의 국민당 군대에 의해 진압당하면서 양 정파 간의 내전이 격화되었던 것이다.

32. 20세기 전반 아프리카의 영국령 식민지와 프랑스령 식민지 출신의 반식민 해방 운동가들의 활동과 이들이 추구한 범아프리카주의 혹은 아프리카 사회주의에 관해서는 Robert J, C, Young, *Postcolonialism: An Historical Introduction*, pp. 217-73을 볼 것.

33. José Carlos Mariátegui, *Seven Interpretative Essays on Peruvian Reality*, Marjory Urquidi trans. (Austin and London: University of Texas Press, 1971),

34. Robert J. C. Young, *Postcolonialism: An Historical Introduction*, p. 155.

35. Anouar Abdel-Malek, *Nation and Revolution: Volume 2. of Social Dialectics* (Albany: State University of New York Press, 1981), pp. 78, 79.

36. Robert J. C. Young, *Postcolonialsm: An Historical Introduction*, p. 170.

37. Ernesto Che Guevara, "Message to the Tricontinental," Robert J. C. Young, *Postcolonialism: A Very Short Introduction* (London: Oxford University Press, 2003), p. 18에서 재인용.

38. Anour Abdel-Malek, *Nation and Revolution*, p. 94.

39. Michel Foucault, *Power/Knowledge: Selected Interviews and Other Writings 1972-1977*, Colin Gordon et. al., trans. (New York: Pantheon Books, 1980), p. 57.

40. Robert J. C. Young, *White Mythologies*, 2nd edition (1990; London and New York: Routledge, 2004)[김용규 옮김, 『백색신화』(경성대학교 출판부, 2008)]. pp. 13-4.

41. 같은 책, pp. 16-7. 라캉은 당시 중국을 방문하기 위한 계획을 세울 만큼 중국에 깊은 관심을 가졌다. 또한 알튀세르가 서구의 마르크스주의자들이 휴머니

즘적 마르크스주의/사회주의를 스탈린주의의 대안인 양 내세우는 것에 반기를 들고 마오주의에 기대어 레닌주의적인 혁명적, 과학적 마르크스주의를 강조한 것은 널리 알려져 있다. 이들의 '중국 증후군'과 마오주의에의 경도傾倒에 관해서는 엘리자베스 루디네스코,『자크 라캉 2: 삶과 사유의 기록』, 양녕자 옮김(새물결, 2000), pp. 177-87과 그레고리 엘리어트,『알튀세르: 이론의 우회』, 이경숙, 이진경 외 옮김(새길, 1992), pp. 289-302를 볼 것.

42. Jean-Paul Sartre, "Preface," Franz Fanon, *The Wretched of the Earth*, Constance Farrington trans. (New York: Grove Press, Inc., 1963), pp. 7-31.

43. Robert J. C. Young, *White Mythologies*, 2nd edition, p. 32.

44. 자크 데리다,『입장들』, 박성창 편역(솔, 1992), p. 163. 데리다의 이력은 이 책에 실린「연보」(pp. 161-71)를 참고할 것.

45. Hélène Cixous and Catherine Clément, *The Newly Born Woman*, Betsy Wing trans. (Manchester: Manchester University Press, 1986), p. 70.

46. 피에-느와르는 알제리가 독립하기 이전에 알제리에서 태어난 프랑스인 혹은 알제리 독립 이후에 알제리에서 철수하여 본국에 들어온 프랑스인을 가리키는 일종의 속어이다.

47. Bart Moore-Gilbert, *Postcolonial Theory*, p, 163.

48. Claude Levi-Strauss, *The Savage Mind* (Chicago: Univ. of Chicago Press, 1968)[안정남 옮김,『야생의 사고』(한길사, 1999)].

49. Jacques Derrida, *Margins of Philosophy*, Alan Bass trans. (Chicago: University of Chicago Press, 1982), p. 213.

50. Robert J. C. Young, *Postcolonialism: An Historical Introduction*, p. 416.

51. Michel Foucault, *The Order of Things: An Archaeology of the Human Sciences* (New York: Random House, Inc, 1994)[이광래 옮김,『말과 사물』(민음사, 1987)] p. xxiv.

52. Robert J. C. Young, *Postcolonialsm: An Historical Introduction*, pp. 408-10.

53. Alan Thomas et. al., *Third World Atlas*, pp. 44-5의 지도들은 1790-1990년 동안 세계 각지에서 전개된 주요한 반식민 투쟁들의 여러 양상들을 알려 주고 있다.

54. Robert J. C. Young, *Postcolonialism: A Very Short Introduction*, p. 20.

보론 _ '역사'의 탈구축과 포스트식민 트리컨티넨탈리즘

1. 이에 관해서는 Karl Marx, "The British Rule in India," "The Future Results of British Rule in India," *Karl Marx and Friedrich Engels Collected Works* 12 (Moscow: Progress Publishers, 1979), pp. 132, 217-8을 볼 것.
2. 로버트 J. C. 영, 『백색신화』, 김용규 옮김(경성대학교 출판부, 2008), p. 12.
3. 로버트 J. C. 영, 『백색신화』, p. 7.
4. 테리 이글턴, 『현대 문학 원론』, 정철인 옮김(형설출판사, 1991), p. 226.
5. 페리 앤더슨, 『역사 유물론의 궤적』, 김창호, 배익준 옮김(새길, 1994), p. 76.
6. 예컨대 Aijaz Ahmad, *In Theory: Classes, Nations, Literatures* (London and New York: Verso, 1992). 특히 서문과 2장, 4장, 5장; Arif Dirlik, "The Postcolonial Aura: Third World Criticism in the Age of Global Capitalism," Padmini Mongia ed. *Contemporary Postcolonial Theory: A Reader* (Arnold: London and New York, 1996), pp. 294-312를 볼 것.
7. 로버트 J. C. 영, 『백색신화』, pp. 73, 108, 110.
8. Robert J. C. Young, "Deconstruction and the Postcolonial," Nicholas Royle ed., *Deconstruction: A User's Guide* (Basingstoke: Palgrave, 2000), pp. 187-210.
9. Pal Ahluwalia, "Out of Africa: post-structuralism's colonial roots," *Postcolonial Studies*, 8(2) (2005), pp. 145-8; Michael Syrotinski, *Deconstruction and the Postcolonial: At the Limits of Theory* (Liverpool: Liverpool Univ. Press, 2007), p. 12.
10. Michael Syrotinski, 앞의 책, pp. 5-14.
11. 로버트 영의 「다시 읽는 『백색신화』」에서의 알튀세르에 관한 언급은 『백색신화』, pp. 44-56을 볼 것.
12. 더 자세한 내용에 관해서는 그레고리 엘리어트, 『알튀세르: 이론의 우회』, 이경숙, 이진경 옮김(새길, 1992) 중에서 제4장 「이론의 시간, 정치의 시간」(pp. 287-372)을 볼 것. 이 책의 p. 302에서 엘리어트는, 알튀세르의 제자인 에티엔 발리바르의 말을 빌어, 알튀세르가 "중국의 실험[문화 혁명: 필재에서 사회주의 혁명이 스스로를 비판하고 정정하는 최초의 사례를 발견했다"고 말한다.
13. 라틴아메리카에서의 알튀세르 수용에 관해 소개하고 있는 글로는 MIguel Valderarma, "Althusser y El Marxismo Latinoamericano. Notas Para Una Genealogia Del (Post)Marxismo En Amerca Latina," *Mapocho*, N. 33 (1993), pp. 167-82 이 있고, 이 글은 안준범, 「현대 지성사의 '알뛰세르 효과'에 대하여」, 『사림』 제

26호(2006), pp. 319-23에 소개되어 있다.

14. Ilena Rodriguez ed., *The Latin American Subaltern Studies Reader* (Durham: Duke Univ. Press, 1999).

15. Peter Rigby, "Practical Ideology and Ideological Practice: On African Episteme and Marxian Problematic," V. Y. Mudimbe ed., *The Surreptitious Speech* (Chicago: Univ. of Chicago Press, 1992), p. 163. 또한 Paulin Hountondji, *African Philosophy: Myth and Reality* (Indiana Univ. Press, 1983)에 실린 아비올라 아이얼리Abiola Irele의 「서문Introduction」, pp. 7-31도 볼 것.

16. 로버트 J. C. 영, 『백색신화』, p. 8.

제2장_제국주의, 역사주의, '차이의 역사(학)'

1. J. A. Hobson, *Imperialism: A Study* (1902); Rosa Luxemburg, *The Accumulation of Capital* (1913); N. I. Bukharin, *Imperialism and World Economy* (1915); V. I. Lenin, *The Highest Stage of Capitalism* (1917).

2. Robert J. C. Young, *Postcolonialsm: An Historical Introduction* (London: Blackwell, 2001), p. 29.

3. Edward Said, *Orientalism: Western Representations of the Orient* (New York: Vintage Books, 1979)[박홍규 옮김, 『오리엔탈리즘』(교보문고, 1991)]; *Culture and Imperialism* (London: Chatto & Windus, 1993) [박홍규 옮김, 『문화와 제국주의』(문예출판사, 2005)].

4. Robert J. C. Young, *Postcolonialsm: An Historical Introduction*, pp. 88-9.

5. 이들의 식민지 비판론에 관해서는 같은 책, pp. 78-87을 볼 것.

6. 같은 책, pp. 34-5.

7. Roy Jenkins, *Dilke: A Victorian Tragedy* (London: Collins, 1965), pp. 397-9.

8. John Robert Seeley, *The Expansion of England*, John Gross ed. (Chicago: Univ. of Chicago Press, 1971), pp. 140-6.

9. Frederick John D. Lugard, *The Dual Mandate in British Tropical Africa* (Oxford: Clarendon Press, 1922).

10. Lucien Febvre, "Civilization: Evolution of a Word and a Group of Ideas," Peter Burke, ed., K. Folca trans., *A New Kind of History: From the Writings of Febvre* (London, 1973), pp. 219-57.

11. 가령 역사 발전의 일반 법칙을 강조하는 헤겔적-마르크스주의적 전통의 역사주의가 있고, 역사적 사건의 개별성과 특수성을 강조하는 랑케적 전통의 역사주의가 있다. 여러 역사주의들의 '역사' 와 '이론,' 그리고 그것들에 대한 비평에 관해서는 Paul Hamilton, *Historicism* (London: Routledge, 1996)[임옥희 옮김, 『역사주의』(동문선, 1998)]을 볼 것.

12. F. R. Ankersmit, "Historicism: An Attempt at Synthesis," *History and Theory*, vol. 36, no. 3 (1995), pp. 143-61; Dipesh Chakrabarty, *Provincializing Europe: Postcolonial Thought and Historical Difference* (Princeton and Oxford: Princeton Univ. Press, 2000), pp. 22-3. 코젤렉은 이러한 사유 방식의 출현, 그리고 근대적인 역사 개념 그 자체는 18세기 후반 계몽사상에 의해 신이 인간성을 지니고 움직이는 역사가 아니라 이성적 존재로서의 인간이 주체가 될 수 있거나 주체로 여겨지는 역사라는 관념이 등장하게 된 것과 밀접한 관계에 있으며, 이에 따라 역사 일반에 대한 연구가 가능하게 되었고 세속적이고 합리적인 근대적 역사의식에 기초한 근대 역사학이 성립할 수 있었다고 말한다. Reinhart Koselleck, *Futures Past: On the Semantics of Historical Time*, Keith Tribe trans. (Cambridge, Massachusetts: MIT Univ. Press, 1985)[한철 옮김, 『지나간 미래』(문학동네, 1998)], p. 200].

13. Walter Benjamin, "Theses on the Philosophy of History," *Illuminations*, Hannah Arendt ed., Harry Zohn trans. (New York: Schocken Books, 1968), pp. 261-2. 벤야민의 이 글은 20세기 초 유럽의 사회민주주의자들의 교조적 진보 관념을 비판하는 것이었지만, 그의 비판이 사회민주주의자들에게만 국한되었던 것은 아니다. 벤야민의 비판은 정치적 입장이 다르더라도 그 같은 진보 관념을 공유하고 있던 모든 '역사주의자들' 을 향해 있었다.

14. Dipesh Chakrabarty, *Provincializing Europe*, p. 7.

15. John Stuart Mill, "Consideration on Representative Government," *Three Essays* (Oxford and New York: Oxford Univ. Press, 1975), pp. 409-23.

16. Dipesh Chakrabarty, *Provincializing Europe*, p. 8.

17. Sebastian Conrad, "What Time is Japan? Problems of Comparative (Intercultural) Historiography," *History and Theory*, vol. 38, no. 1 (1999), pp. 73-4.

18. Dipesh Chakrabarty, "Postcoloniality and the Artifice of History: Who Speak for "Indian Past?"," H. Aram Veeser, ed., *The New Historicism: Reader* (London: Routledge, 1994), p. 349.

19. 19세기 인도 역사학에 관해서는 Ranajit Guha, "An Indian Historiography of India: Hegemonic Implications of a Nineteenth-Century Agenda," *Dominance*

Without Hegemony: History and Power in Colonial India (Cambridge, Massachusetts: Harvard Univ. Press, 1997), pp. 152-212를 볼 것.

20. Partha Chatterjee, *The Nation and Its Fragments* (Princeton: Princeton University Press, 1993), p. 76.

21. Partha Chatterjee, *Nationalist Thought and Colonial World: A Derivative Discourse* (London: Zed Book, 1986), pp. 54-81.

22. 라이차이두리H. C. Raychaydhuri, 자야스왈K. P. Jayaswal, 프라사드B. Prasad, 마준다르R. C. Majundar, 무케르지R. K. Mukerjee 등과 같은 민족주의 역사학자들은 1920-30년대에 인도의 고대사에 관한 새로운 사료들을 본격적으로 발굴하여 인도 민족의 역사적 기원과 위대한 과거를 증명하기 시작했고, 인도사의 전개 과정을 서구 역사학의 시대 구분법에 따라 고대-중세-근대로 구분하면서 인도가 고대의 힌두 민족-국가 시대에서 중세의 무슬림 암흑시대를 거쳐 근대로 발전해 왔음을 강조했다. Gyan Prakash, "Writing Post-Orientalist Histories of the Third World Perspectives from Indian Historiography," *Comparative Studies in Society and History*, vol. 32, no. 2 (1990), pp. 388-9.

23. Ranajit Guha, *Dominance Without Hegemony*, pp. 101-2.

24. Gyan Prakash, "Writing Post-Orientalist Histories of the Third World Perspectives from Indian Historiography," pp. 385-8.

25. 물론 인도 민족주의 담론과 민족주의 역사학이 서구 근대성 담론을 단순히 되풀이한 것은 아니다. 그것들은 서구 담론을 모방하였으되 그것을 인도 사회의 역사와 문화 속에서 작동하고 있던 지배 담론과 결합시켜 독자적인 방식으로 변용했다. 그러므로 인도 민족주의 담론은 파생 담론임과 동시에 일종의 '혼성 담론'이기도 하다. 민족주의 사상과 담론의 이러한 측면에 관해서는 Ranajit Guha, "Colonialism in South Asia: A Dominance without Hegemony and Its Historiography," *Dominance Without Hegemony: History and Power in Colonial India*, pp. 23-95; Partha Chatterjee, *Nationalist Thought and Colonial World: A Derivative Discourse*, pp. 3-75를 볼 것.

26. Karl Marx, *Grundrisse*, Martin Nicolas trans. (London: Vintage, 1973)[김호균 옮김, 『정치경제학 비판요강』 I-III (백의, 2000)], p. 105.

27. Dipesh Chakrabarty, "Postcoloniality and the Artifice of History," pp. 344-5.

28. Karl Marx and Friedrich Engels, "Manifesto of Communist Party," *Collected Works* 6, p. 488; Karl Marx, *Capital*, vol. 1, Ben Fowkes trans. (London: Penguin Books, 1990)[강신준 옮김, 『자본 I-1, 2』(길, 2008)], pp. 915-9를 볼 것.

29. Karl Marx, "The British Rule in India," *Collected Works* 12, p. 132.

30. Karl Marx, "The Future Results of British Rule in India," 같은 책, pp. 217-8.

31. 바드라록은 원래 벵골의 엘리트 카스트들인 바이댜Baidya, 브라만Brahman, 카야스타Kayastha의 '신사들'을 가리키는 용어인데, 지금은 대개 이른바 교양 있고 존경받는 중간 계급을 지칭한다.

32. Tapan Raychaudhuri, *Europe Reconsidered: Perceptions of the West in Nineteenth-Century Bengal* (New Delhi: Oxford Univ. Press, 2002), p. xxi.

33. 인도의 마르크스주의에 관해서는 Robert J. C. Young, *Postcolonialsm: An Historical Introduction*, pp. 311-6을 볼 것.

34. Dipesh Chakrabarty, "Postcoloniality and the Artifice of History," p. 345.

35. 람은 인도의 전설에 등장하는 이상적인 신이자 왕의 이름이며, 람-라즈야는 람의 지배 혹은 통치를 가리킨다.

36. Sumit Sarkar, *Modern India 1885-1947* (London: Macmillan, 1989), pp. 1, 4.

37. Anil Seal, *The Emergence of Indian Nationalism: Competition and Collaboration in Later Nineteenth Century* (Cambridge: Cambridge Univ. Press, 1968), p. 1.

38. Eric J. Hobsbawm, *Primitive Rebels: Studies in Archaic Forms of Social Movement in the 19th and 20th Centuries* (Manchester: Manchester Univ. Press, 1978)[진철승 옮김, 『원초적 반란』, 온누리, 1984].

39. Dipesh Chakrabarty, "Subaltern Studies and Postcolonial Historiography," *Nepantla*, vol. 1, issue. 1 (2000), pp. 14-21.

40. Dipesh Chakrabarty, "Postcoloniality and the Artifice of History," p. 347.

41. Walter Benjamin, "Theses on the Philosophy of History," p. 256.

42. Karl Marx, *Capital*, vol. 1, pp. 125-137.

43. Dipesh Chakrabarty, "Marx after Marxism: History, Subalternity and Difference," Saree Makdisi, Cesare Casarino and Rebecca E. Karel, eds., *Marxism beyond Marxism* (London: Routledge, 1996), pp. 55-63.

44. Dipesh Chakrabarty, *Provincializing Europe*, p. 249.

45. 그러므로 마르크스가 『정치경제학 비판Critique of Political Economy』(1859)에서 처음 제기한 후 레닌과 트로츠키 등도 사용한 "불균등 발전uneven development" 개념이라든가, 에른스트 블로흐Ernst Bloch가 말한 "비동시성의 동시성synchronicity of the non-synchronicity" 개념들은 기본적으로 역사주의적 사유 방식에 기초하고 있는 개념들이라고 차크라바르티는 말한다. 같은 책, p. 12.

46. Ashis Nandy, *Intimate Enemy: Loss and Recovery of Self Under Colonialism* (New Delhi: Oxford Univ. Press, 1983)[이옥순 옮김, 『친밀한 적』(신구문화사,

1993)], p. xi.

47. 차크라바르티가 이 대문자 역사와 소문자 역사들을 각각 "역사 1(History 1)"과 "역사 2들(History 2s)"로 구분하고 있는 것도 동일한 맥락에서이다. 그가 말하는 "역사 1"은 자본의 논리가 위임되어 있고 계몽주의적 보편이 존재하며 필연적인 미래가 예정되어 있는 역사이고, "역사 2들"은 자본의 회로에 귀속되지 않으며 현재를 총체성의 원리로 압축하는 것을 불가능하게 하며 '지금'을 파편화함으로써 필연으로서의 미래를 끊임없이 수정케 하는 역사들을 의미한다. Dipesh Chakrabarty, *Provincializing Europe* 중에서 제2장("Two Histories of Capital," pp. 47-71) 및 에필로그("Reason and the Critique of Historicism," pp. 237-55)를 볼 것.

48. 일찍이 국내 역사학계에서 한국사의 주체적 구성(=세계사적 보편성)이라는 문제의식 하에 제기된 주장(자본주의 맹아론 혹은 내재적 발전론)이든, 얼마 전 일제 시기를 이해하는 관점을 둘러싸고 전개된 논쟁(이른바 '수탈론' 대 '근대화론')이든, 모두 근대의 필연성과 보편성을 전제하는 역사주의적 사유 방식에서 벗어나 있질 못하다. 또한 최근에 『해방전후사의 재인식』(재인식)이 『해방전후사의 인식』(해전사)을 비판하고 있지만, '재인식'이든 '해전사'든 근대 인식의 문제에 관한 한 입장의 차이가 없는 것으로 보인다.

49. Gyan Prakash, "Subaltern Studies as Postcolonial Criticism," *American Historical Review*, vol. 99, no. 5 (1994), p. 1481.

50. Gyan Prakash, "The Impossibility of Subaltern History," *Nepantla*, vol. 1, issue 2 (2000), p. 288.

51. Gyan Prakash ed., *After Colonialism: Imperial Histories and Postcolonial Displacements* (Princeton: Princeton Univ. Press, 1995), p. 4.

52. Dipesh Chakrabarty, "Postcoloniality and the Artifice of History," pp. 342-4.

53. Lisa Lowe and David Lloyd eds., *The Politics of Culture in the Shadow of Capital* (Durham and London: Duke Univ. Press, 1997), p. 3.

제3장_비교사와 방법으로서의 비교

1. Peter Burke, *History and Social Theory* (Cambridge: Polity Press, 1992)[곽차섭 옮김, 『역사학과 사회이론』(문학과 지성사, 1994)], pp. 23-4.

2. 1950-60년대부터 록펠러재단, 카네기재단, 포드재단 등 미국의 독점 기업의

재단들은 하버드 대학, 예일 대학, 컬럼비아 대학, 시카고 대학, 미시건 대학, 워싱턴 대학 등에 거액의 기금을 출연하여 지역 연구를 뒷받침해 주었다. 1956년 '국가방위교육법the National Defence Education Act'에 따라 미국 연방 정부가 대학의 지역 연구에 대한 지원을 책임지게 된 후에도 독점 기업들의 기금 공여는 계속되었다. Harry Harootunian, *History's Disquiet: Modernity, Cultural Practice, and the Question of Everyday Life* (New York: Columbia Univ. Press, 2000)[윤영실, 서정은 옮김,『역사의 요동』(휴머니스트, 2006)], pp. 30-1.

3. 전자는 *History and Theory*, vol. 35, no. 4에, 후자는 vol. 38, no. 1에 실려 있다.

4. Raymond Grew, "The Case for Comparing Histories," *The American Historical Review*, vol. 85, no. 4 (1980), pp. 763-78.

5. George F. Frederickson, "From Exceptionalism to Variability: Recent Developments In Cross-National Comparative History," *Journal of American History*, vol. 82 (1995), pp. 587-604. 이 글에 앞서 그는 1980년에 미국의 비교사 저작들을 검토한 결과 "엄격한 의미에서 비교사 자격이 있는 저작의 특징은 상대적인 엉성함sparseness과 파편화fragmentation"였다고 지적한 바 있다. George F. Frederickson, "Comparative History," Michael Kammen ed., *The Past before Us: Contemporary Historical Writing in the United States* (Ithaca, NJ, 1980), pp. 457-73을 볼 것.

6. 독일의 비교사의 소재와 현황에 관해서는 Jürgen Kocka, "Comparative Historical Research: German Examples," *International Review of Social History*, vol. 38 (1993), pp. 369-79를 볼 것.

7. Marc Bloch, "A Contribution Towards a Comparative History of European Societies," *Land and the Work in Medieval Europe* (New York: Harper Torchbooks, 1969), p. 51.

8. 같은 글, pp. 44, 45.

9. A. A. van Den Braembusshe, "Historical Explanation and Comparative Method: Towards a Theory of the History of Society," *History and Theory*, vol. 28, no. 1 (1989), p. 9.

10. Jürgen Kocka, "Comparative Historical Research: German Examples," p. 370.

11. Chris Lorenz, "Comparative Historiography: Problems and Perspectives," *History and Theory*, vol. 38, no. 1 (1999), pp. 25. 29. 30.

12. Raymond Grew, "On the Current State of Comparative Studies," H. Atsma

et A. Burguiére eds., *Marc Bloch aujourd'hui: Histoire comparée et sciences sociales* (Editions de l'École des hautes etudes en sciences sociales, 1990), p. 328.

13. Raymond Grew, "The Case for Comparing Histories," p. 777.
14. 같은 글, p. 763.
15. William H. Sewell Jr., "Marc Bloch and the Logic of Comparative History," *History and Theory*, vol. 4, no. 2 (1967), pp. 208-9, 216.
16. Michael Werner and Bénédicte Zimmermann, "Beyond Comparison: Histoire Croisée and The Challenge of Reflexivity," *History and Theory*, vol. 45, no. 1 (2006), pp. 30-50.
17. Maria Lúcia Pallares-Burke, *The New History: Confessions and Conversations* (Cambridge: Polity Press, 2002)[곽차섭 옮김, 『탐史』(푸른역사, 2006)], pp. 18-9. 이 책은 저자가 자신의 남편인 피터 버크Peter Burke를 비롯하여 잭 구디Jack Goody, 에이사 브릭스Asa Briggs, 나탈리 지몬 데이비스Natalie Zemon Davis, 케이스 토머스Keith Thomas, 다니엘 로쉬Daniel Roche, 로버트 단턴Robert Darnton, 카를로 긴즈부르그Carlo Ginzburg, 퀸틴 스키너Quentin Skinner 등 현존하는 유명 역사학자들과 정치학자와 나눈 대화를 정리한 일종의 대담집이다. 흥미롭게도 저자는 자신과 대화를 나눈 거의 모든 역사학자들에게 집요하리만치 '비교사'의 문제를 질문하고 있다.
18. 같은 책, p. 121.
19. 같은 책, pp. 72-4.
20. 폴 벤느, 『역사는 어떻게 쓰는가』, 이상길, 김현경 옮김(새물결, 2004), pp. 205, 209.
21. Marc Bloch, "A Contribution Towards a Comparative History of European Societies," pp. 45, 70, 72, 75.
22. 1960년대 말부터 1970년대 초에 민권 운동과 반전 운동을 경험한 새로운 세대의 미국 사회학자들인 이들이 자본주의와 서구의 지배 하에서 세계 여러 지역의 사회들이 어떻게 역사적으로 변형되었는지에 관심을 갖고 '역사 사회학historical sociology'이라는 새로운 연구 분야를 개설하였을 때, 그 이전까지 미국의 보수적인 사회학을 지배한 '통계학적 방법statistical method'의 대안으로 내세운 것이 바로 '비교 방법'이었다. 이들은 사회학의 '역사학적 전환historic turn'을 이루어 내면서 1980년대에 들어와 '미국사회학회' 내에 역사 사회학을 주로 연구하는 전문 분과를 설치하게 되었는데, 그 분과의 명칭이 '비교역사사회학 분과Comparative Historical Sociological Section'였다. 지금까지 비교의 '방법'이 여러 학문분

과들 사이에서 널리 유행하고 있는 데에는 이들 역사 사회학자들의 공헌도 상당히 있을 것이다. 그러나 이들이 아무리 비교 방법을 사용하여 각국의 혁명들 혹은 민주주의와 독재의 사회적 기원과 같은 비교 대상들을 역사적으로 관찰했다 해도 결국 그들의 연구는 각 지역에서 발생한 혁명이나 정치 형태의 역사적 유형학에 머물고 말았다. 이들을 '좌파 베버주의자들the left Weberians'로 부르는 이유도 거기에 있다. William H. Sewell Jr., *Logics of History: Social Theory and Social Transformation* (Chicago and London: Univ. of Chicago Press, 2005), pp. 81-2.

23. T. Skocpol and M. Somers, "The Uses of Comparative History," *Comparative Studies in Society and History*, vol. 22 (1978), pp. 174-97.

24. C. Tilly, "Big Structures, Large Processes, Huge Comparisons," *CRSO Working Paper 195* (Ann Arbor: Univ. of Michigan, 1983).

25. 덴 브라임부셰가 다룬 이들의 저작들은 다음과 같다. T. Skocpol, *States and Social Revolution* (Cambridge. Mass., 1979); J. Paige, *Agrarian Revolution* (Free Press, 1978); B. Moore, *Social Origins of Dictatorship and Democracy* (Boston, 1966); R. Brenner, "Agrarian Class Structure and Economic Development in Pre-Industrial Europe," *Past and Present*, no. 70 (1976); I. Wallerstein, *The Modern World-System I-III* (New York, 1974-1989); W. W. Rostow, *The Stages of Economic Growth* (Cambridge, Mass., 1960); C. Brinton, *The Anatomy of Revolution* (New York, 1965).

26. A. A. van Den Braembusshe, "Historical Explanation and Comparative Method," pp. 10-24. 이 다섯 가지 타입의 비교 유형의 자세한 내용에 관해서는 pp. 15-21을 볼 것.

27. 폴 벤느, 앞의 책, p. 206.

28. Raymond Grew, "The Case for Comparing Histories," p. 768.

29. Maria Lucia Pallares-Burke, *The New History*, p. 17. 마르크 블로크가 비교사를 제안한 궁극적 목적은 민족사/국가사 중심의 역사 서술을 비판하고 넘어서려는 것이었고 거기에 그의 제안의 현재성이 있다고 해석하면서, 블로크의 비교사는 서구 중심주의에 대한 비판적 대안이 될 수 있다고까지 주장하는 글도 있다. 고원, 「마르크 블로크의 비교사」, 『서양사론』 제93호 (2007. 6), pp. 159-81을 볼 것.

30. Maria Lucia Pallares-Burke, 앞의 책, p. 148.

31. 예컨대 "새로운 시대의 새로운 세계사"를 주제로 『서양사론』 제92호 (2007. 3)에 실린 차하순, 「새로운 세계사의 조건」; 김원수, 「글로벌 히스토리(Global History)의 역사들의 지평을 넘어서」; 강철구, 「한국에서 서양사를 어떻게

보아야 하나 — 유럽중심주의의 극복을 위한 제언」 등을 볼 것.

32. G. 배러클로우, 『현대 역사학의 추세와 방법론』, 이연규 옮김(풀빛, 1983), pp. 259-60.

33. George F. Frederickson, "From Exceptionalism to Variability," p. 589.

34. R. J. B. Bosworth, "Explaining 'Auschwitz' After the End of History: The Case of Italy," *History and Theory*, vol. 38, no. 1 (1999), p. 85.

35. Keith Jenkins, *Rethinking History* (London: Routledge, 1991)[최용찬 옮김, 『누구를 위한 역사인가』, 혜안, 1999)], pp. 5-6.

36. Maria Lucia Pallares-Burke, *The New History*, p. 17.

37. A. A. van Den Braembussche, "Historical Explanation and Comparative Method," p. 22.

38. 그런 의미에서 비교사의 영어식 표현은 흔히 통용되는 것처럼 'comparative history'라고 하기보다는, 일부 역사학자들이 표기하고 있는 것처럼 역사 서술(또는 역사학)의 비교라는 의미를 갖는 'comparative historiography'라고 해야 할 것이다.

39. Jörn Rüsen, "Some Theoretical Approaches to Intercultural Comparative Historiography," *History and Theory*, vol. 35, no. 4 (1996), pp. 7-8.

40. Dipesh Chakrabarty, "History as Critique and Critique(s) of History," *Economic and Political Weekly*, Sept. 14 (1991), p. 2164.

41. 위의 글. 피터 버크가 말하는 과거 의식의 세 가지 토대에 관해선 Peter Burke, *The Renaissance, Sense of the Past* (New York: St. Martin Press, 1970)를 볼 것. 차크라바르티는 이 세 가지 토대들에 신의 시간으로부터 세속적 시간의 분리를 또 하나의 토대로 덧붙이면서, 그 같은 분리를 통해 신들과 영적 창조물들은 인간의 세계에 관한 서사들에서 추방되었고, 그 결과 비로소 역사학 분과의 '휴머니즘'이 성립했다고 말한다. 물론 그 휴머니즘적 주체는 유럽의 경우 '시민'으로 호명된다. 코젤렉R. Koselleck이 유럽에서는 18세기 후반 계몽사상에 의해 신이 인간성을 지니고 움직이는 역사가 아니라 이성적 존재로서의 인간이 주체가 되는 역사라는 관념이 등장함으로써 근대 역사학이 성립할 수 있게 되었다고 말한 것도 같은 맥락에서이다. R. Koselleck, *Futures Past: On the Semantics of Historical Time*, Keith Tribe trans. (Cambridge, Massachusetts: MIT Univ. Press, 1985), p. 200.

42. Jürgen Kocka, "Comparative Historical Research: German Examples," p. 374.

43. Jörn Rüsen, "Some Theoretical Approaches to Intercultural Comparative

Historiography," pp. 7, 12.

44. Sebastian Conrad. "What Time is Japan? Problems of Comparative (Intercultural) Historiography," *History and Theory*, vol. 38, no. 1 (1999), p. 69.

45. Dipesh Chakrabarty, "History as Critique and Critique(s) of History," p. 2164.

46. Jörn Rüsen, "Some Theoretical Approaches to Intercultural Comparative Historiography," p. 7.

47. 이러한 인과성 개념들에 관해선 Louis Althusser, Étienne Balibar, *Reading Capital*, Ben Brewster trans, (London and New York: Verso, 1979)[김진엽 옮김, 『자본론을 읽는다』(두레, 1991)], pp. 164, 182, 184, 186-7, 190, 224, 305, 310을 볼 것. 여기에서 잠시 알튀세르가 사용한 은유 — 물론 이 은유는 '역사와 진리는 목적도 없고 주체도 없는 과정'이라는 그의 명제와 관련되는 것이지만 — 를 음미해 보자: "…목적을 근원적 원인으로… 파악하기를 거부하는 것, 그것이 바로 유물론적으로 사고하는 것이기 때문이다… 관념론자란 기차가 어느 역에서 출발하며 그 목적지가 어디인지를 아는 사람이다. 관념론자는 그 사실을 미리 알고 있으며 그가 기차에 올라탈 때는 자신이 어디로 가고 있는지도 안다. 그런데 유물론자는 반대로 그 기차가 어디서 와서 어디로 가는지도 모른 채 움직이고 있는 기차에 올라타는 사람이다." Louis Althusser, *The Future Lasts a Long Time and the Facts*, Richard Veasey trans. (London: Chatto & Windus, 1993)[권은미 옮김, 『미래는 오래 지속된다』(돌베개, 1993)], p. 217.

48. Peter Novick, *That Noble Dream: The 'Objectivity Question' and the American Historical Profession* (Cambridge Univ. Press, 1988).

49. 그러므로 마르크 블로크가 민족-국가가 존재하지도 않고 민족-국가의 경계선이 그어지지도 않은 중세의 유럽 사회들을 비교하면서, 비교는 민족-국가를 단위로 하는 "낡은 지형학적 구분"에서 벗어나야 한다고 주장한 것은 사실 공허한 이야기일 뿐이다. 오히려 그러한 주장의 실행으로서의 중세 사회의 비교 자체가 민족-국가를 암묵적으로 전제하고 있는 것이다. 그런 의미에서 그가 비교하는 중세 사회들에는 민족-국가의, 더 나아가서는 유럽 중심주의의의 그림자가 '사후에' 덧씌워져 있다.

50. Maria Lucia Pallares-Burke, *The New History*, pp. 200.

51. Benedict Anderson, *The Spectre of Comparisons: Nationalism, Southeast Asia and the World* (London and New York: Verso, 1998), p. 2.

52. Harry Harootunian, *History's Disquiet*, p. 17.

제4장_다시, 서발턴은 누구/무엇인가?

1. 강옥초,「그람시와 '서발턴' 개념」,『역사교육』82집(2002), p. 138의 주 8을 볼 것.
2. Gayatri C. Spivak, "Constitutions and Culture Studies," *Yale Journal of Law and Humanities*, II. i (1990), p. 141.
3. 태혜숙,『대항 지구화와 '아시아' 여성주의』(울력, 2008), p. 39.
4. 강옥초,「그람시와 '서발턴' 개념」, p. 138.
5. Antonio Gramsci, "Some Aspects of the Southern Question," Selections from Political Writings: 1921-1926, Quintin Hoare trans. and ed. (New York: International Publishers, 1978), pp. 441-62; 강옥초,「그람시의 남부주의와 1926년 논고」,『서양사론』73호(2002)를 볼 것.
6. Lisa Lowe and David Lloyd, "Introduction," Lisa Lowe and David Lloyd eds., *The Politics of Culture in the Shadow of Capital* (Durham and London: Duke Univ. Press, 1997), p. 12.
7. Antonio Gramsci, "Note on Italian History," *Selections from the Prison Notebooks*, Quintin Hoare and Geoffrey Nowell Smith eds. and trans. (New York: International Publishers, 1971)[이상훈 옮김,『그람시의 옥중수고』I, II(거름, 1993)], pp. 52, 55.
8. 강옥초,「그람시와 '서발턴' 개념」, p. 139.
9. Ranajit Guha, "On Some Aspects of the Historiography of Colonial India," *Subaltern Studies I* (1982), p. 1.
10. 이에 관해서는 Ranajit Guha, "The Prose of Counter-Insurgency," *Subaltern Studies II* (1983), pp. 1-40을 볼 것.
11. Ranajit Guha, "A note on the terms 'elite,' 'people,' 'subaltern,' etc. as used above," *Subaltern Studies I* (1982), p. 8.
12. John Beverley, *Subalternity and Representation: Arguments in Cultural Theory* (Durham and London: Duke Univ. Press, 1999), p. 85-6.
13. Ranajit Guha, "A note on the terms 'elite,' 'people,' 'subaltern,' etc. as used above," p. 8.
14. John Beverley, *Subalternity and Representation*, p. 88. 다른 맥락에서이긴 하지만, 전통적인 마르크스주의 입장에서 서발턴 연구를 비판하면서 서발턴 의식을 "무정형의 범주amorphous category"라고 규정하는 아마드Aijaz Ahmad도 구하의

엘리트/민중 구분법이 그람시와 미국 사회학의 언어 일부를 '민중 내부의 모순'과 신민주주의를 강조한 마오주의와 조화시킴으로써 "주목할 만한 왜곡"을 드러내고 있고, 그 결과 서발턴 연구 프로젝트는 혼종적인 포스트구조주의에 크게 의존하게 되었다고 비판한다. Aijaz Ahmad, *In Theory: Nations, Classes, Literatures* (London: Verso, 1991), pp. 7, 321-2의 주7을 볼 것.

15. Ranajit Guha, "A note on the terms 'elite,' 'people,' 'subaltern,' etc. as used above," p. 8.

16. Gayatri C. Spivak, "Can the Subaltern Speak?," Cary Nelson and Lawrence Grossberg eds., *Marxism and the Interpretation of Culture* (Urbana and Chicago: Univ. of Illinois Press, 1988), pp. 284-5.

17. Gayatri C. Spivak, "Can the Subaltern Speak?," p. 285.

18. John Beverley, *Subalternity and Representation*, p. 88.

19. Ranajit Guha, "Preface," Subaltern Studies I, p. vii.

20. 라틴아메리카 서발턴 연구집단도 그 창설 선언문에서 서발턴이란 고정되어 있는 "어떤 사물a thing"이 아니라 "변전하고 표류하는 주체mutating, migrating subject"를 가리키며, 그러한 주체로서의 서발턴에는 "농민, 프롤레타리아, 공식·비공식 부분의 노동자들, 저소득—불완전 취업자들, 노점상들, 화폐 경제의 외부나 주변에 있는 자들, 모든 부류의 룸펜들과 전前룸펜들, 아동들, 노숙자들 등 광범한 대중"이 포함된다고 말하고 있다. 그들이 말하는 서발턴(들)은 구하가 말하는 서발턴(들)과 다르지 않다. Latin American Subaltern Studies Group, "Founding Statement," John Beverley, Michael Aronna, and José Oviedo eds., *The Postmodernism Debate in Latin America* (Durham and London: Duke Univ. Press, 1995), p. 146.

21. Ranajit Guha, "Subaltern Studies: Projects for Our Time and Their Convergence," Ileana Rodriguez ed., *The Latin American Subaltern Studies Reader* (Durham and London: Duke Univ. Press, 2001), pp. 42-3. 라클라우Ernesto Laclau와 무폐Chantal Mouffe도 식민-토착 엘리트의 권력이 지배한 "제3세계 나라들에서는 제국주의적 착취로 인해, 그리고 난폭하고 중앙 집중적인 지배 형식들이 압도적이라는 점으로 인해 민중의 투쟁은 처음부터 단일한 중심이나 명료하게 구성되는 하나의 적을 갖는 경향을 띤다. … 우리는 민중적 주체 위치popular subject position라는 용어를 이처럼 정치적 공간을 적대적인 두 진영으로 나누는 것에 기초하여 구성되는 위치를 가리키는 것으로 사용하겠다"고 말하고 있다. Ernesto Laclau and Chantal Mouffe, *Hegemony and Socialist Strategy* (London: Verso, 1985)[김성기 외 옮김, 『사회변혁과 헤게모니』(터, 1990)], p. 131.

22. Ranajit Guha, "On Some Aspects of the Historiography of Colonial India," pp. 4, 6.

23. Ranajit Guha, *Dominance without Hegemony: History and Power in Colonial India* (Cambridge and London: Harvard Univ. Press, 1997), pp. 20-3.

24. Ranajit Guha, "A note on the terms 'elite,' 'people,' 'subaltern,' etc. as used above," p. 8.

25. Gayatri C. Spivak, "Subaltern Studies: Deconstructing Historiography," *In Other Worlds: Essays in Cultural Politics* (London: Routledge, 1988)[태혜숙 옮김, 『다른 세상에서』(여이연, 2003)], p. 204.

26. John Beverley, *Subalternity and Representation*, p. 101.

27. "Glossary of Key Terms in the Work of Gayatri Chakravorty Spivak," from Internet Site of Postcolonial Studies at Emory.

28. Gyan Prakash, "Writing Post-Orientalist Histories of the Third World: Perspectives from Indian Historiography," *Comparative Studies in Society and History*, vol. 32, no. 2 (1990), p. 401.

29. John Beverley, *Subalternity and Representation*, pp. 88-91. '민중전선'은 국내에서 흔히 '인민전선'으로 번역된다.

30. 디미트로프의 민중전선 전술에 관해선 C. D. Kernig ed., *Western Society and Marxism, Communism: A Comparative Encyclopedia*, Vol. VI (New York: Herder and Herder, 1973), pp. 394-7을 볼 것.

31. John Beverley, *Subalternity and Representation*, p. 88.

32. Homi Bhabha, "DissemiNation," Homi Bhabha ed., *Nation and Narration* (London: Routledge, 1990) [류승구 옮김, 『국민과 서사』(후마니타스, 2011)], p. 297.

33. 또한 고정된 '사물a thing'이 아니라 차이의 '전망a perspective'으로서의 서발턴 개념에 관해서는 Walter D. *Mignolo, Local History/Global Designs: Coloniality, Subaltern Knowledge, and Border Thinking* (Princeton: Princeton Univ Press, 2000), p. 188을 볼 것.

34. Gyan Prakash, "Impossibility of Subaltern History," *Nepantla*, vol. 1, issue 2 (2000), p. 288.

35. Antonio Gramsci, *Selections from the Prison Notebooks*, p. 273.

36. Ranajit Guha, *Elementary Aspects of Peasant Insurgency in Colonial India* (Dehli: Oxford Univ. Press, 1983)[김택현 옮김, 『서발턴과 봉기』(박종철출판사, 2007)], p. 18.

37. 같은 책, p. 42.

38. John Beverley, *Subalternity and Representation*, p. 99.

39. Ranajit Guha, *Elementary Aspects of Peasant Insurgency in Colonial India*, p. 75.

40. 같은 책, p. 11.

41. 영어의 representation은 두 가지 의미가 있다. 하나는 정치적으로 '대표(혹은 대변)한다' 는 의미이고, 다른 하나는 어떤 사물이나 존재를 '다시 현존케 한다,' 즉 '묘사한다' 는 의미이다. 독일어에서 그 두 의미는 각각 'vertreten' 과 'darstellen' 으로 구별된다. 따라서 representation은 문맥상 대표의 의미로 해석될 수도 있고, 묘사의 의미로 해석될 수도 있다. 스피박은 이 두 가지 의미의 일치(연속성)와 불일치(불연속성)를 문제 삼고 있는 것이다.

42. Michel Foucault, "Intellectuals and Power," *Language, Counter-Memory, Practice: Selected Essays and Interviews*, Donald F. Bouchard ed., Donald F. Bouchard and Sherry Simon trans. (Ithaca: Cornell Univ. Press, 1977), pp. 206-7. 이 글은 1972년에 있었던 푸코와 들뢰즈의 대담을 기록한 것이다.

43. Gayatri C. Spivak, "Can the Subaltern Speak?," p. 275.

44. 같은 글, p. 290.

45. Louis Althusser, *Lenin and Philosophy and Other Essays*, Ben Brewster trans. (New York: Monthly Review Press, 2001)[이진수 옮김, 『레닌과 철학』(백의, 1992)], p. 89.

46. 물론 이데올로기에 관한 정의는 다양하다. 다양한 이데올로기론에 관해서는 Slavoj Žižek ed., *Mapping Ideology* (London: Verso, 1994)를 볼 것.

47. Louis Altusser, *Lenin and Philosophy and Other Essays*, p. 109.

48. Michel Foucault, "Intellectuals and Power," p. 215. 이 같은 이해 방식은 예컨대 최근에 회자된 "대중 독재론"과 같은 담론에서도 나타난다. 독재나 파시즘에 대한 대중의 지지는 기만당한 의식의 소산이 아니라 자발성의 소산이라는 대중 독재론의 주장은 대중에게는 기만당하지 않는 의식, 즉 이데올로기가 아니거나 이데올로기 외부에 있는 '순수한' 의식이 있다는 것을 전제하고 있다. 이러한 주장은 대중과 권력관계를 사고하는 데에서 이데올로기에 대한 문제의식의 부재를 드러낸다. 그것은 들뢰즈나 푸코의 반대 방향에서 이루어지는 '역설적인 주체-특권화' 이자 '위험한 유토피아주의' 이다.

49. Gayatri C. Spivak, "Subaltern Studies: Deconstructing Historiography," p. 213.

50. Louis Althusser, *Lenin and Philosophy and Other Essays*, p. 119.

51. 같은 책, pp. 115-7.
52. Gayatri C. Spivak, "Subaltern Studies: Deconstructing Historiography," p. 208.
53. Gayatri C. Spivak, "Can the Subaltern Speak?," p. 285.
54. Ranajit Guha, *Elementary Aspects of Peasant Insurgency in Colonial India*, pp. 15, 17.
55. Gayatri C. Spivak, "Can the Subaltern Speak?," p. 296.
56. Gayatri C. Spivak, "Subaltern Studies: Deconstructing Historiography," p. 201.
57. Gayatri C. Spivak, "Politics of Subaltern," *Socialist Review*, vol. 20, no 3 (1990), p. 91.
58. Gayatri C. Spivak, "Can the Subaltern Speak?," p. 286. 피에르 마슈리Pierre Macherey도 이데올로기 문제와 관련하여 "작품에서 중요한 것은 작품이 말할 수 없는 내용이다. … 작품이 말할 수 '없는' 것이 중요한 이유는 거기에서 일종의 침묵으로의 여행을 통해 언설의 정교화the elaboration of the utterance가 수행되기 때문"이라고 말한다. Pierre Macherey, *A Theory of Literary Production*, Geoffrey Wall trans. (London: Routledge, 1978), p. 87.
59. Gayatri C. Spivak, "Can the Subaltern Speak?," p. 293.
60. Gayatri C. Spivak, "Subaltern Studies: Deconstructing Historiography," p. 207.
61. John Beverley, Subalternity and Representation, p. 103.
62. 같은 책, pp. 102, 103.
63. 같은 책, pp. 103-4.

제5장_ 서발턴 역사를 로컬 역사로 읽기

1. Gayatri C. Spivak, "Subaltern Studies: Deconstructing Historiography," Subaltern Studies IV (1985), p. 339.
2. Gayatri C. Spivak, "Can the Subaltern Speak?," Cary Nelson and Lawrence Grossberg eds., *Marxism and the Interpretation of Culture* (Urbana and Chicago: Univ. of Illinois Press, 1988), pp. 294-308.
3. Adriana Johnson, "Everydayness and Subalternity," *South Atlantic Quarter-

ly, 106: 1 (Winter 2007), p. 30.

4. Gyan Prakash, "The Impossibility of Subaltern History," *Nepantla*, vol. 1, issue 2 (2000), p. 288.

5. Partha Chatterjee, "Interview: Partha Chatterjee in Conversation with Anuradha Dingwaney Needham," *Interventions*, vol. 1, no. 3 (1999), pp. 414-7.

6. Dipesh Chakrabarty, *Provincializing Europe: Postcolonial Thought and Historical Difference* (Princeton and Oxford: Princeton Univ. Press, 2000), p. 17.

7. 같은 책, p. 94-5.

8. Dipesh Chakrabarty, "History as Critique and Critique(s) of History," *Economic and Political Weekly*, Sept. 14 (1991), p. 2164.

9. 로버트 영은 이렇게 말한다; "헤겔은 타자의 전유라는 철학적 구조를 19세기 제국주의의 기획을 괴이하게 모방하고 있는 하나의 지식 형식으로 표명한다. 즉, 모든 것이 타자의 박탈과 통합의 형식을 통해 작동하는 지식들의 구성은 개념적 차원에서 서양에 의한 비유럽 세계의 지리적, 경제적 통합을 흉내 내고 있는 것이다." Robert J. C. Young, *White Mythologies*, 2nd. Edition, (New York: Routledge, 2004), pp. 34-5.

10. Harry Harootunian, *History's Disquiet: Modernity, Cultural Practice, and the Question of Everyday Life* (New York: Columbia Univ. Press, 2000), pp. 25-42.

11. 독특성과 종별성speciality은 다르다. 종별성은 어떤 일반성의 구조에 속하며 그것은 독특성에 대한 관점을 방해한다. 독특성은 관점viewing의 문제이다. 이 두 개념의 의미 차이에 관해서는 폴 벤느, 『역사는 어떻게 쓰는가』, 이상길, 김현경 옮김(새물결, 2004), pp. 103-5에서의 설명을 볼 것.

12. Robert J. C. Young, *White Mythologies*, p. 1.

13. 이에 관해서는 Robert J. C. Young, *Postcolonialism: An Historical Introduction* (Oxford and Malden, Mass.: Blackwell, 2001), pp. 44-56을 볼 것.

14. Sarah A. Radcliffe, "Geographies of Modernity in Latin America: Uneven and Contested Development," Nicola Miller and Stephen Hart eds., *When was Latin America Modern?* (London: Palgrave Macmillan, 2007)[서울대 라틴 아메리카 연구소 옮김, 『라틴 아메리카의 근대를 말하다』(그린비, 2008)], pp. 21, 23.

15. 포르투갈어인 크리올루루criolulu, 스페인어인 크리오요criollo에서 유래하는 크레올은 원래 열대 식민지에서 태어나고 자란, 백인 유럽인들의 자손을 가리키는 말이었다. 나중에 그 용어의 의미가 확장되어 토착 원주민들, 유럽 계통이 아닌 사람들을 가리키게 되었고, 또 카리브해와 서아프리카 일대에서 크레올들이 사용하는 어떤 언어들을 가리키는 말로도 사용되었다. 그러나 17세기부터 19세

기에 이르는 동안 영어권에서는 통상적으로 그 용어는 백인이든 흑인이든 상관없이 '서인도제도the West Indies'에서 태어난 사람을 가리키는 것으로 사용되었다. 그 말 자체는 피부색을 함축하지 않고 있지만, 유럽인들에게 그 용어는 '식민적 이종 혼합colonial miscegenation'을 상기시키는 위험스런 말이 되었다. 이 크레올이라는 용어에서 파생된 크레올화는 크레올 사회를 낳은 혼합과 문화적 변화의 과정을 의미한다. 크레올화 과정은 전 세계에서 진행되고 있다고 할 수 있으나, 그 개념은 대개 카리브해를 포함한 라틴아메리카에 적용되어 왔고, 더 느슨하게는 유럽의 식민화의 결과로 인해 인종적, 민족적으로 혼합된 주민들이 살고 있는 포스트식민 사회들에도 적용되어 왔다. 에드워드 브래스웨이트Edward K. Brathwaite에 따르면, 크레올화는 하나의 산물이 아니라 한 문화가 다른 문화를 흡수하는 문화 변용acculturation의 측면과 문화들 간의 혼합을 통해 서로 풍성해 지는 상호작용이 벌어지는 문화 혼융interculturation의 측면 두 가지를 통합하는 하나의 과정이다. Edward K. Brathwaite, *The Development of Creole Society in Jamaica, 1770-1820* (Oxford: Oxford Univ. Press, 1971), p. 11; Bill Ashcroft et al., *Key Concepts in Post-Colonial Studies* (London and New York: Routledge, 1998), pp. 57-9.

16. Walter D. Mignolo, *Local Histories/Global Designs: Coloniality, Subaltern Knowledges, and Border Thinking* (Princeton: Princeton Univ. Press, 2000), pp. 51, 58-9.

17. 같은 책, p. 58.

18. 같은 책, pp. 49-66.

19. 같은 책, pp. 50, 52-3, 59-60; Anibal Quijano, "Modernity, Identity, and Utopia in Latin America," J. Beverley, M. Aronna, and J. Oveido eds., *The Postmodernism Debate in Latin America* (Durham and London: Duke Univ. Press, 1995), pp. 202-16.

20. Enrique Dussel, "Beyond Eurocentrism: The World-System and the Limits of Modernity," E. Jameson and M Miyoshi eds., *The Cultures of Globalization* (Durham and London: Duke Univ. Press, 1998), pp. 3-30.

21. 이에 관해서는 Michel-Rolph Trouillot, *Silencing the Past: Power and the Production of History* (Boston: Beacon Press, 1995), pp. 70-107을 볼 것.

22. Enrique Dussel, "Eurocentrism and Modernity," *The Postmodernism Debate in Latin America*, pp. 65-76.

23. Walter D. Mignolo, *Local Histories/Global Designs: Coloniality, Subaltern Knowledges, and Border Thinking*, p. 69.

24. 같은 책, pp. 69-70.

25. 같은 책, p. 70.
26. 같은 책, p. 68.
27. Abdelkebir Khatibi, *Love in Two Languages*, Richard Horward trans., (Minneapolis: Univ. of Minnesota Press, 1990), pp. 63-111.
28. Walter D. Mignolo, *Local Histories/Global Designs: Coloniality, Subaltern Knowledges, and Border Thinking*, p. 73.
29. Edouard Glissant, *Poetics of Relation*, Betsy Wing trans. (Ann Arbor: Univ. of Michigan Press, 1997), p. 114.
30. 같은 책, pp. 114-9.
31. 같은 책, p. 190.
32. Walter D. Mignolo, *Local Histories/Global Designs: Coloniality, Subaltern Knowledges, and Border Thinking*, p. 78.

제6장_영국의 식민 정책과 인도에서의 농민 봉기

1. Ranajit Guha, *A Rule of Property for Bengal: An Essay on the Idea of Permanent Settlement* (Durham and London: Duke Univ. Press, 1963, 1996).
2. Ranajit Guha, *Elementary Aspects of Peasant Insurgency in Colonial India* (Dehli: Oxford Univ. Press, 1983). 필자는 이전에 발표한 「서발턴 역사 서술과 인도의 농민 봉기」, 『역사비평』 53호(2000), pp. 149-72; 「서발턴 연구의 정체성? ─ 논쟁과 비판」, 『서양사론』 70호(2001), pp. 290-5; 「포스트식민 역사(학)의 불가능성?: '서발턴의 역사' 와 '서발턴 히스토리'」, 『역사와 문화』 12호(2006), pp. 45-50에서 이 『서발턴과 봉기』를 다룬 적이 있다. 여기에서는 기존의 글들에서 미처 언급하지 못했거나 새롭게 강조해야 하는 내용을 중심으로 서술했다.
3. Ranajit Guha, *Elementary Aspects of Peasant Insurgency in Colonial India*, p. 8.
4. *Subaltern Studies I* (1982), p. 237에 실린 「용어 해설 Glossary」에 따르면, 자민다르는 지주, 탈룩다르는 벵골에서 "토지 보유권을 가진 중간급 지주 intermediate tenureholding landlord"를 말한다.
5. Ranajit Guha, *A Rule of Property for Bengal*, p. 1. 구하의 첫 저서인 이 책의 초판은, 구하 자신의 말을 빌면, 인도의 "적대적인 학계 분위기"(같은 책, p. xiii)

때문에 프랑스 파리의 무통Mouton 출판사에서 1963년에 간행되었다. 구하는 자신이 말한 적대적인 학계 분위기가 어떤 것이었는지에 관해선 따로 언급하고 있지 않다. 하지만 그 저서의 내용과 문제 설정 그리고 구하의 정치적, 이론적 입장에 비추어 볼 때, 그가 말한 적대적인 분위기란 아마도 한편에서는 당시 인도 학계를 지배해 온 민족주의적 분위기, 그리고 다른 한편에서는 정통 마르크스주의적 분위기, 그 둘일 것이다. 그래서인지 인도 역사학계에서 『소유권의 지배』는 거의 20여 년 동안 외면당해 왔고, 『서발턴 연구』가 창간된 이듬해인 1983년에 비로소 재출간될 수 있었다.

6. 원래 settlement라는 용어는 청산하거나 결산하는 것, 혹은 법적으로 어떤 권리나 재산을 부여하거나 양도하거나 계승하는 것을 뜻하지만, 이 법령으로 인도에서 지주의 토지 소유권 제도가 확립되어 장기간 유지되었으므로 본문에서와 같이 '영대 토지 소유제'로 번역하기도 하고 때로는 '영대 자민다리zamindari제,' '영구 정액제' 등으로 번역하기도 한다. 구하도 다른 곳에서 'permanent settlement' 대신 'zamindari settlement'라고 쓰고 있다. Ranajit Guha, *Dominance without Hegemony: History and Power in Colonial India* (Cambridge, Massachusetts: Harvard Univ. Press, 1997), p. 2를 볼 것.

7. Ranajit Guha, *A Rule of Property for Bengal*, pp. 7-8.

8. 같은 책, p. 8.

9. 같은 책, p. 9.

10. 이 '1776년 플랜'은 토지 소유권을 법제화하기 전에 벵골 농촌의 실태를 조사하고, 영대 토지 소유세가 단지 토지 소유권의 혁신만이 아니라 농업 개혁과 상업 개혁을 위한 프로그램으로서도 작동할 수 있도록 하기 위한 것이었다. 한마디로 그 플랜은 벵골 전체에 근대 자본주의 경제 체제를 이식하기 위한 것이었다. 이 플랜의 추진 과정과 구체적 내용에 관해서는 같은 책, pp. 91-150을 볼 것.

11. 같은 책, pp. 206-13.

12. 같은 책, p. 215.

13. 『서발턴과 봉기』는 바로 영대 토지 소유제 발효 이후 식민 권력과 자민다르와 사후카르에 대한 농민들의 저항에 관한 책이다.

14. Amartya Sen, "Foreword," Ranajit Guha, *A Rule of Property for Bengal*, p. xi.

15. 구하 자신도 이 계급에 속했다. 그는 이렇게 말한다: "일찍이 젊은 시절 나는, 벵골의 나와 같은 세대의 다른 이들처럼, 영대 토지 소유제의 그림자 안에서 성장했다. 나의 수입원은, 가족의 그것과 마찬가지로, 결코 가본 적이 없는 저 멀리 떨어진 토지였다. 내가 받은 교육의 방향은 식민 관료들의 요구에 따른 것이었는데, 관료들 중 간부급들은 콘 월리스 경의 봉신封臣들의 자손들 중에서 충원

되고 있었다. 나의 문화 세계는 비옥한 땅에 기생하는 중간 계급의 가치들에 의해 엄격히 제한되어 있었고, 그 땅에 살고 있는 농민 대중들의 토착 문화와는 동떨어져 있었다. 그러므로 나는 영대 토지 소유권을 특히 사회적, 경제적 정체停滯와는 아무 관련 없는 권한으로 간주하게 되었다." Ranajit Guha, *A Rule of Property for Bengal*, p. xv. 그러므로 이 영대 토지 소유제가 실행된 벵골에서 서구식 근대 교육을 받고 "정신세계가 바뀐 최초의 아시아 사회집단"이 출현하게 된 것은 우연이 아니다. Tapan Raychaudhuri, *Europe Reconsidered: Perceptions of the West in Nineteenth-Century Bengal* (New Delhi: Oxford Univ. Press, 2002), p. xxi.

16. Amartya Sen, "Foreword," pp. ix-xii.

17. 구하는 『서발턴 연구』가 출간된 "그 당시에 나의 관심사는 남아시아 역사학에서의 엘리트주의에 대한 비판이었다"고 말한다. Ranajit Guha, *History at the Limit of World-History* (New York: Columbia Univ. Press, 2002), p. 1.

18. Ranajit Guha, *A Rule of Property for Bengal*, p. xv. 구하는 프랜시스를 "젊은 알키비아데스Young Alcibiades"라 부르면서 그의 '과감한' 정책 추진 과정을 같은 책, pp. 58-90에서 상세히 묘사한다.

19. 같은 책, p. xiii.

20. 같은 책, p. xiii.

21. 같은 책, p. xiv.

22. Arif Dirlik, "The Postcolonial Aura: Third World Criticism in the Age of Global Capitalism," Padmini Mongia ed., *Contemporary Postcolonial Theory: A Reader* (London: Arnold, 1996), p. 302. 서발턴 연구집단의 멤버였던 수미트 사르카르는 1980년대 말에 서발턴 연구집단이 포스트구조주의 이론에 빠져 계몽적 합리주의를 거부하고 있다는 이유로 서발턴 연구집단에서 이탈하는데, 그는 초창기의 서발턴 연구가 '아래로부터의 역사'처럼 '훌륭한 마르크스주의 역사'를 지향했었다고 말한다. Sumit Sarkar, "The Fascism of the Sangha Parivar," *Economic and Political Weekly*, January, 20 (1993), pp. 164-5.

23. Ranajit Guha, *Elementary Aspects of Peasant Insurgency in Colonial India*, p. 12.

24. Ileana Rodríguez, "Reading Subaltern Across Texts, Disciplines, and Theories: From Representation to Recognition," Ileana Rodríguez ed., *The Latin American Subaltern Studies Reader* (Durham and London: Duke Univ. Press, 2001), p. 5.

25. Ranajit Guha, "Preface," *Subaltern Studies I* (1982), p. vii; "A note on the

term 'elte,' 'people,' 'subaltern,' etc. as used above," 같은 책, p. 8.

26. John Beverley, *Subalternity and Representation: Arguments in Cultural Theory* (Durham and London: Duke Univ. Press, 1999), p. 88.

27. Ranajit Guha, *Elementary Aspects of Peasant Insurgency in Colonial India*, p. 5.

28. 같은 책, pp. 6, 9, 10.

29. 같은 책, p. 5. 딩은 1783년에 랑푸르Ranpur에서 농민들이 일으킨 봉기의 이름이며, 비드로하는 1831년 바라사트Barasat에서 티투 미르Titu Mir가 이끈 농민 봉기 또는 1873년 파브나Pabna에서 벌어진 농민 봉기의 이름이다. 그리고 훌은 1855년 시도Sido와 카누Kanhu가 이끈 산탈Santal 부족민 봉기의 이름이고, 휘투리는 1899년 간잠Ganzam 지방 농민들이 일으킨 봉기의 이름, 울굴란은 1900년 비르사가 이끈 문다 부족민 봉기의 이름이다.

30. 같은 책, p. 18. 그람시도 20세기 초 이탈리아 농민들의 정치의식에 관해 묘사하는 가운데 "역사적으로 수세에 있는 하층 계급들lower classes은 일련의 부정을 통해서 자신들의 적의 정체성과 계급적 한계에 대한 의식을 통해 자기 각성에 도달할 수 있을 뿐이다. 그러나 바로 이 과정은 적어도 전국적으로는 아직 표면에 등장하지 않았다"고 말한다. Antonio Gramsci, "State and Civil Society," *Selections from the Prison Notebooks of Antonio Gramsci*, Quintin Hoare and Geoffrey Nowell Smith ed. and trans. (New York: International Publishers, 1971), p. 273.

31. Ranajit Guha, *Elementary Aspects of Peasant Insurgency in Colonial India*, p. 166.

32. 같은 책, p. 276.

33. 같은 책, p. 9.

34. 같은 책, p. 10.

35. 같은 책. p. 331.

36. David Jefferess, *Postcolonial Resistance: Culture, Liberation, and Transformation* (Toronto, Buffalo, London: Univ. of Toronto Press, 2008), p. 27.

37. Gayatri C. Spivak, "Subaltern Studies: Deconstructing Historiography," Ranajit Guha and Gayatri C. Spivak eds. *Selected Subaltern Studies* (New York and Oxford: Oxford Univ. Press, 1988), p. 3.

38. Ranajit Guha, "On Some Aspects of Historiography of Colonial India," *Subaltern Studies I*, pp. 1-7. 최근에 괴란 테르본Göran Therborn은 구하의 서발턴 연구를 E. P. 톰슨의 노동 계급의 역사와 더불어 전통적인 마르크스주의 역사학

내에서 "서발턴적 반反모더니즘subaltern anti-modernism"의 경향을 보여준 대표적 사례로 거론하고 있다. Göran Therborn, *From Marxism to Post-Marxism* (London and New York: Verso, 2008), pp. 34-5. 그러나 구하의 서발턴 연구는 포스트마르크스주의적이며, 반모더니즘적이라기보다는 대항 모더니즘적이라고 할 수 있다.

39. 구하가 바르트R. Barthes와 야콥슨R. Jacobson과 토포로프V. N. Toporov 등의 기호학 이론을 자주 활용하거나 산스크리트어를 비롯한 토착 인도어들의 문법과 용례들을 중요하게 다루고 있는 것도 그 때문이다. Ranajit Guha, *Elementary Aspects of Peasant Insurgency in Colonial India*, pp. 36, 46, 63, 228, 240, 242, 245, 251. 261 외 여러 곳을 볼 것.

40. 같은 책, p. 23.

41. 같은 책, pp. 30-1. 문지방이나 문턱을 의미하는 라틴어 리멘limen에서 유래하는 리미널리티는 심리학에서 인지할 수 있는 것과 인지할 수 없는 것 사이에 있는 경계 상태를 의미한다. 포스트식민 이론에서 이 개념은 문화의 변용變容이나 접변接變이 일어나는 '안- 사이in-between'의 상태 혹은 공간을 설명하는 데 사용된다. Bill Ashcroft, Gareth Griffiths and Hellen Tiffin, *Key Concepts in Post-colonial Studies* (London and New York: Routledge, 1998), pp. 130-1을 볼 것. 구하가 말하고 있는 농민의 리미널리티란 권력관계 안에 종속되어 있는 서발턴 농민들이 그들을 종속시키고 있는 조건 자체로 인해 현존하는 권위의 기호들을 수용함과 동시에 '꿰뚫어 볼 수 있고,' 따라서 그 조건이 요구하는 한계를 넘어 설 수 있게 되는 상황을 말한다. 호미 바바도 이 개념을 빌어 주인-노예의 변증법과 주변적인 것the marginal에 의한 중심적인 것의 부정을 설명하고 있다. Homi K. Bhabha, "DissemiNation: time, narrative, and the margins of the modern nation," Homi K. Bhabha ed. *Nation and Narration* (London and New York: Routledge, 1990), pp. 296-7.

42. Ranajit Guha, *Elementary Aspects of Peasant Insurgency in Colonial India*, p. 36.

43. John Beverley, *Subalternity and Representation: Arguments in Cultural Theory*, p. 99.

44. 인도는 물론 18세기 말 프랑스 혁명기의 농민 봉기와 16세기 독일의 농민 전쟁 시기에도 농민들에 의한 이러한 언어/말의 전복이 있었다. 이에 관해선 Ranajit Guha, *Elementary Aspects of Peasant Insurgency in Colonial India*, pp. 43-51을 볼 것.

45. 바흐친Mikhail Bakhtin은 언어를 저자의 견해를 표명하는 언어와 주인공들이

사용하는 언어로 구분하면서, 이러한 언어 상황을 그리스어로 '다르다'는 것을 뜻하는 '헤테로'와 '혀tongue'를 뜻하는 '글로싸/글로타glossa/glotta'를 합성하여 헤테로글로씨아heteroglossia로 불렀다. 디글로씨아는 이 헤테로글로씨아의 일종으로서, 바흐친이 유럽 르네상스 시기의 인문학자인 프랑수아 라블레François Rablais의 소설 『가르강튀아와 팡타그뤼엘Gargantua and Pantagruel』의 주인공들이 성직자와 귀족들에게 존댓말을 사용해 오던 태도를 뒤집어 막말이나 욕설로 그 지체 높은 자들을 조롱하는 상황에 착안하여 개념화한 것이다. 즉, 디글로씨아는, 단일한 문화 내에서 다른 민족어들national languages이 공존하는 상황을 가리키는 폴리글로씨아polyglossia와 달리, 어떤 문화 내에 두 가지 언어들이 공존하는 상황을 가리킨다. J. A. Cuddon ed., *A Dictionary of Literary Terms and Literary Theory*, 4th. edition (Oxford: Blackwell, 1998), p. 381; Jeremy Hawthorn, *A Glossary of Contem-porary Literary Theory*, 4th edition (London: Arnold, 2000), p. 152. 나아가 이 디글로씨아와 헤테로글로씨아는 "담론들을 형성시키고 유통시키지만 사회적으로 서열화되고 문화 외적外的으로 차이가 있는 언설들utterances 간에 벌어지는 역동적인 상호작용의 사회적 맥락"을 가리키기 위해서도 사용된다. Paul Bouissac ed., *Encyclopedia of Semiotics* (New York and Oxford: Oxford Univ. Press, 1998), p. 192. 요컨대 여기에서 구하가 말하고 있는 디글로씨아란 높은 위신을 지닌 언어와 위신이 낮은 구어口語나 속어俗語, 이 두 가지의 이중 언어 상황 혹은 양층兩層 언어 상황을 가리킨다.

46. Gayatri C. Spivak, "Subaltern Studies: Deconstructing Historiography," p. 4.

47. Ileana Rodríguez, *Liberalism at Its Limits: Crime and Terror in the Latin American Cultural Text* (Pittsburgh: Univ. of Pittsburgh Press, 2009), p. 226. n. 61.

48. Ranajit Guha, *Elementary Aspects of Peasant Insurgency in Colonial India*, p. 93.

49. 같은 책, p. 169.

50. 같은 책, p. 218-9.

51. 같은 책, p. 276.

52. 같은 책, p. 279.

53. 같은 책, p. 297.

54. Dipesh Chakrabarty, "Subaltern Studies and Postcolonial Historiography," *Nepantla*, vol. 1, issue, 1 (2000), p. 24. 구하가 15세기 말 영국의 와트 타일러Watt Tylor 봉기와 프랑스의 자케리Jaquerie 봉기, 16세기 중반의 독일 농민 봉기와 18세기 말 프랑스 혁명 당시의 농민 봉기, 그리고 19세기 초 영국 농촌에서 발생

한 '스윙Swing' 운동 등과 같은 이른바 '전근대적인' 유럽의 농민 봉기들과 인도의 농민 봉기의 유사성을 자주 언급한 것도 그 봉기들이 세상을 뒤집겠다는 농민들의 의지를 표상하기 위해 말(언어 기호)은 물론 몸짓, 음식, 의복, 도구, 소리 등 여러 형태의 시각적 기호들과 청각적 기호들을 사용하면서 권력을 상징하는 기호 체계에 도전하고 그것이 상징하는 권위화의 의미 작용을 훼손시키거나 단절시키려 했다는 점에서 인도의 농민 봉기와 유사했기 때문이다. 이러한 기호학적 유비를 통해 구하는 인도의 농민만이 정치의식을 지닌 주체들이 아니라, 시간적인 격차와 지리적인 간격에도 불구하고 전근대 유럽 농민들 역시 정치적 주체임을 보여준 것이다. 구하가 자주 언급하고 있는 유럽 농민 봉기들에 관한 문헌들은 Friedrich Engels, The Peasant War in Germany, ed. D. Riazanov (London, 1926); Rodney Hilton, *Bond Men Made Free* (London, 1973); Eric J. Hobsbawm, *Primitive Rebels* (Manchester, 1959); Eric J. Hobsbawm and George Rudé, *Captain Swing* (London, 1969); Georges Lefebvre, *La Grande Peur de 1789* (Paris, 1970); Wilhelm Zimmermann, *Geschichte des grossen Bauernkrieges nach den Urkunden und Augenzeugen*, 2 vols (Leipzig, 1939) 등이다.

55. Gayatri C. Spivak, "Can the Subaltern Speak?," Cary Nelson and Lawrence Grossberg eds., *Marxism and the Interpretation of Culture* (Urbana and Chicago: Univ. of Illinois Press, 1988), pp. 275-90.

56. Partha Chatterjee, "Interview: Partha Chatterjee in Conversation with Anuradha Dingwaney Needham," *Intervention*, vol. 1, no. 3 (1999), pp. 414-7을 볼 것. 데이비드 제프리스도 서발턴 연구집단의 멤버인 차터지의 그 같은 언급에 맞춰 서발턴 연구의 기획이 초기에는 인도사의 지배적 서사에 대항하기 위해 농민 봉기라는 특정한 역사적 사건에 관심을 쏟았으나, 나중엔 역사학 분과 자체의 문화적 가정들에 관심을 쏟는 것으로 "담론적 전환discursive turn"을 이루었다고 지적한다. David Jefferess, *Postcolonial Resistance: Culture, Liberation, and Transformation*, p. 26.

제7장_헤게모니와 서발턴 민중

1. Ranajit Guha, "On Some Aspects of the Historiography of Colonial India," *Subaltern Studies I* (Delhi: Oxford Univ. Press, 1982), p. 1.

2. Ranajit Guha, *Dominance without Hegemony: History and Power in Coloni-*

al India (Cambridge, Massachusetts: Harvard Univ. Press, 1997).

3. 물론 이러한 담론 분석은 이미 구하의 두 번째 저서에서, 그리고 서발턴 연구집단의 초기 작업에서 시도되고 있었다. 서발턴의 역사의 재구성은 불가피하게도 주로 엘리트들이 남긴 담론 자료들에 대한 전복적 읽기를 통해 이루어질 수밖에 없었기 때문이다. 하지만 그렇게 서발턴의 역사를 재구성했어도 서발턴에 대한 저 엘리트들의 지배가 어떤 방식으로 작동해 왔는가 하는 문제는 여전히 남아 있었다. 뿐만 아니라 과연 서발턴의 역사와 정치 영역은 엘리트의 역사와 정치 영역과는 완전히 분리된 공간이며 그것들에 외재外在하는 공간인가 하는 문제 역시 남아 있었다.

4. Ranajit Guha, *Dominance without Hegemony*, p. xii.

5. Antonio Gramsci, *Selections from the Prison Notebooks*, Quintin Hoare and Geoffrey Nowell Smith ed. and trans. (New York: International Publishers, 1971), p. 55-7. 이 옥중수고의 편집자이자 번역자들은 p. 55의 주 5에서 그람시가 "대개 usually" 헤게모니의 이탈리어인 'egemonia'를 '지도'를 의미하는 'direzione'와 서로 바꿔 썼다고 말한다.

6. Ranajit Guha, *Dominance without Hegemony*, p. 12.

7. Benedetto Fontana, "Hegemony and Power in Gramsci," Richard Howson and Kylie Smith eds., *Hegemony: Studies in Consensus and Coercion* (New York and London: Routledge, 2008), pp. 88-9.

8. Ranajit Guha, *Dominance without Hegemony*, pp. 20-2.

9. 같은 책, p. 23. 구하는, 인도의 식민 국가의 성격을 규정하고자 할 때, 그람시처럼 헤게모니와 지배를 대립시키지 않고 헤게모니를 지배에서 유래하는 특정한 조건으로 정의한다면 두 가지 이점을 가질 수 있다고 말한다. 하나는, 식민 국가라는 권력 기구가 비강제적일 수 있다는 환상에서, 다시 말해, 동의에 의해 시민 사회를 통합하는 헤게모니적 국가라는 어리석은 자유주의적 국가 관념에서 벗어날 수 있다는 이점이다. 다른 하나는 권력을 어느 한 요소로 환원시키지 않고 폭력(강제)과 동의(설득) 양자의 요소에 의해 형성되는 구체적인 역사적 관계로 재현할 수 있게 되는 이점이다. 이 헤게모니 정의와 관련하여 라틴아메리카 서발턴 연구집단의 창설자 중 한 명인 존 비벌리는 1960년대 제3세계 독재 정권들을 거론하면서, "구하식의 구별을 따른다면, 그 정권들은 헤게모니보다는 지배에 의해 통치하는 것"이라고 말하고 있는데, 이는 구하의 헤게모니 개념을 오해하고 있는 진술이다. John Beverley, *Subalternity and Representation: Arguments in Colonial Theory* (Durham and London: Duke Univ. Press, 1999), p. 92.

10. Andrew Wells, "Hegemony, Imperialism, and Colonial Labor," *Hegemony:*

Studies in Consensus and Coercion, pp. 125, 139. 앤드류 웰스가 언급한 "지배적 헤게모니" 개념은 R. Howson, *Challenging Hegemonic Masculinity* (London: Routledge, 2006), p. 29에서 차용한 것이다.

11. Ranajit Guha, *Dominance without Hegemony*, p. 65.

12. 같은 책, p. xii.

13. 같은 책, pp. 24-60.

14. 인도의 토착 지배자들의 지역민에 대한 징세, 하층민들에 대한 상급자들의 카스트 제재와 종교적 제재, 소작농에 대한 지주의 재판, 성적 윤리 규범을 위반했다고 여겨진 여성들에 대한 남성의 처벌 등은 모두 '단다'의 이름으로 가해졌다.

15. '박티'는 다양한 라사rasa(양상)로 수행되었다. 이 박티를 5개의 라사로 유형화한 이는 인도 중세의 철학자 지바 고스와미Jiva Goswami(1513-1598)였다. 고스와미가 분류한 5개의 라사는 신의 대리인의 자격을 지닌 상급자에게 신의 하인의 위치에서 하급자가 헌신하는 '다스야dāsya,' 지적 측면에서의 헌신인 '산타śānta,' 부모에 대한 자식의 헌신인 '바트살랴vātsalya,' 우정의 모습을 띠는 헌신인 '사크야sakhya,' 남성에 대한 여성의 성적 헌신인 '스르느가라śṛṅgāra' 등이다. 이 모든 경우에 상급자의 지배는 신의 자비로움의 구현, 상급자에 대한 하급자의 헌신은 신에 대한 자발적 종속이었다. 요컨대 이 박티의 여러 라사들에서 상급자는 '팔라카Palaka(Protector, 보호자)'이자 '프라부Prabhu(Master, 주인)'이자 '랄라카Lalaka (Superior Relative; 우월한 상대)'로, 하급자는 '팔랴Palya(Subject, 신민)'이자 '다사Dasa (Servant, 하인)'이자 '랄랴Lalya(Inferior Relative, 열등한 상대)'였다. Ranajit Guha, *Dominance without Hegemony*, p. 50.

16. 같은 책, pp. 61-2. '과잉 결정,' '응축,' '전위' 등의 개념들은 모두 프로이트Sigmund Freud에게서 유래하는 것들로 알튀세르Louis Althusser와 라캉Jacques Lacan 등이 자신들의 이론적 작업에 차용하고 있다. 벤 브루스터Ben Brewster의 해설에 따르면, 알튀세르는 사회 구성체를 구성하는 각각의 실천들의 모순들이 전체로서의 사회 구성체에 미치는 효과들과 역으로 그 효과들이 각각의 실천과 모순에 미치는 효과들을 설명하는 가운데, 주어진 역사적 계기에서의 지배와 종속의 패턴을, 또는 '지배 내 구조'에서의 모순들의 적대와 비적대를 규정하기 위해 그 개념을 사용했다. 요컨대 어떤 모순의 중층 결정이란 그 모순 안에 복합적 전체 내의 그것의 존재 조건들이 반영되는 것, 즉 복잡한 전체 안에 있는 다른 모순들이 그 모순 안에 반영되는 것을 말한다. Louis Althusser, Étienne Balibar, *Reading Capital*, Ben Brewster trans. (London: Verso, 1979), pp. 315-6. 캐롤린 윌리엄스Caroline Williams의 또 다른 설명에 따르면, 과잉 결정은 하나의 특정한 모순의 수준level이 사회 구성체 구조의 일반적 형식을 결정하는 것처럼 보이지만,

동일한 움직임 내에서 사회 구성체의 모순들의 다양한 수준들과 심급instance들에 의해서도 결정된다는 것을 인정하는 개념이며, 또한 순수한 기원이라든가 통일성이라든가 단일한 인과성 등이 부재하거나 존재하기 어렵다는 것을 확증해 주는 개념이다. Caroline Williams, *Contemporary French Philosophy* (London and New York: The Athlone Press, 2001), pp. 66-7. '응축'과 '전위'는 언어학에서의 비유metaphor와 환유metonymy의 언어 구조를 활용한 라캉의 정신분석 이론에서 중요하게 사용되는 개념들이다. 다소 단순한 설명이긴 하지만, 라캉 해석가인 션 호머Sean Homer는 응축이란 두 개 혹은 그 이상의 기호들과 이미지들이 결합하여 하나의 복합 이미지를 형성하는 것이고, 전위는 하나의 기호에서 다른 기호로 의미가 전이되는 것이라고 말한다. Sean Homer, *Jacques Lacan* (London: Routledge, 2005), p. 43.

17. Ranajit Guha, *Dominance without Hegemony*, p. 62.

18. 같은 책, p. 64.

19. James Mill, *The History of British of India*, 6 Vols. (1817); Thomas Babington Macaulay, *The History of England from the Accession of James II*, 5 Vols. (1848); H. H. Dodwell, India (Bristol: Arrowssmith, 1936); John Gallagher, Gordon Johnson, and Anil Seal, *Locality, Province and Nation* (Cambridge: Cambridge Univ. Press, 1973). 특히 매콜리의 인도관에 대해서는 이태숙, 「토머스 B. 머콜리와 인도」, 영국사학회 편, 『자본, 제국, 이데올로기: 19세기 영국』(서울, 혜안, 2005), pp. 256-77을 볼 것.

20. Ranajit Guha, *Dominance without Hegemony*, pp. 72-3.

21. Anil Seal, *The Emergence of Indian Nationalism* (Cambridge: Cambridge Univ. Press, 1968), p. 16.

22. Anil Seal, "Imperialism and Nationalism," *Locality, Province and Nation*, p. 12.

23. 라즈는 원래 인도의 토착 지배자들, 즉 왕을 가리키는 이름이었다. 따라서 인도에는 수많은 라즈들이 각 지방을 통치해 왔다. 하지만 영국의 식민 지배 하에서 인도인들은 인도를 통치하는 전국적이고 통일적인 영국의 식민 정권/권력을 대문자 라즈로 표기했다.

24. Ranajit Guha, *Dominance without Hegemony*, pp. 28-30, 34-9, 50-5.

25. 같은 책, pp. 86, 89-90. 가령 애닐 실은 1859년부터 1860년에 벵골의 인디고 재배 농장과 염색 원료 생산 공장에서 농민과 노동자들이 벌인 인디고 반란Indigo Rebellion — 일명 '블루 뮤티니Blue Mutiny'라고도 불리는 폭동 — 과 1875년 나가르Nagar를 비롯한 몇몇 지구에서 마하라스트라Maharastra 부족 농민들이 벌인

데칸 폭동Deccan Riots을 특별한 정치적 내용이 없는 소요들, 정치와 무관한 종교적 항의가 낳은 일종의 "난투극scuffle"으로 폄하한다. Anil Seal, "Imperialism and Nationalism," p. 3. 그러나 구하는 그 두 농민 봉기들이 일정한 조직과 강령을 지닌 정치적 성격의 봉기였음을 밝히고 있다. Ranajit Guha, *Elementary Aspects of Peasant Insurgency in Colonial India*, pp. 3. 20-6, 51, 71 외 여러 곳을 볼 것.

26. Ranajit Guha, *Dominance without Hegemony*, p. 59.

27. 같은 책, pp. 62-3.

28. 같은 책, pp. 58-60,

29. Robert J. C. Young, *Postcolonialsm: An Historical Introduction* (Oxford: Blackwell, 2001), p. 321.

30. Ranajit Guha, *Dominance without Hegemony*, p. 43. 간디는 남아프리카를 공략하고 있던 영국이 벌인 보어 전쟁(1899-1902)에서 '인도인 구호대Indian Ambulance Corps'를 결성하여 영국을 지원했다. 구하는 이러한 지원 활동과 관련하여 간디가 남긴 다음과 같은 글들을 인용하고 있다: "이 보잘것없는 봉사의 동기는 남아프리카에 있는 여황Queen-Empress의 다른 신민들과 마찬가지로 인도인들 역시 그 전장에서 자신들의 폐하를 위해 기꺼이 의무를 다 하겠다는 것을 증명하려는 노력이다. 봉사 제공은 인도인의 충성심이 열렬하다는 것을 의미한다"(1899년 10월 19일); "영어를 사용하는 인도인들은 자신들이 여왕의 신민이 될 만하다는 것을 식민주의자들에게 보여주기 위해… 아무런 대가도 바라지 않고 무조건적으로 그리고 절대적으로 봉사할 것이라는 결론에 이르렀다"(1899년 12월 13일); "당신은 인도인 구호대에 지도자로 가담함으로써 당신의 애국심을 보여주었고 당신 자신과 당신의 나라에 명예를 가져다주었으며, 그렇게 함으로써 당신 자신과 당신의 모국 양쪽 모두에 봉사하게 되었다"(1900년 4월 20일).

31. 같은 책, p. 46.

32. 같은 책, p. 47.

33. David Jefferess, *Postcolonial Resistance: Culture, Liberation, and Transformation* (Toronto, Buffalo, London: Univ. of Toronto Press, 2008), pp. 46-7, 52.

34. Ranajit Guha, *Dominance without Hegemony*, p. 46.

35. David Jefferess, *Postcolonial Resistance*, p. 128.

36. Benita Perry, "Liberation Movements: Memories of the Future," *Interventions*, vol. 1, no. 1 (1998), p. 45.

37. Ranajit Guha, *Dominance without Hegemony*, p. 4.

38. Homi K. Bhabha, *The Location of Culture* (London and New York: Routledge, 1994)[나병철 옮김, 『문화의 위치』(소명출판, 2002)], pp. 83, 95.

39. David Jefferess, *Postcolonial Resistance*, p. 48.

40. 구하가 분석 대본으로 삼고 있는 자료는 1958년부터 1984년에 걸쳐 인도 정부 산하의 간디 전집 출판부가 간행한 M. K. Gandhi, *The Collected Works of Mahatma Gandhi* (New Delhi: Publications Division, Government of India, 1958-1984)이다.

41. Ranajit Guha, *Dominance without Hegemony*, pp. 103-4.

42. 아카라는 목욕이나 명상이나 신에 대한 경배 등 힌두로서 수행해야 할 일상적 의무를 말한다.

43. 라키는 물감을 입힌 삼실을 꼬아서 만든 띠인데, 힌두들은 정해진 축제 기간 중 상호 연대 혹은 우의友誼의 표시로 그 띠를 허리에(경우에 따라선 손목에) 둘렀다.

44. Ranajit Guha, *Dominance without Hegemony*, pp. 110-2, 117-8.

45. 같은 책, pp. 108-14, 120.

46. 같은 책, pp. 110, 121.

47. 같은 책, p. 128.

48. 같은 책, pp. 123-5.

49. 제6장에서 소개한 구하의 『소유권의 지배』가 설명하고 있듯이, 영국 정부를 대신하여 인도를 통치하던 동인도회사는 18세기 말 벵골을 포함한 인도의 북동부 지역에 근대적인 지주제를 수립하기 위해 기존의 '전근대적인' 토지 소유 제도를 개혁하는 '영대 토지 소유제 법Permanent Settlement Act'을 제정했다. 인도의 지주들인 자민다르zamindar들은 동인도회사에 조세를 납부하는 대가로 항구적인 토지 소유권을 보장받았고, 이 자민다르 가문들로부터 근대적인 교육을 받은 식민 엘리트들과 부르주아들이 대거 등장하게 되었다. 하지만 이 법을 제정한 동인도회사 관리들의 의도와 다르게, 자민다르들은 카스트적 신분제 하에 종속되어 있던 소작 농민들에게서 제멋대로 고율의 지대를 수취하는 등 농민들을 더 가혹한 봉건적 예속 상태에 빠뜨렸다. 따라서 이 법 제정 이후 인도 농촌에는 근대적 지주제가 아니라 봉건적 지주제가 강화되었고, 고율의 지대를 감당하지 못하는 농민들을 상대로 고리대업을 하는 사후카르sahukar들이 번성했다.

50. Ranajit Guha, *Dominance without Hegemony*, p. 133.

51. 같은 책, pp. 134-5.

52. 같은 책, p. 135.

53. Robert Young, *Postcolonialsm: An Historical Introduction*, pp. 322-5, 327, 337. 로버트 영은 간디를 파농F. Fanon과 이렇게 대비시킨다: "파농이 폭력적인 과도한 남성성을 주장함으로써 피식민 주체의 여성화에 대응한 반면, 간디는 사

티야그라하라는 독자적인 개념을 갖고서 혹은 명백하게 '여성적인' 수동적 저항이라는 개념을 갖고서 그 두 가지 사이의 복잡한 게임에 뛰어들었다. 그가 생각했던 '영적 힘,' 즉 샥티 역시 여성적인 원리였다."

54. Ranajit Guha, *Dominance without Hegemony*, p. 140.

55. 간디가 명명한 "군중정" 및 간디의 군중관에 대한 더 상세한 설명을 위해선 Ranajit Guha, "The Mahatma and the Mob," *South Asia*, no. 3 (1973), pp. 107-11을 볼 것.

56. 산스크리트어 아트만ātman에서 유래하는 아트마는 수많은 인도의 언어들에서 '자아/자기self'의 의미와 '영혼soul'의 의미를 함께 갖고 있는 말로 사용되고 있다. 수디suddhi는 깨끗하게 씻어내는 것, 혹은 정화를 뜻한다. 간디가 말하는 아트마수디에는 음주, 마약이나 아편, 매춘 등을 금지하고 도덕적 생활을 하는 것, 오염된 불가촉천민 카스트들인 바르기스Bhargis들이나 카마르Chamar들과의 접촉을 금지하는 것 등이 포함되어 있었다.

57. Ranajit Guha, *Dominance without Hegemony*, p. 147.

58. 같은 책, p. 142.

59. 같은 책, pp. 142-3.

60. 차우리 차우라 농민 봉기의 전개 과정과 그 봉기에 대한 간디의 입장 및 간디의 입장에 대한 농민들의 태도와 저항에 관해서는 Shahid Amin, "Gandhi as Mahatma: Gorakhpur District, Eastern UP, 1921-22," *Subaltern Studies III*, (Delhi: Oxford Univ. Press, 1984), pp. 1-61; *Event, Metaphor, Memory: Chauri Chaura 1922-1992* (Delhi: Oxford Univ. Press, 1995)를 볼 것. 당시 국민회의 고락푸르 지구 위원회는 농민들의 과격한 행동을 통제하는 역할을 하게 될 자원봉사자들에게 등록증을 발급했는데, 그 등록증에 간디의 얼굴이 그려진 고무도장을 찍어주었다.

61. Ranajit Guha, *Dominance without Hegemony*, p. 150.

62. 같은 책, pp. 150-1.

63. 라클라우E. Laclau와 무페C. Mouffe는 정치적 적대의 공간을 단순히 지배와 피지배의 두 진영으로 나누는지 아니면 더 엄격하게 한정시켜 나누는지에 따라 저항적 주체의 위치가 달라진다고 하면서, 전자를 '민중적 주체 위치popular subject position'로, 후자를 '민주적 주체 위치democratic subject position'로 명명한다. 이러한 구분을 통해 이들은 헤게모니 개념을 더 복잡하고 다기한 정치적 구도 위에서 사유할 필요가 있음을 강조하고 있다. Ernesto Laclau and Chantal Mouffe, *Hegemony and Socialist Strategy* (London: Verso, 1985), p. 32.

제8장_헤겔의 역사철학과 식민주의

1. Ranajit Guha, *History at the Limit of World-History* (New York: Columbia Univ. Press, 2002). 헤겔의 역사 철학을 비판하는 이 저서의 제목에서 구하는 '세계World'와 '역사History'를 하이픈으로 연결하고 있다. 본문에서 언급하게 되겠지만, 헤겔은 인간의 삶의 세계를 서술하는 산문을 '세계의 산문'과 '역사의 산문' 두 종류로 구분하면서 후자를 '세계사(Weltgeschite; world history)'로 불렀다. 구하는 그 같은 헤겔의 세계사가 세계의 과거에 대한 '서술'을 의미하는 것이 아니라 하나의 추상적 '개념,' 즉 정신/이성이 지배하고 그것에 의해 통일성과 단일성을 획득하게 되는 세계의 산문을 지시하는 개념이라는 것을 강조하기 위해 '세계'와 '역사' 사이에 하이픈을 그었다.
2. 같은 책, p. 1.
3. Ranajit Guha, *Elementary Aspects of Peasant Insurgency in Colonial India* (Dehli: Oxford Univ. Press, 1983).
4. Ranajit Guha, *Dominance without Hegemony: History and Power in Colonial India* (Cambridge, Massachusetts: Harvard Univ. Press, 1997).
5. Ranajit Guha, *History at the Limit of World-History*, p. 3.
6. 같은 책, p. 2.
7. Ileana Rodríguez, *Liberalism at Its Limits: Crime and Terror in the Latin American Cultural Text* (Pittsburgh: Univ. of Pittsburgh Press, 2009), p. 219. 주 11을 볼 것.
8. G. W. F. Hegel, *Lectures on the Philosophy of World History*, H. B. Nisbet trans. (Cambridge: Cambridge Univ. Press, 1975), pp. 27, 29.
9. 일찍이 발터 벤야민Walter Benjamin은 선형적인 역사적 진보의 관념이 헤겔적 역사주의에 입각한 서구 문명 우월주의임을 비판한 바 있고, 알튀세르Louis Althusser는 포스트마르크스주의적/구조주의적 관점에서 코제브A. Kojéve와 루카치G. Lukács와 사르트르J. P. Satre 등과 같은 서구의 휴머니즘적 마르크스주의자들이 오랫동안 신봉해 온 헤겔의 역사주의 모델을 비판하면서 마르크스주의의 이론적 위기를 극복하고자 했다. Walter Benjamin, "Theses on the Philosophy of History," *Illuminations*, Harry Zohn trans. (New York: Schocken Books, 1968); Louis Althusser, Étienne Balibar, *Reading Capital*, Ben Brewster trans. (London: Verso, 1979)을 볼 것.
10. 이 점에서, 헤겔은 비코Giambattista Vico를 계승하고 있다. 비코는 인간의 최

초의 언어는 시적인 것이었고, 시는 신의 섭리에 따르는 '자연적 필연성natural necessity'에서 기원한다고 보았다. Paolo Rossi, *The Dark Abyss of Time: The History of the Earth & the History of Nations from Hooke to Vico*, Lydia G. Cochrane trans. (Chicago & London: Univ. of Chicago Press, 1984), pp. 169-71.

11. Ranajit Guha, *History at the Limit of World-History*, pp. 15, 19-20.

12. 같은 책, p. 24.

13. G. W. F. Hegel, *Elements of the Philosophy of Right*, Allen W. Wood ed., H. B. Nisbet trans. (Cambridge: Cambridge Univ. Press, 1991), p. 372.

14. Ranajit Guha, *History at the Limit of World-History*, p. 28. 시로부터 산문으로의, 세계의 산문으로부터 역사의 산문으로의 이러한 이행은 유럽에서 전근대 사회로부터 근대 시민 사회/자본주의 사회로의 이행에 부응한다. 마이클 하트 Michael Hardt는 헤겔에게 시민 사회의 제도들은 특수한 것을 보편적인 것으로, 개별적인 것을 사회적인 것으로 지양되게 하는 네트워크였고, 그런 네트워크를 가진 시민 사회는 자연적인natural 것을 시민적인civil 것으로, 또한 시민적인 것을 정치적인political 것(국가)으로 전환시키는 장치였다고 말한다. 헤겔에게 이러한 전환과 이행은 개인적 필요와 갈등의 초월을 의미하는데, 하트는 이를 자본주의 생산 양식 하에서 구체적 노동의 추상적 노동으로의 변형이라는 논리로 설명한다. 즉, 헤겔의 그 같은 논리는 추상적 노동은 사회의 개인적 필요들을 모아서 '상관성의 영역sphere of relatedness'인 시장을 창조하고, 그 영역에 의해 주관적인 자기-추구는 모든 이의 필요의 충족으로 바뀌게 된다는 것이었고, 따라서 헤겔이 말하는 시민 사회는 "조직된 노동의 사회the society of organized labor"였다는 것이다. Michael Hardt, "The Withering of Civil Society," Eleanor Kaufman and Kevin J. Heller eds. *Deleuze and Guattari: New Mappings in Politics, Philosophy, and Culture* (Minenapolis: Univ. of Minnesota Press, 1998), pp. 23-39.

15. G. W. F. Hegel, *Lectures on the Philosophy of World History*, p. 64.

16. Ranajit Guha, *History at the Limit of World-History*, p. 35.

17. 같은 책, p. 36.

18. 같은 책, pp. 39-40.

19. Leela Gandhi, *Affective Communities: Anticolonial Thought, Fin-de-Siecle Radical-ism, and the Politics of Friendship* (Durham and London: Duke Univ. Press, 2006), p. 159.

20. Ranajit Guha, *History at the Limit of World-History*, pp. 37-41.

21. 같은 책, p. 10. 이 '글쓰기가 없으면 역사도 없다'는 식민적 명제와 관련하여 월터 미뇰료Walter D. Mignolo는 이렇게 말한다. "16세기 스페인 지식인들은

오직 알파벳을 이용한 글쓰기 능력만이 과거에 대한 믿을 만한 기록을 가능케 한다고 강하게 믿었다. … 그 같은 언어와 글쓰기 철학에 비춰볼 때, 스페인의 식자층이 문자를 갖고 있지 않기 때문에 올바로 쓸 수 없는 아메리카 원주민들의 역사를 자신들이 써야 한다고 자임한 것은 놀라운 것이 아니다. 이 신념은 오래 지속되어, 심지어 아메리카 원주민들이 지성과 인간성을 결여하고 있다고 믿은 동료들이나 식자층과 평생 동안 싸웠던 바르톨로메 데 라스카사스Bartolomé de las Casas조차 도리 없이 아메리카 원주민들은 문맹인이라는 점에서는 야만인에 속한다는 것을 인정할 수밖에 없었다." Walter D. Mignolo, *The Darker Side of the Renaissance: Literacy, Territoriality, and Coloniality* (Ann Arbor: Univ. of Michigan Press, 2006), pp. 128, 129.

22. Ranajit Guha, *History at the Limit of World-History*, pp. 8-9.
23. G. W. F. Hegel, *Lectures on the Philosophy of World History*, p. 136.
24. Ileana Rodríguez, *Liberalism at Its Limits*, pp. 19, 208.
25. 릴라 간디는 헤겔의 통일적인 자유는 일종의 '유사성similitude의 질서'로 개인들을 해방시키는 것이며, 헤겔은 그 같은 자유가 실현되는 역사의 산문의 단계(세계사의 단계)에 도달한 자유로운 주체들에게 자신들과 유사하지 않은 '낯선foreign' 외부의 세계를 소멸시킬 수 있는 자격을 부여했다고 말한다. 바로 여기에서 헤겔은 '낯섦'을 소멸시키는 권력의 이름으로서의 식민주의를 철학적으로 정당화했고, 식민주의의 폭력과 역사/세계사의 공모를 드러냈다고 간디는 비판한다. Leela Gandhi, *Affective Communities*, p. 159-60.
26. Ranajit Guha, *History at the Limit of World-History*, pp. 10, 42.
27. 같은 책, p. 43.
28. Robert J. C. Young, *White Mythologies: Writing History and the West*, 2nd edition (London and New York: Routledge, 2004), p. 33.
29. G. W. F. Hegel, *Lectures on the Philosophy of World History*, p. 127.
30. 같은 책, p. 175.
31. 같은 책, p. 136.
32. Ranajit Guha, *History at the Limit of World-History*, p. 71.
33. 같은 책, p. 45. 이미 구하는 전작前作인 『헤게모니 없는 지배』에서 인도인들이 쓴 근대 역사학이 어떻게 영국 식민 교육을 통해 등장하게 되었는지를 소상히 밝힌 바 있다. 구하에 따르면, 인도의 과거를 탈신비화시킨 합리적인 역사 서술은 19세기 중반 이후부터 본격화되었다. 닐마니 바삭Nilmani Basak은 『나바니Nabani』(1852)에서 유럽의 근대 역사 산문의 주요 형식인 전기의 형식으로 9명의 인도 여성들 — 이들 중 7명은 힌두 신화의 여성들이었으나 바삭은 그녀들을 마

치 실제 인물처럼 취급했다 — 의 삶을 서술함으로써 근대적 역사 서술의 출현을 알렸다. 그 후 민족주의 의식이 고양된 19세기 후반, 대표적인 역사학자인 반킴찬드라 차토파댜이Bankimchandra Chattopadhyay는 『방가다르샨Bangadarshan』(1880)에서 인도인이 역사가 없었던 이유는 민족이 아니었기 때문이며, 인도의 과거를 역사로 회복하는 것은 가족의 이름을 되찾는 자식의 의무라고 주장했다. 그의 인도사 서술은 힌두의 타자들(무슬림)의 칼라마kalamka(중상모략)로 인해 더럽혀진 인도의 과거의 오점들을 제거하고, 인도인들이 하나의 민족으로서 지적으로나 정신적으로 영광스런 과거를 갖고 있을 뿐 아니라 타자의 간섭에 맞설 수 있는 바후볼bahubol(육체적 강인함)도 갖고 있음을 증명하는 것이었다. 반킴찬드라의 역사 서술의 중심 테마는 "자티프라티시트바jatipratishtba," 즉 민족의 형성이었고, 이는 곧 자립적인 국가의 수립이라는 정치적 전망으로 연결되었다. 하지만 구하는 반킴찬드라가 바후볼 개념을 당대의 식민 국가에 대해서가 아니라 전식민 시기의 무굴 제국에만 투사함으로써, 그리고 현재의 인도인들은 아직 '민족적인 상태nationhood'를 갖추지 못했기 때문에 바후볼을 행사할 수 없다고 함으로써 당대의 식민 지배를 수용했다고 비판한다. 보다 상세한 인도의 민족주의 역사학의 '자기 모순적' 역사와 그에 대한 구하의 비판적 개입에 대해서는 Ranajit Guha, *Dominance without Hegemony*, pp. 152-212를 볼 것.

34. Ranajit Guha, *History at the Limit of World-History*, p. 52.

35. 푸라나는 산스크리트어 운문으로 된 신화들 또는 신화 문헌들을 총칭하는 이름이다.

36. Ranajit Guha, *History at the Limit of World-History*, p. 52-4.

37. 같은 책, p. 55. 유럽의 서사시와 소설에서의 경험의 문제에 관해선 M. M. Bakhtin, *The Dialogic Imagination: Four Essays*, Michael Holquist ed., Caryl Emerson and Michael Holquist trans. (Austin: Univ. of Texas Press, 1981)를 볼 것.

38. Ranajit Guha, *History at the Limit of World-History*, p. 64.

39. G. W. F. Hegel, *Lectures on the Philosophy of World Historyorld History*, p. 102. 이러한 헤겔의 사고방식 안에서는 경험주의적 역사와 문학/예술이 대립하면서, 전자는 유럽을, 후자는 아시아를 표상하고 있었다. 헤겔에게 유럽은 아시아보다 진보한 지역이므로, 그 둘의 차이는 역사가 문학/예술보다 더 우월한 것으로 전이된다, 그러므로 헤겔이 설정한 역사와 문학/예술의 대립은, 릴라 간디가 지적했듯이, 식민적 차원을 갖는다. Leela Gandhi, *Affective Communities*, p. 158.

40. 같은 책, p. 65.

41. 같은 책, pp. 65-6. 더 자세한 내용은 Ramiero Gnoli, *The Aesthetic Experi-*

ence According to Abhinavagupta (Varanasi: Chowkhamba, 1968)의 서문 p. xlvii 을 볼 것.

42. Ranajit Guha, *History at the Limit of World-History*, p. 56.
43. 같은 책, p. 68.
44. 같은 책, p. 54.
45. 같은 책, p. 46.
46. 같은 책, pp. 72, 73.
47. 널리 알려져 있지 않지만 타고르는 뛰어난 역사가였다. 그는 1870년대 이후 인도의 민족주의 역사학을 지배해 온 반킴찬드라와 달리 인도사를 세속적이고 반제국주의적이고 자유민주주의적인 관점에서 서술한 많은 에세이들을 남겼다. 구하가 『세계-사의 한계에서』에서 다루고 있는 타고르의 글은 1941년 5월에 벵골어로 발표된 "Sahitye Aitihasikata"이다. 이 글은 1920년대 이후 인도 소설의 리얼리즘 문제에 관해 모더니스트 작가들과 논쟁을 벌여 온 그가 당시 인도의 대표적인 모더니스트 작가인 부다뎁 바수Buddhadev Basu와 대담하는 과정에서 언급한 내용을 전사轉寫한 것이다. 이 짧은 글은 구하 자신에 의해 영역되어 "문학에서의 역사성Historicality in Literature"이라는 제목으로 『세계-사의 한계에서』에 실려 있다. Ranajit Guha, *History at the Limit of World-History*, pp. 95-9을 볼 것.
48. 같은 책, pp. 90-1.
49. 같은 책, p. 91.
50. 마르틴 하이데거, 『존재와 시간』, 이기상 옮김(서울, 까치, 1998), p. 486.
51. Ranajit Guha, *History at the Limit of World-History*, p. 92.
52. 같은 책, pp. 92-3.
53. 같은 책, p. 93.
54. 르페브르는 이렇게 말한다: "역사가와 인간의 실재를 연구하는 사람들이 지금까지의 자신들의 어리석음을 인정하고, 역사와 인간에 관한 지식을 의식적으로 과거와 현재의 생활 — 일상생활 — 에 연관시킨다면, 자신들의 고지식함에서 벗어날 것이다. 그런 역사가들은 외양들을, '이 세계의 위인들'로 하여금 명석하게 그들의 위신을 드높일 수 있게 하고 자신의 현실reality을 최대한 유리하게 재현하는 — 그렇게 함으로써 그 현실을 항구화하는 — 방식으로 실재를 활용하는 저 외양들을 매도하게 된다. … 거의 정적인 일상생활의 수면 위에는 아지랑이들, 인광燐光을 발하는 잔물결들이 있어 왔다. 이 환영들은 헛것들이 아니었다. 왜냐하면 바로 그것들의 존재의 이유가 헛것이 아닌 것이 되는 것이기 때문이다. 하지만 진정한 현실은 어디에서 찾을 수 있는가? 진정한 변화가 일어나는 곳은 어디인가? 그곳은 일상생활의, 신비스럽지 않은 저 깊은 곳the unmysterious depths of

everyday life이다! 역사, 심리학, 인간과학은 일상생활을 연구하는 것이 되어야 한다." Henri Lefebvre, *Critique of Everyday Life*, vol. 1., John Moore trans. (London and New York: Verso, 1991), p. 137.

55. Ranajit Guha, *History at the Limit of World-History*, p. 67.

56. 같은 책, pp. 93-4.

57. 같은 책, pp. 5, 6.

참고 문헌

강옥초, 「그람시와 '서발턴' 개념」, 『역사교육』 82집(2002).
강옥초, 「그람시의 남부주의와 1926년 논고」, 『서양사론』 73호(2002).
고부응, 『초민족 시대의 민족 정체성: 식민주의, 탈식민 이론, 민족』(문학과 지성사, 2002).
고 원, 「마르크 블로크의 비교사」, 『서양사론』 제93호(2007. 6).
안준범, 「현대 지성사의 '알뛰세르 효과'에 대하여」, 『사림』 제26호(2006).
이경덕, 「탈식민주의와 마르크시즘」, 고부응 편, 『탈식민주의: 이론과 쟁점』(문학과 지성사, 2003).
이경원, 「탈식민주의의 계보와 정체성」, 『탈식민주의: 이론과 쟁점』
이석구, 「탈식민주의와 탈구조주의」, 『탈식민주의: 이론과 쟁점』
이성형, 「라스 카사스: 정의를 위한 투쟁」, 이성형 편, 『라틴 아메리카의 역사와 사상』(까치, 1999).
이태숙, 「토머스 B. 머콜리와 인도」, 영국사학회 편, 『자본, 제국, 이데올로기: 19세기 영국』(혜안, 2005).
천광싱, 「아직은 탈식민주의 시대가 아니다」, 『현대사상』(1997, 겨울호).
태혜숙, 『대항 지구화와 '아시아' 여성주의』(울력, 2008).

데리다, 자크, 『입장들』, 박성창 편역(솔, 1992).
루디네스코, 엘리자베스, 『자크 라캉 2: 삶과 사유의 기록』, 양녕자 옮김(새물결, 2000).

배러클로우, G., 『현대 역사학의 추세와 방법론』, 이연규 옮김(풀빛, 1983).
벤느, 폴, 『역사는 어떻게 쓰는가』, 이상길, 김현경 옮김(새물결, 2004).
앤더슨, 페리, 『역사 유물론의 궤적』, 김창호, 배익준 옮김(새길, 1994).
엘리어트, 그레고리, 『알튀세르: 이론의 우회』, 이경숙, 이진경 외 옮김(새길, 1992).
이글턴, 테리, 『현대 문학 원론』, 정철인 옮김(형설출판사, 1991).
하이데거, 마르틴, 『존재와 시간』, 이기상 옮김(까치, 1998).

Abdel-Malek, Anouar, *Nation and Revolution: Volume 2. of Social Dialectics* (Albany: State University of New York Press, 1981).

Ahluwalia, Pal, "Out of Africa: post-structuralism's colonial roots," *Postcolonial Studies*, 8(2) (2005).

Ahmad, Aijaz, *In Theory: Classes, Nations, Literatures* (London and New York: Verso, 1992).

Althusser, Louis and Étienne Balibar, *Reading Capital*, Ben Brewster trans. (Verso, 1979)[김진엽 옮김, 『자본론을 읽는다』(두레, 1991)].

Althusser, Louis, *The Future Lasts a Long Time and the Facts*, Richard Veasey trans. (London: Chatto & Windus, 1993)[권은미 옮김, 『미래는 오래 지속된다』(돌베게, 1993)].

Althusser, Louis, *Lenin and Philosophy and Other Essays*, Ben Brewster trans. (New York: Monthly Review Press, 2001)[이진수 옮김, 『레닌과 철학』(백의, 1992)].

Amin, Shahid, "Gandhi as Mahatma: Gorakhpur District, Eastern UP, 1921-22," *Subaltern Studies III* (Delhi: Oxford Univ. Press, 1984).

Amin, Shahid, *Event, Metaphor, Memory: Chauri Chaura 1922-1992* (Delhi: Oxford Univ. Press, 1995).

Anderson, Benedict, *The Spectre of Comparisons: Nationalism, Southeast Asia and the World* (London and New York: Verso, 1998).

Ankersmit, F. R., "Historicism: An Attempt at Synthesis," *History and Theory*, vol. 36, no. 3 (1995).

Ashcroft, Bill, Gareth Griffiths and Helen Tiffin, *Key Concepts in Post-colonial*

Studies (London and New York: Routledge, 1998).

Bakhtin, M. M., *The Dialogic Imagination: Four Essays*, Michael Holquist ed., Caryl Emerson and Michael Holquist trans. (Austin: Univ. of Texas Press, 1981).

Benjamin, Walter, "Theses on the Philosophy of History," *Illuminations*, Hannah Arendt ed., Harry Zohn trans. (New York: Schocken Boos, 1968).

Bennigsen, Alexandre, "Sultan Galiev: The USSR and the Colonial Revolution," Walter Laquer ed. *The Middle East in Transition* (London: Routledge & Kegan Paul, 1958).

Beverley, John, *Subalternity and Representation: Arguments in Cultural Theory* (Durham and London: Duke Univ. Press, 1999).

Bhabha, Homi K., "DissemiNation," Homi Bhabha ed., *Nation and Narration* (London: Routledge, 1990)[류승구 옮김, 『국민과 서사』(후마니타스, 2011)].

Bhabha, Homi K., *The Location of Culture* (London and New York: Routledge, 1994)[나병철 옮김, 『문화의 위치』(소명출판, 2002)].

Bloch, Marc, "A Contribution Towards a Comparative History of European Societies," *Land and the Work in Medieval Europe* (New York: Harper Torchbooks, 1969).

Bosworth, R. J. B., "Explaining 'Auschwitz' After the End of History: The Case of Italy," *History and Theory*, vol. 38, no. 1 (1999).

Bouissac, Paul ed., *Encyclopedia of Semiotics* (New York and Oxford: Oxford Univ. Press, 1998).

Brathwaite, Edward K., *The Development of Creole Society in Jamaica, 1770-1820* (Oxford: Oxford Univ. Press, 1971).

Burke, Peter, *History and Social Theory* (Cambridge: Polity Press, 1992)[곽차섭 옮김, 『역사학과 사회이론』(문학과 지성사, 1994)].

Carrière d'Encause, Hélène and Stuart R. Shram, *Marxism and Asia* (London: Allen Lane The Penguin Press, 1969).

Chakrabarti, Anjan and Ajit Chaudhury, "Can the Sa(va)ge Speak?," *Rethinking Marxism*, vol. 9, no. 2, (1996/97).

Chakrabarty, Dipesh, "History as Critique and Critique(s) of History," *Economic and Political Weekly*, Sept. 14 (1991).

Chakrabarty, Dipesh, "Postcoloniality and the Artifice of History: Who Speak for "Indian Past?,"" H. Aram Veeser, ed., *The New Historicism: Reader* (London: Routledge, 1994).

Chakrabarty, Dipesh, "Marx after Marxism: History, Subalternity and Difference," Saree Makdisi, Cesare Casarino and Rebecca E. Karel, eds., *Marxism beyond Marxism* (London: Routledge, 1996).

Chakrabarty, Dipesh, *Provincializing Europe: Postcolonial Thought and Historical Difference* (Princeton and Oxford: Princeton Univ. Press, 2000).

Chakrabarty, Dipesh, "Subaltern Studies and Postcolonial Historiography," *Nepantla*, vol. 1, issue, 1 (2000).

Chatterjee, Partha, *Nationalist Thought and Colonial World: A Derivative Discourse* (London: Zed Book, 1986).

Chatterjee, Partha, *The Nation and Its Fragments* (Princeton: Princeton University Press, 1993).

Chatterjee, Partha, "Interview: Partha Chatterjee in Conversation with Anuradha Dingwaney Needham," *Interventions*, vol. 1, no. 3 (1999).

Cixous, Hélène and Catherine Clément, *The Newly Born Woman*, Betsy Wing trans. (Manchester: Manchester University Press, 1986).

Conrad, Sebastian, "What Time is Japan? Problems of Comparative (Intercultural) Historiography," *History and Theory*, vol. 38, no. 1 (1999).

Cuddon, J. A. ed., *A Dictionary of Literary Terms and Literary Theory*, 4th. edition (Oxford: Blackwell, 1998).

Derrida, Jacques, *Margins of Philosophy*, Alan Bass trans. (Chicago: University of Chicago Press, 1982).

Dirlik, Arif, "The Postcolonial Aura: Third World Criticism in the Age of Global Capitalism," Padmini Mongia ed., *Contemporary Postcolonial Theory: A Reader* (London and New York: Arnold, 1996).

Dussel, Enrique, "Beyond Eurocentrism: The World-System and the Limits of Modernity," E. Jameson and M. Miyoshi eds., *The Cultures of Globalization* (Durham, N. C.: Duke Univ. Press, 1998).

Dussel, Enrique, "Eurocentrism and Modernity," John Beverley, José Oviedo, and Michael Aronna eds., *The Postmodernism Debate in Latin America* (Durham and London: Duke Univ. Press, 1955).

Febvre, Lucien, "Civilisation: Evolution of a Word and a Group of Ideas," Peter Burke, ed., K. Folca trans., *A New Kind of History: From the Writings of Febvre* (London, 1973).

Fontana, Benedetto, "Hegemony and Power in Gramsci," Richard Howson and Kylie Smith eds. *Hegemony: Studies in Consensus and Coercion* (New York and London: Routledge, 2008).

Foucault, Michel, *Power/Knowledge: Selected Interviews and Other Writings 1972-1977*, Colin Gordon et. al., trans. (New York: Pantheon Books, 1980).

Foucault, Michel, *The Order of Things: An Archaeology of the Human Sciences* (New York: Random House, Inc, 1994)[이광래 옮김,『말과 사물』(민음사, 1987)].

Foucault, Michel, "Intellectuals and Power," *Language, Counter-Memory, Practice: Selected Essays and Interviews*, Donald F. Bouchard ed., Donald F. Bouchard and Sherry Simon trans. (Ithaca: Cornell Univ. Press, 1977).

Frederickson, George F., "From Exceptionalism to Variability: Recent Developments In Cross-National Comparative History," *Journal of American History*, vol. 82 (1995).

Frederickson, George F., "Comparative History," Michael Kammen ed. *The Past before Us: Contemporary Historical Writing in the United States* (Ithaca, NJ, 1980).

Gallagher, John, Gordon and Johnson, Anil Seal, *Locality, Province and Nation* (Cambridge: Cambridge Univ. Press, 1973).

Gandhi, Leela, *Affective Communities: Anticolonial Thought, Fin-de-Siecle Radicalism, and the Politics of Friendship* (Durham and London: Duke Univ. Press, 2006).

Glissant, Edouard, *Poetics of Relation*, Betsy Wing trans. (Ann Arbor: Univ. of Michigan Press, 1997).

Gnoli, Ramiero, *The Aesthetic Experience According to Abhinavagupta*

(Varanasi: Chowkhamba, 1968).

Gramsci, Antonio, "Note on Italian History," *Selections from the Prison Notebooks*, Quintin Hoare and Geoffrey Nowell Smith eds. and trans. (New York: International Publishers, 1971)[이상훈 옮김, 『그람시의 옥중수고』 I, II (거름, 1993)].

Gramsci, Antonio, "Some Aspects of the Southern Question," *Selections from Political Writings: 1921-1926*, Quintin Hoare trans. and ed. (New York: International Publishers, 1978).

Grew, Raymond, "The Case for Comparing Histories," *The American Historical Review*, vol. 85, no. 4 (1980).

Grew, Raymond, "On the Current State of Comparative Studies," H. Atsma et A. Burguiére eds., *Marc Bloch aujourd'hui: Histoire comparée et sciences sociales* (Editions de l'École des hautes etudes en sciences sociales, 1990).

Guha, Ranajit, *A Rule of Property for Bengal: An Essay on the Idea of Permanent Settlement* (1963; Durham and London: Duke Univ. Press, 1996).

Guha, Ranajit, "The Mahatma and the Mob," *South Asia*, no. 3 (1973).

Guha, Ranajit, "On Some Aspects of the Historiography of Colonial India," *Subaltern Studies I* (1982).

Guha, Ranajit, "A note on the terms 'elite,' 'people,' 'subaltern,' etc. as used above," *Subaltern Studies I* (1982).

Guha, Ranajit, *Elementary Aspects of Peasant Insurgency in Colonial India* (Dehli: Oxford Univ. Press, 1983) [김택현 옮김, 『서발턴과 봉기』 (박종철출판사, 2007)].

Guha, Ranajit, "The Prose of Counter-Insurgency," *Subaltern Studies II* (1983).

Guha, Ranajit, *Dominance Without Hegemony: History and Power in Colonial India* (Cambridge, Massachusetts: Harvard Univ. Press, 1997).

Guha, Ranajit, "Subaltern Studies: Projects for Our Time and Their Convergence," Ileana Rodriguez ed. *The Latin American Subaltern Studies Reader* (Durham and London: Duke Univ. Press, 2001).

Guha, Ranajit, *History at the Limit of World-History* (New York: Columbia Univ. Press, 2002).

Hamilton, Paul, *Historicism* (London: Routledge, 1996) [임옥희 옮김, 『역사주의』(동문선, 1998)].

Hardt, Michael, "The Withering of Civil Society," Eleanor Kaufman and Kevin J. Heller eds. *Deleuze and Guattari: New Mappings in Politics, Philosophy, and Culture* (Minenapolis: Univ. of Minnesota Press, 1998).

Harootunian, Harry, *History's Disquiet: Modernity, Cultural Practice, and the Question of Everyday Life* (New York: Columbia Univ. Press, 2000)[윤영실, 서정은 옮김, 『역사의 요동』(휴머니스트, 2006)].

Hawthorn, Jeremy, *A Glossary of Contemporary Literary Theory*, 4th edition (London: Arnold, 2000).

Hegel, G. W. F., *Lectures on the Philosophy of World History*, H. B. Nisbet trans. (Cambridge: Cambridge Univ. Press, 1975).

Hegel, G. W. F., *Elements of the Philosophy of Right*, Allen W. Wood ed., H. B. Nisbet trans. (Cambridge: Cambridge Univ. Press, 1991).

Hobsbawm, Eric J., *Primitive Rebels: Studies in Archaic Forms of Social Movement in the 19th and 20th Centuries* (Manchester: Manchester Univ. Press, 1978)[진철승 옮김, 『원초적 반란』, 온누리, 1984).

Homer, Sean, *Jacques Lacan* (London: Routledge, 2005).

Hountondji, Paulin, *African Philosophy: Myth ana Reality* (Indiana Univ. Press, 1983).

Howson, R., *Challenging Hegemonic Masculinity* (London: Routledge, 2006).

Jefferess, David, *Postcolonial Resistance: Culture, Liberation, and Transformation* (Toronto, Buffalo, London: Univ. of Toronto Press, 2008).

Jenkins, Keith, *Rethinking History* (London: Routledge, 1991)[최용찬 옮김, 『누구를 위한 역사인가』, 혜안, 1999)].

Jenkins, Roy, *Dilke: A Victorian Tragedy* (London: Collins, 1965).

Johnson, Adriana, "Everydayness and Subalternity," *South Atlantic Quarterly*, 106:1 (Winter 2007).

Kernig C. D., ed., *Western Society and Marxism, Communism: A Comparative Encyclopedia*, Vol. VI (New York: Herder and Herder, 1973).

Khatibi, Abdelkebir, *Love in Two Languages*, Richard Horward trans.,

(Minneapolis: Univ. of Minnesota Press, 1990).

Kocka, Jürgen, "Comparative Historical Research: German Examples," *International Review of Social History*, vol. 38 (1993).

Koselleck, Reinhart, *Futures Past: On the Semantics of Historical Time*, Keith Tribe trans. (Cambridge, Massachusetts: MIT Univ. Press, 1985) [한철 옮김, 『지나간 미래』(문학동네, 1998)].

Laclau, Ernesto and Chantal Mouffe, *Hegemony and Socialist Strategy* (London: Verso, 1985)[김성기 외 옮김, 『사회변혁과 헤게모니』(터, 1990)].

Latin American Subaltern Studies Group, "Founding Statement," *The Postmodernism Debate in Latin America*.

Lefebvre, Henri, *Critique of Everyday Life, vol. 1*, John Moore trans. (London and New York: Verso, 1991).

Lenin, V. I., "Imperialism, "The Highest Stage of Capitalism: A Popular Outline," *Collected Works* 22 (Moscow: Progress Publisher).

Levi-Strauss, Claude, *The Savage Mind* (Chicago: Univ. of Chicago Press, 1968) [안정남 옮김, 『야생의 사고』(한길사, 1999)].

Loomba, Ania, *Colonialism/Postcolonialism* (London and New York: Routledge, 1998).

Lorenz, Chris, "Comparative Historiography: Problems and Perspectives," *History and Theory*, vol. 38, no. 1 (1999).

Lowe, Lisa and David Lloyd eds., *The Politics of Culture in the Shadow of Capital* (Durham and London: Duke Univ. Press, 1997).

Lugard, Frederick John D., *The Dual Mandate in British Tropical Africa* (Oxford: Clarendon Press, 1922).

Macherey, Pierre, *A Theory of Literary Production*, Geoffrey Wall trans. (London: Routledge, 1978).

Mariátegui, José Carlos, *Seven Interpretative Essays on Peruvian Reality*, Marjory Urquidi trans. (Austin and London: University of Texas Press, 1971).

Marx, Karl and F. Engels, "Manifesto of the Communist Party," *Collected Works* 6 (Moscow: Progress Publishers, 1979).

Marx, Karl, "The Future Results of British Rule in India," *Collected Works* 12.

Marx, Karl, "The British Rule in India," *Collected Works* 12.

Marx, Karl, *Grundrisse*, Martin Nicolas trans. (London: Vintage, 1973)[김호균 옮김,『정치경제학 비판요강』I-III (백의, 2000)].

Marx, Karl, *Capital*, vol. 1, Ben Fowkes trans. (London: Penguin Books, 1990)[강신준 옮김,『자본 I-1,2』(길, 2008)].

McClintock, Anne, "The Angel of Progress: Pitfalls of the Term 'Post-Colonialism'," *Social Text* 31/32 (1992).

Mignolo, Walter D., *Local History/Global Designs: Coloniality, Subaltern Knowledge, and Border Thinking* (Princeton: Princeton Univ Press, 2000).

Mignolo, Walter D., *The Darker Side of the Renaissance: Literacy, Territoriality, and Coloniality* (Ann Arbor: Univ. of Michigan Press, 2006).

Mill, John Stuart, "Consideration on Representative Government," *Three Essays* (Oxford and New York: Oxford Univ. Press, 1975).

Moore-Gilbert, Bart, *Postcolonial Theory: Contexts, Practices, Politics* (London and New York: Verso, 1997)[이경원 옮김,『탈식민주의! 저항에서 유희로』(한길사, 2001)].

Nandy, Ashis, *Intimate Enemy: Loss and Recovery of Self Under Colonialism* (New Delhi: Oxford Univ. Press, 1983)[이옥순 옮김,『친밀한 적』(신구문화사, 1993)].

Pallares-Burke, Maria Lúcia, *The New History: Confessions and Conversations* (Cambridge: Polity Press, 2002)[곽차섭 옮김,『탐史』(푸른역사, 2006)].

Perry, Benita, "Liberation Movements: Memories of the Future," *Interventions*, vol. 1, no. 1 (1998).

Prakash, Gyan, "Writing Post-Orientalist Histories of the Third World Perspectives from Indian Historiography," *Comparative Studies in Society and History*, vol. 32, no. 2 (1990).

Prakash, Gyan, "Subaltern Studies as Postcolonial Criticism," *American Historical Review*, vol. 99, no. 5 (1994).

Prakash, Gyan, ed., *After Colonialism: Imperial Histories and Postcolonial Displacements* (Princeton: Princeton Univ. Press, 1995).

Prakash, Gyan, "The Impossibility of Subaltern History," *Nepantla*, vol. 1, issue 2

(2000).

Quijano, Anibal, "Modernity, Identity, and Utopia in Latin America," *The Postmodernism Debate in Latin America*

Radcliffe, Sarah A., "Geographies of Modernity in Latin America: Uneven and Contested Development," Nicola Miller and Stephen Hart eds., *When was Latin America Modern?* (London: Palgrave Macmillan, 2007) [서울대 라틴 아메리카 연구소 옮김, 『라틴 아메리카의 근대를 말하다』(그린비, 2008)].

Raychaudhuri, Tapan, *Europe Reconsidered: Perceptions of the West in Nineteenth- Century Bengal* (New Delhi: Oxford Univ. Press, 2002).

Rigby, Peter, "Practical Ideology and Ideological Practice: On African Episteme and Marxian Problematic," V. Y. Mudimbe ed., *The Surreptitious Speech* (Chicago: Univ. of Chicago Press, 1992).

Rodríguez, Ileana, ed., *The Latin American Subaltern Studies Reader* (Durham: Duke Univ. Press, 1999).

Rodríguez, Ileana, "Reading Subaltern Across Texts, Disciplines, and Theories: From Representation to Recognition," *The Latin American Subaltern Studies Reader*.

Rodríguez, Ileana, *Liberalism at Its Limits: Crime and Terror in the Latin American Cultural Text* (Pittsburgh: Univ. of Pittsburgh Press, 2009).

Rossi, Paolo, *The Dark Abyss of Time: The History of the Earth & the History of Nations from Hooke to Vico*, Lydia G. Cochrane trans. (Chicago & London: Univ. of Chicago Press, 1984).

Rüsen, Jörn, "Some Theoretical Approaches to Intercultural Comparative Historiography," *History and Theory*, vol. 35, no. 4 (1996).

Said, Edward W., *Orientalism: Western Representations of the Orient* (New York: Vintage Books, 1979)[박홍규 옮김, 『오리엔탈리즘』(교보문고, 1991)].

Said, Edward W., *Culture and Imperialism* (London: Chatto & Windus, 1993) [박홍규 옮김, 『문화와 제국주의』, 문예출판사, 2005)].

Sarkar, Sumit, *Modern India 1885-1947* (London: Macmillan, 1989).

Sarkar, Sumit, "The Fascism of the Sangha Parivar," *Economic and Political Weekly*, January, 20 (1993).

Sartre, Jean-Paul, "Preface," Franz Fanon, *The Wretched of the Earth*, Constance Farrington trans. (New York: Grove Press, Inc., 1963).

Seal, Anil, *The Emergence of Indian Nationalism: Competition and Collaboration in Later Nineteenth Century* (Cambridge: Cambridge Univ. Press, 1968).

Seeley, John Robert, *The Expansion of England*, John Gross ed. (Chicago: Univ. of Chicago Press, 1971).

Sewell Jr., William H., "Marc Bloch and the Logic of Comparative History," *History and Theory*, vol. 4, no. 2 (1967).

Sewell Jr., William H., *Logics of History: Social Theory and Social Transformation* (Chicago and London: Univ. of Chicago Press, 2005).

Shohat, Ella, "Notes on the 'Post-Colonial'," *Social Text* 31/32 (1992).

Skocpol, T. and M. Somers, "The Uses of Comparative History," *Comparative Studies in Society and History*, vol. 22 (1978).

Spivak, Gayatri C., "Can the Subaltern Speak?," Cary Nelson and Lawrence Grossberg eds., *Marxism and the Interpretation of Culture* (Urbana and Chicago: Univ. of Illinois Press, 1988).

Spivak, Gayatri C., "Subaltern Studies: Deconstructing Historiography," *In Other Worlds: Essays in Cultural Politics* (London: Routledge, 1988)[태혜숙 옮김, 『다른 세상에서』(여이연, 2003)].

Spivak, Gayatri C., "Constitutions and Culture Studies," *Yale Journal of Law and Humanities*, II. i (1990).

Sultan-Galiev, "Social Revolution and the East," *Marxism and Asia*, Carrière d'Encause, Hélène and Stuart R. Shram, *Marxism and Asia* (London: Allen Lane The Penguin Press, 1969).

Syrotinski, Michael, *Deconstruction and the Postcolonial: At the Limits of Theory* (Liverpool: Liverpool Univ. Press, 2007).

Therborn, Göran, *From Marxism to Post-Marxism* (London and New York: Verso, 2008).

Thomas, Alan, et. al., *Third World Atlas* (Washington D. C.; Taylor and Francis, 1994).

Tilly, C., "Big Structures, Large Processes, Huge Comparisons," *CRSO Working Paper 195* (Ann Arbor: Univ. of Michigan, 1983).

Trouillot, Michel-Rolph, *Silencing the Past: Power and the Production of History* (Boston: Beacon Press, 1995).

van Den Braembusshe, A. A., "Historical Explanation and Comparative Method: Towards a Theory of the History of Society," *History and Theory*, vol. 28, no. 1 (1989).

Wells, Andrew, "Hegemony, Imperialism, and Colonial Labor," *Hegemony: Studies in Consensus and Coercion* (New York and London: Routledge, 2008)

Werner, Michael, and Bénédicte Zimmermann, "Beyond Comparison: *Histoire Croisée* and The Challenge of Reflexivity," *History and Theory*, vol. 45, no. 1 (2006).

Williams, Caroline, *Contemporary French Philosophy* (London and New York: The Athlone Press, 2001).

Young, Robert J. C., *White Mythologies,* 2nd edition (London and New York: Routledge, 1990; 2004)[김용규 옮김, 『백색신화』(경성대학교 출판부, 2008)].

Young, Robert J. C., "Deconstruction and the Postcolonial," Nicholas Royle ed., *Deconstruction: A User's Guide* (Basingstoke: Palgrave, 2000).

Young, Robert J. C., *Postcolonialism: An Historical Introduction* (London: Blackwell, 2001)[김택현 옮김, 『포스트식민주의 또는 트리컨티넨탈리즘』(박종철출판사, 2005)].

Young, Robert J. C., *Postcolonialism: A Very Short Introduction* (London: Oxford University Press, 2003).

Žižek, Slavoj, ed., *Mapping Ideology* (London: Verso, 1994).

찾아보기

간디, 릴라Gandhi, Leela 206, 261, 262
간디, 마하트마Gandhi, Mahatma 68-9, 156-7, 178, 188-98, 201, 256-8
갤러거Gallagher, John 185
'경계 사유' 140-2
경제 결정론 109, 168
경험주의 211, 262
계급(계급의식) 25, 28, 30, 32, 43, 49, 66, 69, 79, 107-121, 123-4, 162, 165, 167-8, 170, 174-5, 179, 187, 189-90, 194, 225, 232, 247-9, , 174
계급 대 계급 전술 28, 118, 225
계몽주의 68
계보학 23, 36, 43, 45, 5
고고학 36, 43
과잉 결정 26, 43, 49, 183, 191, 254
구디Goody, Jack 87-8, 93, 95-6, 235
구하Guha, Ranajit 6, 12, 107, 111-121,124, 126-9, 153, 155-8, 159-221
국가, 국가주의 25-6, 202, 208-9, 213-221

군중정mobocracy 196, 258
'권력의 식민성' 140, 143, 147-8
그놀리Gnoli, Ramiero 211
그람시Gramsci, Antonio 107-11, 120, 155-6, 158, 178-81, 239-40, 249, 253
그루Grew, Raymond 82, 85-6, 93
근대 32, 73, 74-5, 77, 79; 근대성 2, 7, 38-9, 66, 68, 73-7, 79, 133-5, 138-42, 144-8, 167-70, 195, 231; 대항-근대성 77; 근대성/식민성 7, 138-40, 151, 158; 식민적 근대성 145
근대 역사학 56, 78, 98-100, 104, 133, 136, 158, 202, 209, 214-5, 219, 230, 237, 261
근대적/식민적 세계체제 143-5
근본주의 25, 146
글래드스턴Gladstone, W. E. 59
글로벌 138-40, 142, 145-7, 151, 236
글리상Glissant, Edouard 140, 148-51
기호학 171-6; 기호 체계 120-1, 132, 136, 176, 252

긴즈부르그Ginzburg, Carlo 104, 107, 235
끼하노Quijano, Anibal 140-1, 143, 145

나폴레옹 3세 57-9
낙살바리Naxalbari 156
난디Nandy, Ashis 75
남부의 사회주의 52
노동계급 중심주의 109
노빅Novick, Peter 104
농민 봉기 69, 102, 156-7, 159-76, 198, 218, 246, 249-52, 256, 258

다르마Dharma 190, 192; 다르마적 저항 Dharmic Protest 183, 186-8,
'다른 사유' 140, 146-8
다우Dow, Alexander 161-2
단다Daṇḍa 182, 186, 254
단일언어주의 47, 149-50
대문자 역사 34, 76, 233
대문자 이성 7, 34-5, 167, 202, 206
더드웰Dodwell, H. H. 185
더릭Dirlik, Arif 17-8
데리다Derrida, Jacques 17, 32-6, 45-8, 50-1, 146, 227
데이비스Davis, Natalie Zemon 88, 235
덴 브라임부셰Den Braembussche, A. A. van 84, 91, 96, 236
동화주의 58-9
두셀Dussel, Enrique 140-1, 143-5
뒤르켐Durkeim, Emile 81
들뢰즈Deleuze, Gille 122-4, 126, 242
디글로씨아diglossia 173, 251

디미트로프Dimitrov, Georgi 117-8, 241
딜크Dilke, Charles W. 60

라스카사스Las Casas 23, 261
라즈Raj 186, 192, 194, 255
라캉Lacan, Jacques 17, 32, 44, 226-7, 254-5
라키rakhi 192, 257
라틴아메리카 서발턴 연구집단 51, 111, 240, 253
래드클리프Radcliffe, Sarah A. 140
러시아 혁명 27-8, 31-2
레닌Lenin, Vladimir I. 27-8, 55, 68, 108, 128, 232, 242
레닌주의 50, 227
레비스트로스Levi-Strauss, Claude 34-5
로Law, Thomas 161
로고스 중심주의 146
로드리게스Rodriguez, Ileana 173, 202
로렌츠Lorenz, Chris 84
로스토우Rostow, W. W. 91
로쉬Roche, Daniel 88, 235
로이, 라자 라모훈Roy, Raja Rammohun 68
로이, M. N.(Roy, M. N.) 68, 226
로컬리티 12, 135, 139, 151
로컬 역사 12, 131-51
루가드 경Lord Lugard 60
루카치Lukacs, Georg 43, 259
룩셈부르크Luxemburg, Rosa 55
뤼젠Rüsen, Jörn 98
르네상스 144, 207, 251
르페브르Lefebvre, Henri 217, 263

리미널리티liminality 172, 250
리얼리즘 44, 210, 263
리오타르Lyotard, Jean-Francios 33
릭비Rigby, Peter 51

마그렙Maghreb 34, 58, 140, 145-8, 151
마르크스Marx, Karl 24, 26-7, 30, 41-3, 50, 66-7, 71, 108, 114, 134, 146, 167, 232
마르크스주의 26-31; 마르크스주의 역사 이론 41-3; 마르크스주의적 리얼리즘 44; '문화적' 마르크스주의 156; 역사주의적인 마르크스주의 43, 48; 헤겔적 마르크스주의 43; 휴머니즘적, 실존주의적 마르크스주의 43
마르티노Martino, Ernesto de 107
마리아테기Mariategui, Jose 30
마오쩌둥毛澤東 29
마오주의 32-3, 49-51, 156, 227, 240
매콜리Macaulay, Thomas B. 185, 255
매클린턱McClintock, Anne 16-7
메를로퐁티Merleau-Ponty, Maurice 43
멤미Memmi, Albert 47
무어-길버트Moore-Gilbert, Bart 223-4, 227
무어Moore, Barrington 90-1
문다 부족민의 봉기 249
문명 26-7, 34, 41-2, 56, 61-3, 66-7, 70, 72, 74-5, 83, 94, 105, 207, 259; 문명 담론 56-7
문명화 사명 57-61, 63, 66, 68, 70-1, 148
문화 종속 30

문화 혁명 45, 228
미뇰료Mignolo, Walter 140-5, 147, 260
민족 65, 111, 119, 193, 219; 민족주의 20-1, 23, 25-6, 30-1, 38, 47, 57, 64-6, 68, 70, 72-3, 82, 111, 115, 128, 131, 146, 165, 176-8, 185-98, 201-2, 213, 215, 225, 231, 247, 262-3
민중 112, 114, 117, 128; 민중의 정치 32, 115, 171, 177, 191, 201
민중전선(=인민전선) 28 52, 117-8, 225, 241
밀Mill, J. S. 63, 91
밀, 제임스Mill, James 184, 255

바드라Bhadra, Gautam 157
바드라록bhadralok 68, 232
바바Bhabha, Homi K. 17, 44, 112, 191, 241, 250, 256
바르트Barthes, Roland 32, 250
바슐라르Bachelard, Gaston 48
바쿠Baku 28, 25
바흐친Bakhtin, Mihael M. 210, 250-1
박티Bhakti 183, 186, 188-9, 254
반식민주의 20-1, 24, 37, 43, 75, 186
발전 61, 63, 70-1, 73, 77, 79, 140
배러클로우Barraclough, G. 93, 237
'백색 신화' 7-8, 35, 41-52
'백인의 의무' 59, 60
버크, 에드먼드Burke, Edmund 59
버크, 피터Burke, Peter 92, 99, 235, 237
번역 16, 21-3, 134
범아프리카주의 29, 226

베르너Werner, Michael 87, 90
베버Weber, Max 81, 91-2, 236
베트남전 31
벤느Veyne, Paul 89, 92, 235,-6, 244
벤담Bentham, Jeremy 59
벤야민Benjamin, Walter 61, 71, 230, 259
보스워스Bosworth, R. J. B. 94
본질주의 43, 113-4, 125, 168
부정 120; 서발턴적 부정 120-1
부하린Bukharin, N. I. 55
브레너Brenner, Robert 91
브린튼Brinton, Crane 91
블로크Bloch, Marc 81, 83-92, 104, 236, 238
비교 81-106; 비교사 81-106, 235; 비교 사회학 81; 비교의 유형학 92
비르사Birsa 159
비벌리Beverley, John 111-20, 128, 253
비협력 운동 193-7
빌헬름 1세 59

사르트르Sartre, Jean Paul 33, 43, 47, 50, 259
사르카르, 수미트Sarkar, Sumit 68, 248
사르카르, 수소반Sarkar, Sushobhan 155-6
사이드Said, Edward 15, 17, 19, 36, 44-6, 58
'사티야그라하Satyagraha' 196, 256
'사회적 강제social coercion' 192
'사회적 보이콧' 193-4
사회주의 26-31, 40, 49-50, 52, 68, 82, 109, 226-8

살라망카 학파 144
'샥티shakti' 196, 258
서구 중심주의(=유럽 중심주의) 20, 24, 30, 34, 46, 56, 73, 76, 79, 93, 104, 236
서머스Somers, Magaret 91
서발터니티 119-20, 127-8, 131-3, 135, 138-9, 151
서발턴 107-29; 서발턴-으로서의-민중 111-6, 118, 168
서발턴 연구집단 6, 51, 107, 111, 131, 156-7, 178, 220, 240, 248, 252-3
서발턴의 역사 126, 132, 246, 253
서발턴 역사 131-51, 158, 246
세계민주청년동맹 155
세계-사 158, 201, 205, 214, 219, 263; 세계사 203-4, 259-61
'세계의 산문' 204, 206, 209, 213, 215, 218, 259-60
세계 자본주의 체제 40, 136
세계체제(론) 138-45, 150
세포이 반란(=뮤티니) 59, 255
센, 람카말Sen, Ramkamal 210
센, 아마르티야Sen, Amartya 165
셍고르, 라민Senghor, Lamine 29
셍고르, 레오폴드Senghor, Leopold 29
소비에트 연방공화국 27
소쉬르Saussure, Fernand de 101
쇼어Shore, John 162-5
쇼핫Shohat, Ella 16-7
술탄-갈리예프Sultan-Galiev 29
스미스Smith, Adam 59

스와데시 운동 192-3
스와라지 Swaraj 197
스웰 Sewell, William H. 86
스카치폴 Skocpol, Teda 90-1
스탈린 Stalin, Joseph V. 28, 225-6
스탈린주의 50, 227
스피박 Spivak, Gayatry C. 17, 19, 44-7, 107, 113-4, 116-8, 123-9, 132, 170, 176, 224, 242
시간 61, 63, 70, 73
시로틴스키 Syrotinski, Michael 48
시민 사회 57-8, 71-2, 76, 79, 99, 133, 136, 178-9, 181-2, 253, 260
'시민적 보이콧' 194
식민 국가 22, 115, 178-81, 84-7, 198, 253, 262
식민 담론 15, 18, 24, 36, 45-6, 58, 146, 191
'식민적 차이' 142, 145-6
식민주의 7, 16, 23-4, 26-7, 31, 34, 36-41, 46-7, 55, 57, 59, 64, 67, 69, 75, 77, 105, 111, 115, 131, 135-7, 139, 150, 160, 165, 167, 176-8, 180-7, 190, 195, 198, 201-2, 204, 207, 218-9, 224, 256, 261 ; 식민주의 역사학 69, 77, 111, 131, 176-8, 181, 184-8, 201-2
식민지 해방 운동 24, 28
'신좌파 nueva izquierda' 51
실 Seal, Anil 185, 232, 255-6
실리 Seeley, John Robert 60
싯수 Cixous, Helene 33-4

싱하 Sinha, Deby 159

아다르마 adharma 187
아마드 Ahmad, Aijaz 17-8, 239
'아래로부터의 역사' 167-71, 248
아리스토텔레스 Aristoteles 211
아르네케르 Harnecker, Marta 50
아비나바굽타 Abhinavagupta 211
아이티 Haiti 144
아카라 acara 192, 257
아퀴나스 Aquinas, Thomas 211
아트마수디 ātmasuddhi 196, 258
아티데샤 atideśa 172
아프리카 사회주의 29, 226
'아프리카, 아시아, 라틴 아메리카 민중의 트리컨티넨탈 연대회의' 30
'아프리카 철학' 51
'아힘사 ahimsa' 196
알제리 독립 전쟁 33
알튀세르 Althusser, Louis 32-3, 43, 45-6, 48-51, 123-4, 156, 226-8, 238, 254, 259
압델-말렉 Abdel-Malek 30
앙시앙 레짐 165-6
앤더슨, 베네딕트 Anderson, Benedict 105
앤더슨, 페리 Anderson, Perry 45, 228
양가성 188, 191
언어 124 ; 언어학 145, 171-2, 176, 255
'얽힌 역사' 87
에레디아 Heredia, Fernando Martinez 50
엘리트 17, 38, 60, 73, 111-7, 125, 129, 132, 137-8, 151, 160, 164-5, 167-8,

177, 185-99, 201, 209-10, 219-20, 232, 240, 253, 257; 엘리트주의 111, 129, 165, 177, 201, 213, 248; 엘리트 정치 115, 171, 177, 190, 198

'역사-구조적 종속' 143

역사 사회학자들 90-1, 236

역사성 74, 146, 148, 202, 204, 209, 213-9, 221, 263

'역사의 산문' 202, 204-5, 207-9, 211, 213-5, 259, 260-1

역사적 시간 42, 62-3, 69-70, 72-77, 99-100, 133 , 역사적 시간성 43, 49, 63, 75, 76, 100, 105, 140

역사주의 6, 34, 41-5, 55-79, 99, 158, 203, 230, 259; 역사주의적 시간성 49, 74, 79

영 Young, Robert J. C. 5, 33, 41-50, 139, 224, 226-9, 232, 244, 248, 256, 257, 261

영대 토지 소유제 159-66, 247-8, 257

오리엔탈리즘 15, 18, 20, 24, 36, 44, 46, 58, 141-4, 146, 229

옥시덴탈레스 141

옥시덴탈리즘 141-2, 146

우에누 Houenou, Tovalou 29

월러스틴 Wallerstein, Immanuel 91, 139

월리스 Wallis, Corn 160-1, 247

웰스 Wells, Andrew 180-1, 254

'유럽의 지방화' 134

'68년 5월' 31-3, 39, 49

은크루마 Nkrumah, Kwame 29, 139

응축 116, 183, 185, 254-5

이글턴 Eaglton, Terry 45, 228

이데올로기 7, 23-4, 39, 47, 49, 55-8, 60-1, 65-6, 70-1, 75-6, 78-9, 96-100, 102-5, 123-8, 132, 136, 143, 183, 187, 190, 242-3, 255

이분법(=이원론) 20, 24, 34, 44, 90, 111-2, 115-6 147, 179

이슬람 근본주의 146; 이슬람 사회주의 29

'이중의 위임' 59-60

'이중적 비판' 140, 145-6

'이티하사 itihāsa' 208, 210-3

이행 67; '이행 서사' 32, 66, 68, 70-1, 73, 77, 133-4

인과성 43, 93, 99, 102-3, 111, 127, 131, 171, 210-1, 218, 238, 255

인도 국민회의 69, 192

인도의 민족주의 192; 인도의 민족주의 역사학 65-6, 70, 111, 201, 262-3

인도의 전통적인 마르크스주의 역사학 66

인종 19, 26, 31, 36, 39, 41, 60, 112, 114, 144; 인종주의 25, 29, 31, 35, 42, 60, 82

일국 사회주의 28

일상 204, 220; 일상성 215-6

자민족중심주의 43, 93-4, 97, 146

자본 66, 135; 자본주의 7, 16, 18, 20, 21, 23, 24, 26-8, 37-41, 57, 66-9, 71-7, 79, 82, 95, 98-9, 105, 109, 123,

134-43, 145, 150-1, 166-8, 170, 182, 187, 190, 233, 235, 247, 260; 자본주의 생산 양식 71, 260
자유주의 24, 38, 59, 68, 79, 177, 179, 182, 187, 189, 253
재현 121-2, 124-5, 176, 211, 217, 220
저항의 정치 184
전위轉位 173-4, 183, 185, 207, 254-5
전체사 93-4, 97
정당한 반대 Rightful Dissent 183, 185
'정치적 보이콧' 194
제국주의 55-79; 프랑스의 제국주의 57-9; 영국의 제국주의 59-60, 180
제라타나 Gerratana, Valentino 108
제4세계 16
제3세계 16-21, 23-6, 31-3, 37, 45, 48, 75, 134, 139, 223, 240, 253; 제3세계주의 24, 224
제우스 Zeus 208
'제2근대성' 141, 144, 149
'제1근대성' 141-2
제1세계 16, 18-20, 23-5, 37, 47-8, 223
제임슨 Jameson, Fredric 44
제1차 동방민중회의 28
제프리스 Jefferess, David 189-91, 252
젠더 25-6, 31, 112, 114, 119, 168
종속 이론 139
줌마 jumma 160
중농주의 166
지역 연구 82, 137-8, 143, 149, 234
진보 56, 60-4, 133, 207-8, 230, 259
진리 35-6, 55, 100-1, 103, 175, 187, 196, 210-1, 238

차우리 차우라 Chauri Chaura 198, 258
차이 49, 59, 62, 65, 67, 70-4, 85, 91, 117, 119, 127, 129, 132, 134, 138, 190; 저항적 차이 77, 119, 139; 차이의 역사(학) 55-79, 139
차크라바르티 Chakrabarty, Dipesh 73, 134, 232-3, 237
차터지 Chatterjee, Partha 157, 252
차토파댜이 Chattopadhhyay, Bankimchandra 64, 186, 262
'1776년 플랜' 162-4, 247
체 게바라 Che Guevara 30-1
총체성 42-3, 204, 233
7년 전쟁 58
침머만 Zimmermann, Benedicte 87, 90

카바이유 Cavailles, Jean 48
카스트 제재 caste sanction 192-3, 254
카티비 Khatibi, Abdelkebir 47, 140, 145-8
칸트 Kant, Immanuel 211
캉길렘 Canguilhem, Georges 48
케임브리지학파 185
코민테른 Comintern 28-30, 118, 225-6
코카 Kocka, Jurgen 84, 100
콘라트 Conrad, Sebastian 63
콩트 Comte, A. 86
쿠바 혁명 30, 50
쿠야테 Kouyate, Tiemoho Garan 29
크레올화 140, 150, 245
크로노스 Chronos 208

크리스테바 Kristeva, Julia 32

타고르 Tagore, Rabindranath 192-3, 214-5, 217-8, 263
타자성 36, 47, 119, 133, 151
탈구축(=해체) 35-6, 41, 46-8, 117, 125, 127-8, 133, 146-8; 탈구축 이론 36, 47-8
'텔 켈 Tel Quel' 32
톰슨 Thompson, E. P. 167, 249
통일전선 28, 225-6
'트랜스모더니티' 140
트로츠키 Trotsky, Leon 108, 176, 232
트루이요 Trouillot, Michel-Rolph 144
트리컨티넨탈 6, 30-2, 37-40, 51, 138, 141, 151; 트리컨티넨탈 마르크스주의 30, 33, 40, 158; 트리컨티넨탈 포스트식민주의 6, 160
트리컨티넨탈리즘 5-6, 8, 15-52, 151, 158, 176, 224
'특수한 길' 테제 100
틸리 Tilly, Charles 90, 91

파농 Fanon, Franz 33, 44, 47, 257
파시즘 82, 118, 225, 242
파타카 pataka 192
팔라레스-버크 Pallares-Burke, Maria Lucia G. 87
패드모어 Padmore, George 29
패털로 Pattallo, Henry 161-2
페리 Perry, Benita 190
페브르 Febvre, Lucien 61

페이지 Paige, Jeffrey 91
'포스트' 18-9, 21-3, 34
포스트구조주의 17-21, 23-4, 31-7, 38, 39, 40, 41-9, 133, 146, 158, 224, 240, 248
포스트마르크스주의 42-3, 45-6, 48, 158, 150, 259
포스트모더니즘 16, 21, 43
포스트식민 5, 15, 18-24, 34, 37-40, 41-2, 44-9, 51, 56, 70, 75, 77, 79, 107, 133, 139, 145, 151, 159, 202, 219, 223-4, 245-6, 250; 포스트-식민 국가 22; 포스트식민 연구 15, 22, 24, 36-8, 46; 포스트식민 역사(학) 42, 77, 246
포스트식민주의(=탈식민주의, 포스트콜로니얼리즘) 5-6, 12, 15-40, 45-6, 49, 51-2, 160, 223-4
'포키스모 foquismo' 51
폰타나 Fontana, Benedetto 179
'푸라나 purāṇa' 210, 262
푸코 Foucault, Michel 17, 31, 36, 43-6, 48, 50-1, 122-4, 126, 146, 242
프라카쉬 Prakash, Gyan 78, 116
프라티아이크 수크두카 pratyahik sukhduhkha 217
프랜시스 Francis, Philip 161, 163-5, 248
프랑스 혁명 59, 110, 144, 166, 195, 250-1
프레드릭슨 Frederickson, G. F. 82, 94
플라시 전투 184
피에-느와르 pied-noir 34, 227

하루투니언 Harootunian, Harry 137
하이데거 Heidegger, Martin 215-6, 263
해스팅스 Hastings, Warren 161-2
헤게모니 110, 177-200 ; 대항-헤게모
　　니 77, 194
'헤게모니 없는 지배' 115, 158, 178-82,
　　191, 198, 201, 261
헤겔 Hegel, G. W. F. 95, 201-21

협력의 정치 184-8, 201
호운톤지 Hountondji, Paulin 51
혼종성 20, 44, 151
홉스봄 Hobsbawm, Eric 69, 167-9
홉슨 Hobson, J. A. 55
흉내 내기 20, 44, 191
힌체 Hinze, Otto 81

울력의 책

인문-사회과학 분야

과학 기술 시대의 삶의 양식과 윤리
도성달 외 지음

9월 11일 이후의 감시
데이비드 라이언 지음 | 이혁규 옮김

꿈과 저항을 위하여: 에른스트 블로흐 읽기 · I
박설호 지음

나는 히틀러를 믿었다
귀도 크놉 지음 | 신철식 옮김

누가 세계를 약탈하는가 환경정의연대 선정 환경도서
반다나 시바 지음 | 류지한 옮김

누가 아이의 마음을 조율하는가
버너데트 호이 지음 | 황헌영, 김세준 옮김

다른 여러 아시아
가야트리 스피박 지음 | 태혜숙 옮김

대외 경제 협력의 전략적 모색
김종걸 지음

대중문화 심리 읽기 문화관광부 선정 교양도서
김헌식 지음

대항지구화와 '아시아 여성주의' 문화관광부 선정 우수학술도서
태혜숙 지음

동북공정의 선행 작업들과 중국의 국가 전략 간행물윤리위원회 선정 이달에 읽을 만한 책
우실하 지음

동아시아 공동체
다니구치 마코토 지음 | 김종걸, 김문정 옮김

라스카사스의 혀를 빌려 고백하다
박설호 지음

미국의 권력과 세계 질서
크리스천 류스-슈미트 지음 | 유나영 옮김

미래를 살리는 씨앗
조제 보베, 프랑수아 뒤푸르 지음 | 김민경 옮김

분노의 대지
앙드레 뽀숑 지음 | 김민경 옮김

불가능한 교환
장 보드리야르 지음 | 배영달 옮김

불확실한 인간
프랑크 텡랭 지음 | 이경신 옮김

비너스 · 마리아 · 파티마
에케하르트 로터 · 게르노트로터 지음 | 신철식 옮김

비판, 규범, 유토피아
세일라 벤하비브 지음 | 정대성 옮김

성윤리
류지한 지음

세계는 상품이 아니다 환경정의연대 선정 환경도서
조제 보베・프랑수아 뒤푸르 지음 | 홍세화 옮김

세계화와 그 적들
다이엘 코엔 지음 | 이광호 옮김

언어 혁명
데이비드 크리스털 지음 | 김기영 옮김

역사의 이름들
자크 랑시에르 지음 | 안준범 옮김

열성 팬 창조와 유지의 구조
와다 미츠오 지음 | 오현전 옮김

우리 없이 우리에 대한 것은 없다 학술원 선정 우수학술도서
제임스 찰턴 지음 | 전지혜 옮김

위기 시대의 사회 철학
선우현 지음

윤리학: 옳고 그름의 발견 학술원 선정 우수학술도서
루이스 포이만・제임스 피저 지음 | 박찬구 외 옮김

이윤에 굶주린 자들
프레드 맥도프 외 엮음 | 윤병선 외 옮김

인간복제 무엇이 문제인가 서울시, 부산시 교육청 권장 도서
제임스 왓슨 외 지음 | 류지한 외 옮김

인간의 미래는 행복한가
어빈 라즐로 지음 | 홍성민 옮김

인륜성의 체계
헤겔 지음 | 김준수 옮김

인터넷 숭배 간행물윤리위원회 선정 청소년 권장 도서
필립 브르통 지음 | 김민경 옮김

자발적 복종
에티엔느 드 라 보에티 지음 | 박설호 옮김

정보 사회와 윤리
추병완 지음

정보과학의 폭탄
폴 비릴리오 지음 | 배영달 옮김

정신분석과 횡단성
펠릭스 가타리 지음 | 윤수종 옮김

정치와 운명
조셉 갬블 지음 | 김준수 옮김

중국의 대외 전략과 한반도
문흥호 지음

촛불, 어떻게 볼 것인가
사회와 철학 연구회 엮음

칸트와 현대 사회 철학 문화관광부 선정 우수학술도서
김석수 지음

칸트 읽기
마키노 에이지 지음 | 류지한·세키네 히데유키 옮김

트랜드와 심리 문화관광부 선정 교양도서
김헌식 지음

평등 문화관광부 선정 교양도서
알렉스 캘리니코스 지음 | 선우현 옮김

포위당한 이슬람
아크바르 아흐메드 지음 | 정상률 옮김

폭력의 고고학 학술원 선정 우수학술도서
삐에르 끌라스트르 지음 | 변지현·이종영 옮김

한국 사회의 현실과 사회철학
선우현 지음

해방론
헤르베르트 마르쿠제 지음 | 김택 옮김

현대 사회 윤리 연구 문화관광부 선정 우수학술도서
진교훈 지음

히틀러의 뜻대로
귀도 크놉 지음 | 신철식 옮김